本项目得到吉林省教育厅社会科学项目（JJKH20201147SK）资助

公司治理与公司财务问题研究

赵 芳 著

吉林大学出版社

·长春·

图书在版编目（CIP）数据

公司治理与公司财务问题研究 / 赵芳著. -- 长春：吉林大学出版社, 2024.12. -- ISBN 978-7-5768-5056-7

Ⅰ. F279.246

中国国家版本馆 CIP 数据核字第 202543Y8W1 号

书　　名：公司治理与公司财务问题研究
GONGSI ZHILI YU GONGSI CAIWU WENTI YANJIU

作　　者：赵　芳
策划编辑：李承章
责任编辑：白　羽
责任校对：张　雯
装帧设计：云思博雅
出版发行：吉林大学出版社
社　　址：长春市人民大街 4059 号
邮政编码：130021
发行电话：0431-89580036/58
网　　址：http://www.jlup.com.cn
电子邮箱：jldxcbs@sina.com
印　　刷：北京北印印务有限公司
开　　本：787mm×1092mm　　1/16
印　　张：16
字　　数：259 千字
版　　次：2025 年 6 月　第 1 版
印　　次：2025 年 6 月　第 1 次
书　　号：ISBN 978-7-5768-5056-7
定　　价：76.00 元

版权所有　翻印必究

前　言

自 Jensen 和 Meckling 开创性地提出委托代理理论以来，"公司治理"一词越来越多地出现在公司财务问题的研究中，公司治理与公司财务相结合的研究已成为学术界重点关注的领域之一。本书基于委托代理理论、信息不对称理论、利益相关者理论及资源基础理论等，结合当前企业面临的内外部环境特征，以专题形式对公司治理与公司财务问题进行了研究。

专题一研究了企业 ESG（环境、社会、公司治理）表现与债务融资成本的关系。研究表明：良好的 ESG 表现能够有效降低企业债务融资成本；机制研究发现，ESG 表现可以通过提高机构投资者持股比例从而降低债务融资成本；内部控制质量在 ESG 表现对债务融资成本的影响中发挥着正向调节作用；进一步研究发现，不同机构之间 ESG 评价分歧会影响企业的债务融资成本，且在 ESG 表现对债务融资成本的影响中发挥着负向调节作用。专题二研究了客户集中度对企业真实盈余管理的影响。研究结果表明：客户集中度与真实盈余管理显著正相关；企业社会责任与真实盈余管理显著负相关；企业积极承担社会责任可以显著抑制客户集中度对真实盈余管理的正向影响，即企业社会责任能够发挥反向调节的作用。专题三研究了企业网络安全治理与股价崩盘风险的关系。研究结果表明：企业网络安全治理能够降低股价崩盘风险，这一结论在稳健性检验后仍然成立；企业网络安全治理通过提高会计稳健性进而降低股价崩盘风险。专题四研究了媒体关注对投资者信心的影响。研究结果表明：媒体关注度与投资者信心之间显著正相关；ESG 表现在媒体关注对投资者信心的影响关系中发挥部分中介作用。专题五研究了企业金融化与企业创新的关系。研究结果表明：企业的短期金融化可以促进企业创新；企业的长期金融化会抑制企业创新；内部控制质量可以缓解长期金融化对企业创新产生的不利影响，即产生正向调节作用。

根据上述研究结果，发现了影响公司财务管理的重要因素及其作用机制，并有针对性地提出相应的建议，希望本书的出版能够为企业管理者及监管部门提供参考。

作　者

2024 年 11 月

目　　录

专题一　企业 ESG 表现、机构投资者持股与债务融资成本 ……… 1

第 1 节　问题的提出 ……………………………………………… 3
第 2 节　文献回顾 ………………………………………………… 7
第 3 节　理论分析与研究假设 …………………………………… 15
第 4 节　研究设计 ………………………………………………… 24
第 5 节　实证分析 ………………………………………………… 30
第 6 节　结论与建议 ……………………………………………… 59
参考文献 …………………………………………………………… 63

专题二　客户集中度、企业社会责任与真实盈余管理 …………… 71

第 1 节　问题的提出 ……………………………………………… 73
第 2 节　文献回顾 ………………………………………………… 76
第 3 节　概念界定与理论基础 …………………………………… 87
第 4 节　研究设计 ………………………………………………… 92
第 5 节　实证分析 ………………………………………………… 101
第 6 节　结论与建议 ……………………………………………… 112
参考文献 …………………………………………………………… 115

专题三　企业网络安全治理与股价崩盘风险 ……………………… 123

第 1 节　问题的提出 ……………………………………………… 125
第 2 节　文献回顾 ………………………………………………… 128

i

第 3 节	理论分析与研究假设	132
第 4 节	研究设计	138
第 5 节	实证分析	143
第 6 节	结论和建议	160
参考文献		165

专题四　媒体关注、ESG 表现与投资者信心 …… 169

第 1 节	问题的提出	171
第 2 节	文献回顾	174
第 3 节	理论基础与研究假设	179
第 4 节	研究设计	185
第 5 节	实证分析	190
第 6 节	结论与建议	199
参考文献		201

专题五　企业金融化与企业创新 …… 207

第 1 节	问题的提出	209
第 2 节	文献回顾	212
第 3 节	理论分析与研究假设	219
第 4 节	研究设计	224
第 5 节	实证分析	228
第 6 节	结论与建议	240
参考文献		243

企业 ESG 表现、机构投资者持股与债务融资成本

专题一

第 1 节
问题的提出

1.1.1　研究背景

　　企业的发展离不来资金的投入，在日益激烈的市场竞争当中，资金是一个企业立足的根本，充足的资金是企业经营活动顺利进行的重要保障之一，起着根本性作用，资金的循环流动保证了企业的正常运转。因此，融资对企业的生存和发展至关重要。目前企业的融资渠道主要是股权融资和债务融资。股权融资虽然财务风险较小，但是其要求企业股东分散部分控制权，因此不适用于所有企业，具有一定的局限性。债务融资的资金主要来源于商业银行等信贷机构，相对于股权融资，这种融资方式不会分散企业所有者的控制权，并且具有资金成本低、限制条件少、适用范围广等特点，并能够使企业获得财务杠杆效应。Ross 等（2005）指出企业在融资决策中更偏好银行贷款和商业信用。现今，在我国融资格局当中，债务融资的占比要高于股权融资，成为连接实体经济和资本市场的重要纽带，是推动企业可持续发展的重要动力。而融资难、融资贵的难题在很长的一段时间内阻碍着我国的经济发展。Campello（2006）认为企业很容易陷入债务融资压力大的境地，这使得企业从债权人手上获取债务融资时困难重重。改革开放以来，政府采取了一系列措施来改善企业面临的融资环境，包括推动金融市场化改革、调整"直接融资—间接融资"结构、鼓励中小银行发展等。但是，仍未充分、有效地解决企业融资难、融资贵等问题，来自全国工商联 2017 年的调研数据显示，在影响企业发展的各项成本因素当中，融资成本居首位。因此，打破企业融资困境是我们需要重视的问题。企业应当积极探索，找到降低融资成本的应对措施。

改革开放以来的40余年里，我们经历了一段经济快速发展的时期，但是与此同时，我国经济的高质量发展仍然面临着可持续发展观念落后、创新能力不强等问题。面对这些问题，党和政府积极引导，推出新理念、新政策，以开拓新局势。党的十九大报告中提出"绿水青山就是金山银山"的社会主义生态文明理念，为经济可持续发展提供了方向指引。"十四五"规划和2035年远景目标纲要明确提出，推动绿色发展，促进人与自然和谐共生。党的二十大报告将高质量发展作为全面建设社会主义现代化国家的首要任务。由此可见，绿色发展、高质量发展、可持续发展已经成为我国未来长时期内经济发展的主题。经济发展与生态文明建设并行的理念已经成为政府工作的指引之一，同时也成为了企业经营的重要理念。在这种背景下，ESG（environmental，social and governance）理念开始逐渐深入人心。

ESG一词最早出现于2004年一份题为《谁在乎获胜》（Who Cares Wins?）的由联合国秘书长安南邀请来自9个国家、管理资产总额超过6万亿美元的18家金融机构发布的一篇倡议性的报告。旨在就如何更好地将环境、社会和公司治理问题纳入资产管理、证券经纪服务和相关研究职能制定相应的准则和建议。ESG评级是一种衡量企业可持续经营能力的综合性指标，由环境、社会及公司治理三个维度构成。在国外，ESG评级体系的发展已经较为成熟，ESG投资策略方面的应用已十分广泛，在十几年的时间里，ESG已从联合国发起的企业社会责任的倡议发展成为管理资产超过30万亿美元的全球性的趋势。仅在2019年一年中，就有176.7亿美元的资金流入ESG相关产品，比2015年增加了近525%。在我国，虽然ESG方面的研究和应用起步较晚，但随着"双碳"目标的提出以及国家可持续发展战略的不断落实，也迎来了蓬勃发展期。并且由于我国资本市场改革的不断推进，市场中也开始不断地涌入国外的ESG投资者，这推动着我国ESG投资理念的升级以及企业ESG实践水平的提升。同时，我国已有许多第三方评级机构通过制定ESG评价标准、构建ESG评级体系，衡量企业的

ESG 表现水平，如商道融绿、社会价值投资联盟和华证指数等。随着国家政策的引导以及资本市场的不断开放，企业的 ESG 表现逐渐成为衡量企业可持续发展能力和企业价值的重要指标并且受到更加广泛的关注。

与此同时，企业的外部利益相关者如机构投资者和银行等金融机构，作为资本市场中的中坚力量以及理性投资者的代表，其对于市场的影响举足轻重，在公司治理中扮演着重要角色。越来越多的投资者不再局限于企业短期的经营绩效，而是更加关注企业的长期效益和可持续发展能力，从而也越来越关注企业的 ESG 表现，并且会根据其 ESG 表现的情况来调整自身的投资战略。因此企业必须关注到他们的利益和需求，重视自身的 ESG 表现。另一方面，现今社会公众对于环境保护，以及企业社会责任表现、公司治理形象有了更高的要求。因此，上市公司也必然要把更多的精力投入到自身 ESG 体系建设当中，以保持在资本市场中良好的形象，展现企业自身的可持续发展能力的同时增强投资者的信心。如果企业在践行 ESG 理念、实现可持续发展的同时，能够在资本市场获取更多的支持，尤其是从利益相关者特别是银行等信贷机构获取更低的债务融资成本，则不仅能提升企业自身声誉和可持续发展能力，而且在经营发展方面也能占得先机。有了债务融资成本下降的正向反馈，企业更愿意在环境保护、社会责任的履行以及公司治理方面投入更多的精力，进而形成良性循环。为此，本专题从 A 股主板上市公司入手，旨在探究企业 ESG 表现对债务融资成本的影响。

1.1.2 研究意义

1.1.2.1 理论意义

首先，在国家不断倡导绿色发展、高质量发展的背景下，本专题利用能够综合衡量企业在环境、社会责任、公司治理方面的实践表现的 ESG 指标，从债权人视角出发，研究 ESG 表现对企业债务融资成本的影响，丰富了探究企业可持续发展能力及其经济效益的研究工具，同时拓展了 ESG 表现对经济影响的相关研究的维度。

其次，本专题以 2015—2022 年 A 股主板上市公司数据作为样本，通过实证的方法得出结论，丰富了 ESG 表现与债务融资成本之间关系的研究理论；并且研究了机构投资者持股的中介作用，拓宽了 ESG 表现对债务融资成本作用机制方面的研究；本专题研究了内部控制质量的调节作用，为 ESG 表现对债务融资成本影响的研究提供了新的经验证据；同时本专题进一步研究了 ESG 评价分歧的经济后果，并通过样本分组进行异质性分析，进一步丰富了研究内容。

1.1.2.2 实践意义

对于企业而言，本专题为其获取较低的债务融资成本提供了参考。首先，本专题揭示了企业降低债务融资成本的方法之一是提升自身的 ESG 表现，因此企业要重视自身 ESG 建设，提高内在的可持续发展能力，注重长期利益；同时本专题研究了机构投资者在 ESG 表现降低债务融资成本过程中起到的中介作用，提醒企业要重视并利用机构投资者在资本市场中发挥的信号传递作用。其次，本专题为企业改善与利益相关者的关系、提升社会声望以及维护社会公众利益等方面提供了战略层面的参考，让企业认识到在企业经营和发展过程中，不仅仅要考虑下游客户的感受，也要重视公众和投资者的感受，更多地作出有利于企业持续经营的长远性的决策，摒弃短视的经营策略，积极建设资源节约型、环境友好型企业。

对于债权人和投资者而言，鼓励其关注企业的 ESG 表现。本专题的研究说明机构投资者在进行投资决策时会通过 ESG 表现考察一家上市公司的发展潜力。ESG 表现好的企业，更具有可持续发展性，在长期的发展中更具竞争力。债权人不能仅关注企业的短期偿债能力，也要关注企业的长期效益，应当构建综合多方面因素的风险评价和信用评级工具。债权人和机构投资者同为企业的利益相关者，机构投资者持股比例的变动，也会影响债权人决策；低融资成本有助于企业的经营发展，为投资者创造更多收益，而这种积极的信号又能反馈到资本市场，形成良性的循环。

第 2 节
文献回顾

目前国际上已经有多家机构推出了较为专业的 ESG 评级体系，关于 ESG 的研究和应用已经较为成熟；在国内，已有越来越多的机构构建了符合国情和企业实际情况的 ESG 评价指标体系，以便更好地衡量企业在环境、社会和治理方面的表现，这也反映出关于 ESG 相关的应用和学术研究开始逐渐发展，更多的企业开始积极地进行 ESG 方面的建设，更主动地进行 ESG 信息的披露。本专题主要关注企业 ESG 表现与债务融资成本之间、ESG 表现与机构投资者持股之间以及机构投资者持股与债务融资成本之间的关系三方面的研究成果。

1.2.1 企业 ESG 表现与债务融资成本关系的研究

国外已有诸多学者研究了 ESG 表现所产生的经济后果，发现良好的 ESG 表现能够为企业带来融资优势。Balkenborg（2001）发现银行不仅要注意相关的声誉和信贷风险，还要注意发现这些公司在它们所承担的环境义务方面的风险。因此对于 ESG 表现较差的公司，银行变得越来越谨慎。Chava（2014）认为公司较差的 ESG 管理可能会导致其在从银行或投资者寻求具有成本效益的资金时遇到困难，银行会向 ESG 表现不佳的企业收取更高的贷款利息。Barth（2021）认为企业 ESG 表现越好，越能够获取额度更高、波动更小的现金流。而更高、更稳定的现金流能够转化为更高的公司资产价值，降低企业风险。Goss 和 Roberts（2011）发现社会责任得分较差的公司所支付的银行利率略高于社会责任得分较好的公司。Sassen 等（2016）认为企业在环境、社会和治理方面的表现具有其商业理由，能够降低企业风险，提高企业价值。较高的 ESG 评级传递出利好的信号，使企业受到更多的分析师关注，并在投融资过程中，让企业更能获取商业银行等债权人的支持和信任。Hahn 和 Kühnen（2013）通过研究发现，在环境、社会责任和公司治理方面表现较好的企业具有较强的社会责任意识和可持续发展意识，更易获得投资者信任。ESG 表现开始成为债权人等利益相关者在进行决策时的重要依据，从而能够对债务融资成本产生影响。Gigante 和 Manglaviti（2022），发现 ESG 得分较高的公司，可以通过提高 ESG 绩效来降低债务融资成本。Eliwa 等（2021）发现贷款机构重视 ESG 业绩和披露，并将 ESG 信息整合到其信用当中，因此 ESG 表现较好的公司，其债务成本较低，而且 ESG 的披露对债务成本的影响与 ESG 的表现对债务成本的影响相同。Duffie 和 Lando（2001）认为，信息不对称水平越高，债券的融资成本越大。而 ESG 表现能够缓解信息不对称，从而降低债务融资成本。Richardson 和 Welker（2001）指出能够较好履行社会责任的企业会披露更完整的信息，提高企业的透明度，而且能够吸引更多的外部关注，从而降低企业与资本市场之间的信息不对称程度。而社会责任的履行也是企业 ESG 表现的一部分。Raimo 等（2021）发现 ESG 信息传播透明度较高的公司在获取来自第三方的金融资源时更占优势，ESG 披露与债务融资成本呈负相关关系。Yang 等（2021）通过研究发现，ESG 披露可以提高公司债券在二级市场的估值，降低公司债券信用利差。且与国有公司相比，非国有公司的 ESG 披露在很大程度上降低了公司债券的信用利差；与其他公司相比，高污染和高能耗公司的 ESG 披露在更大程度上降低了公司债券的信用利差。Apergis 等（2022）发现，ESG 得分较低的公司被认为风险更大，因为它们面临着与环境、社会和企业因素相关的负债，这些因素最终会提升它们的违约概率。与 ESG 得分较低的公司相比，ESG 得分较高的公司能够获得更低的债券利差以及更好的债券评级，在控制了其他风险特征后，较好的 ESG 评级能帮助企业取得一级债券市场上较低的无担保债务成本。Aleknevičienė 和 Stralkutė（2023）发现 ESG 披露和得分的增加降低了债务成本，ESG 评分高的上市公司财务风险更高，但在债务融资方面更有优势。Maalou 等（2023）发现管理和披露 ESG 信息的公司拥有更好的声誉，这反过来降低了它们的债务融资成本。Ghoul 等（2017）过对 2003—2010 年间来自 53 个国家企业的数据进行大样本分析，发现企业社会责任方面的举措有助于降低交易成本，在股权和信贷市场较弱的国家，企业社会责任与融资渠道的改善有关，而且在市场环境较差、制度较为不健全的情况下，社会责任表现对交易成本的影响更加明显。Mohanty 等（2021）指出，ESG 表现越好的公司所受到的系统风险因素影响越小，而且其面临更低的预期资本成本。Dhaliwal 等（2011）通过研究发现，企业披露其社会责任信息的目的在于降低融资成本，高质量的信息披露能够降低分析师的对企业的预测误差，使其有机会以较低的成本获取大规模融资。

国内已有学者探究了企业在环境、社会责任、治理方面的表现与企业经济后果之间的联系。曹亚勇等（2012）认为企业应当在公司治理机制中引入"社会责任观"，通过积极履行社会责任来解决公司与利益相关者之间的冲突。何贤杰等（2012）发现企业社会责任相关的信息披露有利于企业的外部融资，高质量的信息披露能够降低融资约束。冯丽艳等（2016）认为积极承担社会责任，有助于降低企业风险，实现企业效益和社会效益的统一。史敏等（2017）以制造业企业中的民营企业作为样本进行研究，发现制造业民营企业的社会责任表现越好，其债务融资成本越低，这表明企业可以通过社会责任的履行来缓解民营企业所面临的融资难题，最终实现企业自身与外部利益相关者互利共赢的局面。沈洪涛和马正彪（2014）发现在我国推出绿色信贷政策的背景下，环境表现对企业发展十分关键，成为影响企业债务融资活动的重要因素，并且债权人在对企业的环境不确定性、偿债能力和经营水平以及信贷风险进行评估时，会将其环境表现作为重要依据。李维安等（2019）发现上市公司绿色治理水平越高，其长期价值就越高；绿色治理水平较高的上市公司具有较低风险承担水平、更加宽松的融资约束以及较强的成长能力。徐莉萍等（2020）发现利益相关者具有社会责任偏好，企业社会责任的缺失会引起债券融资成本的升高，而良好的社会责任表现可以显著降低债券融资成本。黄佳（2019）认为公司治理对于企业实现可持续发展至关重要，同时也是外部投资者的最佳保障，高水平的公司治理能够促使投资者通过降低债务融资利率等方式与企业合作，从而确保企业不仅能够获得充足的债务融资，还能以较低成本进行融资。

　　已有一些学者通过引入 ESG 评级指标进行债务融资方面的研究。在 ESG 与企业债务融资成本关系方面，徐勤勤等（2022）通过设计多期双重差分模型就 ESG 评级披露对企业债务融资成本产生的影响进行研究，发现 ESG 评级披露能够较为显著地降低债务融资成本。范云朋等（2023）发现 ESG 表现可以通过促进企业财务自律和提振投资者信心来降低企业债务融资成本。钮渤允（2022）基于信用利差的视角研究得出企业 ESG 表现与债券融资成本负相关，而且信用评级在 ESG 评级对债券融资成本影响过程当中发挥了中介作用。李增福和冯柳华（2021）发现 ESG 表现促进了企业获得更多的商业信用融资，有利于企业的发展。周宏等（2016）通过研究发现，积极的社会责任承担有利于提高企业的信息透明度，从而降低债券发行时的信用利差，这有利于促进企业融资活动，并且改善企业的财务绩效。邱牧远、殷红（2019）则指出，企业在内部环境、社会责任和公司治理方面表现良好不仅可以降低融资成本，还能提升市场估值。当具体考虑到环境、社会责任和公司治理三个维度后，研究发现相对于社会责任而言，环境因素和公司治理对企业融资成本影响更大。此外，在探讨信息披露与企业 ESG 表现及融资成本之间关系时也不能忽视其重要性。朱康、唐勇（2022）通过构建 ESG 评级公布的准自然实验，并运用多期双重差分模型进行实证检验得出结论：ESG 评级的披露与债务融资成本负相关，且 ESG 评分越高，对债务融资成本的抑制作用越明显；同时机制研究发现，ESG 评级可以通过提升分析师对企业的关注度以及缓解企业代理成本来减小债务融资成本。因此，在促进企业可持续发展过程中应重视并深化 ESG 理念，并将环境保护、社会责任以及公司治理能力的提升放在企业战略高度之上。

1.2.2　企业 ESG 表现与机构投资者关系的研究

　　机构投资者的资金实力雄厚，构建专业的团队对资金进行管理在市场预测、决策运作、信息搜集与分析以及行业研究等方面具有独特的优势。Back 等认为（2000）随着机构所有权的增加，信息流将更快、更高效，机构投资者在收集信息和分析信息之时能够发挥其规模优势。因此，根据信号传递理论，上市公司在环境、社会责任、公司治理方面的表现能够引起机构投资者的关注，而投资者所有权持股比例的变化可以有效反映出资本市场对企业 ESG 表现的态度。Chen 等（2023）指出，强有力的 ESG 披露提高了中国股市的股票流动性，并通过实证研究发现 ESG 的披露可以传递出一种积极的信号，当公司披露 ESG 信息或数据时，它吸引了更多机构投资者的注意力，增加了市场投资需求和股票流动性，ESG 相关披露表明了公司对环境、社会和治理方面的承诺，这有助于公司避免负面冲击，降低股票风险，增强投资者信心。另一方面，机构投资者通常具有较长的投资周期，更加关注企业长远的价值，而不过分追求短期收益。ESG 表现较好的企业意味着更好的可持续发展性、更正面的社会形象以及更完善的内部控制与治理机制，从而影响机构投资者的投资策略。Graves（1994）和 Mahoney（2007）分别对美国和加拿大数据样本进行研究，结果表明在不同样本数据下，机构投资者持股数量与企业社会责任表现之间存在显著的正向关系。Wang 和 Chen（2017）同样发现，企业社会责任表现相关的信息披露水平越高，机构投资者持股数量就越高，但不同类型的机构投资者对企业社会责任表现的偏好具有异质性。Li 和 Wu（2023）发现随着 ESG 持股理念逐渐达成共识，机构投资者具有明显的 ESG 持股偏好，上市公司 ESG 表现显著且稳健地提高了机构投资者的持股比例，且企业整体 ESG 表现对账面价值和市值的提升有促进作用，从而鼓励机构投资者增持股份。

国内已有研究指出，投资者越来越看重被投资企业的可持续发展能力，因此环境、社会责任和公司治理方面的表现应当得到企业的重视。张兆国等（2009）认为企业承担社会责任不是一种简单的利他主义，而是一种既利己也利他的最优抉择，履行社会责任有助于吸引利益相关者的关注。张璇等（2019）发现投资者对企业履行社会责任持积极的态度，并且十分重视企业履行社会责任的动机，自愿履行社会责任的企业更受投资者欢迎。王玲玲等（2012）指出机构投资者具备了较强的道德偏好能力，能有效识别企业的社会绩效水平，并且在充分考虑企业社会绩效的优劣的基础上进行投资决策的制定。王景峰和田虹（2017）认为在短期内，有利的环境事件能够使公司获得市场的肯定，股价获得超额收益；而与此相反，发生不利环境事件的公司会出现股价降低的情况。杨皖苏和杨善林（2016）

认为企业积极履行社会责任有助于投资者有效识别在传统标准之下所无法辨识的风险和机遇，更为精确地评估企业所具备的财务回报潜力，以方便投资者进行战略决策。张正勇和谢金（2018）结合中国资本市场的制度背景和环境，发现重污染行业企业的社会责任表现越好，机构投资者持股比例越高。

已有学者借助ESG指标研究机构投资者的偏好特征。张小溪和马宗明（2022）指出ESG表现越好的上市公司，其股票收益率越高，资本市场实践表明，投资高ESG评分上市公司的投资者，往往能够得到可观的超额收益率，其组成部分E（环境）、S（社会责任）和G（公司治理）的评分越高，股票收益率越高。关于ESG表现和机构投资者持股的关系方面，国内学者也已有了初步的研究。周方召（2020）基于2010—2018年A股上市公司数据，研究发现在中国A股市场当中，机构投资者具有明显的ESG责任偏好，不同维度的ESG责任表现对机构投资者持股的影响具有差异化的特征。此外，良好的ESG责任表现能够更好地减小外部负面冲击对企业的不利影响，并带来较为出色的股票市场表现。为了制定更加专业和完善的投资策略以提高未来的潜在收益率，机构投资者有能力且更有动机获取与企业ESG表现相关的信息。白雄等（2022）指出机构投资者存在ESG投资偏好，吸引机构投资者增持股份是上市公司通过ESG实践提升企业价值的途径之一。综上所述，企业的ESG表现会影响机构投资者持股的变化，这是因为ESG表现反映出的非财务因素，成为企业长期价值和长期投资回报的体现。

1.2.3 机构投资者持股对债务融资成本影响的研究

与个人投资者相比，机构投资者具有更大规模的资金、更专业的投资能力，更加重视企业的详细真实的经营信息，尤其是财务方面的信息。愿意付出相应的人力成本以获取信息，进而对所获得的信息从专业角度进行分析并在参与股东大会时发表自己的意见，从而影响管理层决策时的思考方式和思考路径。机构投资者不断地调研以获取相关信息，加深了对企业的了解，并对部分非商业机密级别的有效信息进行公开披露。近些年来，机构投资者发展趋向多元化，更积极地参与资本市场的运行当中，其投资策略的选择往往会受到债权人等其他利益相关者的广泛关注。Ward 等（2018）认为，在注意力有限的情况下，机构投资者更倾向于关注投资组合权重较高、投资价值较高的公司，因为它们可以通过集中更多可用资源来形成良好的治理能力。因此，机构投资者们能够监督企业的管理层在提高企业绩效方面做出正确的决策，从而吸引更多机构投资者的投资兴趣，参与治理活动，减轻企业的债务融资压力。Stephen（2005）认为，出于自身利益的考虑，机构投资者会关注企业的长期发展能力，他们会通过干预企业的日常经营管理，降低违约风险和代理成本，增强企业的债务偿还能力。在面临公司业绩下滑的局面时，机构投资者将会对公司管理层的决策进行审查，并通过行使投票权的方式对公司战略和管理决策进行干预。Park 等（2019）认为共同机构投资者会要求所持有企业提高信息披露水平，因为当企业向外部披露更多信息时能改善行业信息环境，同行业企业通过参考这些信息可以做出更正确的经营决策，此时共同机构投资者可获得更大的投资组合收益。而信息披露水平的提高能够缓解企业和债权人之间的信息摩擦，进而降低债务融资成本。Zhao 等（2023）发现具有相对独立持股以及高投资组合集中度的机构投资者可以缓解债务融资压力，投资组合集中度较高的抗压型机构投资者可以通过推动企业的环境方面相关的信息披露，降低高污染行业的债务融资成本，缓解低污染行业的负债融资约束；还可以通过改善环境信息的披露来降低非国有企业的债务融资成本，但对国有企业的影响并不显著。机构投资者通常会对公司的治理和财务状况进行审查，他们的参与可以增加市场对公司的信任度，降低公司的债券风险溢价，提高公司的债券信用评级，从而使公司融资成本降低。Kim 等（2019）认为机构投资者的长期监督会降低债务的代理成本，所以银行贷款机构将在贷款合同中要求较少的限制性条款，降低利差。

　　机构投资者的参与能够有效地降低信息不对称，机构投资者持股比例越大，公司现金边际价值递减，缓解公司的融资约束。王雪平和王小平（2019）发现机构投资者更有能力和动机监督企业实际控制人的违规行为，积极发挥公司治理作用，减少实控人对债权人的利益侵占，从而有助于降低债务融资成本。黄启新（2017）认为稳定型机构投资者能够提升公司治理水平，有效抑制管理层的自利行为，提高资本配置效率。沈俊副和魏志华（2017）认为机构投资者的加入能够优化企业的治理体系，通过信息的收集与处理改善信息环境，并监督管理层的行为以缓解相关代理冲突，进而对债务融资成本产生影响。单蒙蒙等（2023）发现机构共同持股可以降低信息不对称程度、改善企业产品的市场表现、提升治理水平，进而降低债务融资成本。王爱群和关博文（2017）也认为机构投资者持股比例的增加会带来更加有效的监督激励机制，可以在降低信息不对称的同时维护债权人利益，使其能准确评估企业价值和违约风险，减少要求的融资溢价。韩庆兰和张玥（2020）以治理效应与行为特征为依据，将机构投资者划分成压力抵抗型和压力敏感型，通过研究发现机构投资者整体持股比例的升高能明显降低被投资企业的债务融资成本。

1.2.4　文献述评

国内外众多学者的已有研究结果表明，企业在环境、社会责任以及公司治理方面的表现能够产生积极的影响；已有学者在 ESG 表现对债务融资成本的影响的研究中给出了经验性的证据，综合现有文献的研究结论，本书认为企业的 ESG 表现能够对债务融资成本产生影响。

已有研究指出，企业良好的 ESG 表现能够吸引到机构投资者的注意，机构投资者对积极参与环境保护，履行社会责任，践行绿色发展、可持续发展的企业具有一定的偏好，在制定投资策略时会重视企业这些方面的表现。

随着机构投资者持股比例的增加，机构投资者会更加关心企业的经营管理情况，监督企业的运行，保证企业的合法合规性，有利于消除代理问题和信息不对称问题。因此从债权人方面来看，机构投资者的介入能够减弱其预期的违约风险，从而能够影响的企业的债务融资成本。

第3节
理论分析与研究假设

1.3.1 理论基础

1.3.1.1 信息不对称理论

信息不对称理论是指在市场经济活动中，不同的市场参与者对有关信息的了解是有差异的，其中一方拥有更完整或更高质量的信息，而另一方则缺乏或无法获得同等的信息，信息充分的一方比信息劣势的一方更占优势。1963年，Kenneth 首次指出不对称信息可能导致逆向选择，逆向选择是指市场上更可能出现的是那些质量较差的产品或服务。而道德风险是指信息不对称可能导致一方采取风险较大的行为，而另一方无法进行有效监督。Akerlof 于 1970 年首次提出了"信息市场"的概念，为信息不对称理论的发展奠定了基础。信息不对称理论认为，在信息不完全的环境中，市场参与者之间的信息差异会导致一系列问题，包括市场的非理性、资源分配的失衡。这些问题可能需要通过政府、监管机构或市场参与者自身的行为来加以解决。信息不对称理论对于理解市场中的不确定性、风险和交易效果等方面具有重要意义，促使研究者和政策制定者考虑如何降低信息不对称对市场效率的负面影响。

企业在自身经营过程中因其对于自身信息的了解而处于有利地位，而企业外部的利益相关者如投资方和债权人等往往处于不利地位。因此企业外部的利益方在进行相关借款与投资决策时，会要求企业披露更完整的真实信息。企业在进行

ESG 实践以及与之相对应的 ESG 信息披露时，应向企业外部披露与企业相关的更完整的相关信息，涉及环境、社会责任和公司治理的多个方面，这让相关利益方的投资以及出借款项的决策有了更充分的信息支撑，有助于保证其决策的合理性，尤其是能够提高出借款项决策的安全系数。

1.3.1.2 信号传递理论

在资本市场中，占据信息优势的企业在信息传递过程中处于主动的一方，为了降低信息不对称性，它们可能会通过相应的信息传导机制和途径向外界传递与企业相关的信息，以辅助外部利益相关者对企业相关决策的制定。

信号传递理论是在信息不对称的前提下发展起来的，由 Spence 于 1973 年首先提出。该理论认为，由于信息不对称，信号成为一种揭示有关个人特质或状态的信息工具。高水平的企业管理层有意愿将企业优秀的表现迅速传递给外部投资者和其他相关方，通过向市场传达积极信息，企业可以增强利益相关者对其的信心，并降低融资成本以及其他合同执行成本。现今，我们已经全面进入信息时代，并且随着资本市场的不断发展，市场的不确定性进一步增加，信息不仅存在不对称性的特征，也逐渐呈现冗余和过载的倾向。此时，信号的主要作用可能不再是解决信息不对称问题，而是如何在不确定性和信息过载的情形下，传递清晰、有吸引力的信号，可能要面临的重要挑战是信息的统一性和针对不同群体的个性化之间的冲突。因此，与企业 ESG 表现相关的信息，一定程度上能够反映出企业具有长远的战略布局、诚信的企业文化以及社会担当意识，属于具有吸引力的良性信号，将会受到外部利益相关者的广泛关注。同时，在资本市场中，机构投资者的投资决策和行为均能够作为信号为其他利益相关者所接收，进而会影响其他利益相关者的决策，如商业银行等债权人会根据机构投资者的行为调整自身的贷款决策以规避风险或者扩大收益。

1.3.1.3 利益相关者理论

利益相关者理论为企业组织管理提供了一个全新的视角，这一理论强调企业不应仅关注自身的利益，而应当兼顾利益相关者的利益。这与传统的股东利益至上原则形成了鲜明的对比。企业应该把更多的精力放在其自身的社会效益之上，不应该只强调其自身的经营成果和财务绩效。企业的管理层应当感知到除了其自身以外，周围所有的与企业组织行为和行为结果紧密关联在一起的相关个体的存在，了解他们的需求，并采取相应措施去满足他们的需求。

利益相关者理论认为企业不仅一个经济利益实体，同时也是一个伦理实体，具有伦理属性，因此，企业组织应该承担起其相应的社会责任。企业在积极承担社会责任、满足利益相关者相应需求的同时，也通过这种方式积累了自身的战略资源，这有助于提升其自身的竞争优势。利益相关理论的实践应用包括建立良好的企业治理结构、制定符合社会和环境责任的企业政策、积极参与利益相关者的沟通和合作等，该理论对于企业的长期可持续发展具有重要意义，也为企业建立良好的声誉和形象提供了指导。因此企业的ESG表现，即企业在环境、社会责任、和公司治理等方面的合理决策和积极措施，与利益相关者息息相关，企业良好的ESG表现，有助于满足利益相关者的利益。从而，ESG表现好的企业更容易取得债权人的信赖，从而在融资方面获取相应的支持。

1.3.2 理论分析与研究假设

1.3.2.1 ESG表现对债务融资成本的影响

根据信息不对称理论，以金融机构为主的贷款方无法真正做到对企业的信息有全面详尽的了解，因此它们会需要企业披露更加详尽全面的信息。而第三方机构出具的ESG评级信息披露了企业在环境、社会责任、公司治理三方面的表现情况，这会有利于消除这种信息不对称性。Zhong（2017）指出信息不对称性的存在不利于企业的融资效率，会增加企业的融资成本，企业社会责任的披露可以提供有效的增量信息，有助于减少信息不对称。周宏（2014）等和林晚发等（2013）认为，信息不确定和信息不对称问题会导致债券信用利差的扩大，即信息不对称水平较高的企业面临着更高的债券融资成本。单蒙蒙等（2018）认为企业信息披露水平的提升为债权人的风险评估提供了更多的信息来源，有助于缓解借贷双方的信息摩擦，降低债务融资成本。周宏等（2016）以沪深两市发债上市公司作为研究对象，发现企业良好的社会责任表现能够降低信息不对称，从而缩小债券信用利差。企业的环境、社会责任以及公司治理等非财务信息得到广泛的重视，在对贷款人违约风险评估过程中发挥着至关重要的作用。ESG信息的披露，有利于外部利益相关者更加真实完整地了解企业的状况，从而降低投资者面临的风险。Eliwa等（2021）发现作为外部利益相关者的代表，银行等债权人逐渐将ESG评级纳入企业信用评级和贷款决策当中。反之，ESG信息披露不足或者披露质量不高的企业，其与外部利益相关者如债权人、投资者等之间的信息不对称问题将会较为严重。这种情况之下，外部利益相关者无法获取较为可靠的非财务信息，因此他们则会要求较高的风险溢价作为对相关信息缺乏的补偿。

根据信号传递理论，企业ESG表现的提升能够作为一种良性的信号引起债权人的正向反馈。范云朋等（2023）指出，积极践行ESG理念并取得优异的ESG表现的企业更倾向于约束管理层的不当和短视行为，提高企业的财务自律水平，而且还能向外部利益相关者如债权人释放出非自私的信号，并以此得到他们的认可，从而增强了投资者对企业的信任程度，降低了风险溢价，从而带来更低的债务融资成本。Azmi等（2021）发现，在评估行为效益时，ESG表现较好的上市公司会以社会整体价值最大化为基准，并通过释放更多利他信号来积累更多声誉，从而提振债权人和投资者对其的信心，贷款方对ESG表现的关注与现金流动和运行效率之间存在正向关系。贷款方往往会更加信赖ESG表现更好的企业，因此可能会给予这些企业较为优惠的贷款利率。ESG表现较差会影响企业的声誉，而叶康涛（2010）指出，负面声誉将影响企业获得外部融资。

综上所述，贷款方在进行贷款决策时可能根据企业的ESG表现情况调整其相应的决策，ESG表现较好的企业获得的来自贷款方的债务融资成本可能更低，本书通过实证研究法来验证这一观点并提出以下假设。

H1：ESG表现越好的企业，其债务融资成本越低。

1.3.2.2　E、S和G表现分别对债务融资成本的影响

企业的ESG表现分为E、S、G三个领域，债权人在进行决策时对这三方面的敏感程度也有所差异。首先，从我国上市公司总体来看，环境表现仍是最大软肋，在本书选取的样本中，2022年环境表现评级为B以上的上市公司占比仅为13.59%，大部分公司评级处在CCC以下，这说明环境表现存在不平衡、不充分的问题，在未来应当把提升E水平作为提升企业ESG表现的重要路径。其次，

在环境方面的良好表现虽然有助于提升企业的社会声望,但是改善资源利用、节能减排以及环境保护等方面均依赖于企业大量的资金投入。更新生产设备和生产工艺,加强污水和废料的处理,提高资源利用效率,这都会导致较高比例的资金占用,影响资金的流动性而削弱其偿债能力。另一方面,在国家"双碳"目标的提出和总体发展战略的驱使下,部分企业环境表现方面的改善是在政府强制规定的情况下实施的,并不能体现企业自身的文化和价值观;再者,管理层在环境方面的决策可能是出于自利的动机。Hemingway 和 Maclagan (2004) 认为管理层主动发起改善有利于生态环境的项目,可能是为了掩盖他们个人的道德问题,而并非简单地充当公司政策的代理人。综上所述,企业环境方面的表现可能并不会成为债权人进行决策的依据,难以对债务融资成本产生显著影响。

企业在社会责任(S)方面的表现有利于为企业带来良好的社会评价、正面的企业形象和坚实的道德资本。根据声誉理论,声誉好的企业容易吸引到更多的优秀人才,吸纳更多的资金和社会资源,有利于改善其财务绩效,提升产品的品牌价值,从而在市场竞争中占据有利地位。杨艳和兰东(2015)认为社会责任整体表现越好,企业的特有风险水平越低。积极承担社会责任的企业抗风险能力更强、业绩波动更小,更能够抵御来自行业动荡、企业发展不确定性等外部不利因素的影响。并且社会责任表现有助于降低企业内部的财务风险和治理风险,企业面临的风险水平越低,越有利于改善其面临的融资状况。另一方面,企业社会责任的承担是一种价值创造机制,企业承担责任,提供资源和良好的经营环境,保证了各方利益相关者的利益,为社会创造价值,与此同时也能够为自身创造价值,帮助企业从社会以及利益相关方获取资源并构建良好的经营环境。

企业治理(G)方面的表现,包括构建高效的管理框架和治理结构、保持管理层的稳定性、约束管理者的行为、降低代理成本;企业良好的治理表现能够提高信息披露质量,提高信息的可信度,缓解信息不对称。治理表现是企业内部管理水平和抗风险能力的重要体现,能够影响债权人的贷款决策。

综上所述,提出以下假设。

H2:E 表现对债务融资成本的影响不显著,S、G 表现与债务融资成本显著负相关。

1.3.2.3　机构投资者持股的中介作用

根据利益相关者理论，企业的行为会影响外部利益相关者的利益。机构投资者会关注企业的财务经营状况和公司未来发展趋势，并且会根据企业实践情况进行决策。Freeman 和 Evan（1990）认为治理水平较高的公司更受利益相关者的青睐。史永东和王谨乐（2014）也发现，机构投资者偏好财务优良、治理有效的公司。相较于个人投资者，机构投资者往往倾向于长期持有企业股份，以期在未来获取稳定收益，因此更加关注企业的可持续发展能力，更加重视企业经营绩效以外的因素，比如企业的 ESG 表现。

根据信号传递理论，ESG 表现能够作为企业具备内在可持续发展性的信号传递到资本市场当中，ESG 表现较好的企业更受机构投资者青睐，这些企业往往被认为具有更为诚信的企业文化、更加广阔的发展前景和责任意识。Punit 和 Ravi（2011）通过研究证实，企业能够通过实施具备社会责任性质的实践活动来影响机构投资者的投资决策。王琳璘等（2022）发现好的 ESG 表现能够扩大企业的高端产品需求、提升企业人力资本、缓解企业融资约束，为企业技术创新提供条件，进而全方面提升企业的市场竞争力以吸引投资者的关注。ESG 表现好的企业在创造价值、履行社会责任意愿方面表现突出，具备长期发展潜力，它们能够平衡考虑公司利益和社会利益，并通过高质量地履行与机构投资者等利益相关者之间的契约赢得支持和信任，进而获得实现可持续发展所需资源的机会。积极承担社会责任有助于上市公司树立良好的企业形象，这不仅体现在公众对公司的认可和尊重上，更能够在资本市场中转化为企业的声誉资本，有助于减轻不利事件对企业价值和股东财务所带来的负面影响。此外，ESG 表现好的企业注重可持续发展能力和社会责任理念，并且采取积极措施减少自身与投资者之间信息不对称的情况，使投资者更容易评估其长期价值并信任它们，从而规避环境等方面带来的政策风险，这些做法符合机构投资者的投资偏好。再者，很多上市公司存在代理人与所有者分离的情况，而代理人如果存在为了自身利益而损害所有者权益的行为，也将会增加贷款方的预期违约风险。Teoh（1998）等认为在企业经营过程中，作为企业的代理方的管理层处于信息优势的一方，相较于企业的其他利益相关者，他们掌握着更全面、更及时的内部信息。彭雅哲和汪昌云（2022）

认为在这种情况下，管理层和其他利益相关者难以实现信息的共享，因为企业管理层不愿或无法将他们掌握的全部信息传递给外部利益相关者。因此，这种信息不对称环境以及不完备的委托代理合约共同导致了企业管理层的盈余管理行为以及企业财务造假行为。而企业进行的ESG实践包括参与环境治理、社会贡献以及积极的公司治理等，其价值观具有长远性和可持续性等特点，有利于消除管理层短视的不利影响。Kim和Zhang（2012）认为ESG表现较好的企业为了提升自身声誉和道德水平，会更加注重财务自律，更谨慎地撰写财务报告，以尽力兼顾所有利益相关者的利益，最终产生更高质量的财务报告。因此，ESG表现较好的企业往往对管理层具有更加严格的监督，有利于规范管理层的行为，削弱委托代理问题以及降低信息不对称水平和违约风险，能够更好地维护股东的权益，从而吸引机构投资者增持股份。而机构投资者持股比例的变化会对债权人的决策产生影响，进而影响企业的债务融资成本。

王晓巍和陈慧（2011）认为企业对任何一方利益相关者责任的履行都会影响对其余各方利益相关者责任的承担。依据权衡假说，由于企业资源有限，市场上利益相关者之间存在某种利益上的关联。不同利益相关者之间，会关注彼此披露的关于被投资企业的相关信息，并根据收集来的信息调整自身的风险管理策略。因此，机构投资者的行为会影响到债权人的策略选择。一方面，在资本市场中，机构投资者既是信号接收者又是信息的发送方，在企业ESG表现的影响下其持股比例的增加或者减少，能够被作为反映企业真实状况的信号为债权人所接收。陈晓珊、刘洪铎（2019）认为机构投资者的投资行为和动向常被视为资本市场的"风向标"。机构投资者持股比例增加，意味着企业具有广阔的发展前景、较强的盈利能力、可持续发展能力等，从而使得债权人在进行贷款决策时会综合考虑这一情况。另一方面，相较于其他投资者，机构投资者信息的来源更广，信息解析能力更强，它们愿意并能够承担调研成本，全面系统地收集、鉴别和分析有用信息，并通过提供研究报告等方式将相关信息传达到资本市场。刘广和张迎（2022）发现机构投资者持股的增多、机构投资者之间联系的增多、持股网络的扩张会提高市场信息效率，有利于债权人等其他利益相关者提高信息获取和利用的效率，这样做可以在一定程度上缓解企业与债权人之间的信息不对称问题，进而减少债权人获取和判断信息所需付出的成本。机构投资者在信息传递中起到媒介作用，能够为企业的 ESG 信息进行更加专业的解读，识别其中所传递的积极信号和重点事项，并且扩大 ESG 积极信号的影响范围。马宝君等（2022）发现机构投资者持股比例高的企业可以通过发布美观度高的社会责任报告，更高效和广泛地向市场上的利益相关者输出正面积极的信息，从而更有效地降低债务融资成本。机构投资者出于自身利益的考虑，通过行使股东权力的方式介入上市公司的经营管理和投融资决策，加强对被投资企业的监督，积极参与企业的治理，压制管理层的自利倾向，减小由于委托代理问题引发的道德风险，并且能够督促管理层披露真实、可靠、完整的信息。同时，当机构持有较高比例的股份时，在规模效益下，它们能够通过监督管理和信息收集获取远超过成本的收益。出于自身利益最大化的考虑，机构投资者更倾向于积极履行股东义务以参与企业治理，并形成更强大的外部监督力量。持有较多股份的机构投资者在决定企业财务事项时拥有更多的发言权，并且敢于与其他大股东竞争，推动企业选择更合适的投资项目和融资结构，从而降低违约风险，为债务投资者提供充分保障以有效降低企业的债务融资成本。

综上所述，企业的 ESG 表现可以通过影响机构投资者持股的途径对债权人的决策产生影响。为分析机构投资者持股的中介作用，提出以下假设。

H3：机构投资者持股在 ESG 表现与债务融资成本之间发挥中介作用。

1.3.2.4 内部控制质量的调节作用

企业内部控制是一个至关重要的机制，它涉及企业内部的各个层级和所有员工，共同致力于实现企业的控制目标。这一过程的实施主体包括企业董事会、监事会、经理层以及全体员工，他们各自在内部控制中扮演着不同的角色，共同推动着企业的稳健发展。Deumes 和 Knechel（2008）发现，高质量的内部控制能够增强投资者对企业所披露信息的信任程度，降低投资者的预期风险水平，从而减少投资者对资本成本的要求。李万福等（2012）认为内部控制能够对企业的投资、融资决策产生影响，未来债务违约风险与投融资决策质量之间存在着密切关联，投融资行为过于激进有可能会导致企业陷入财务困境，并增加了无法按时偿债的风险。当企业内部控制存在缺陷的情况下，出于个人利益的考虑，为了在短期内获取高收益，管理层有动机实施较为激进的财务战略。这损害了企业的长期发展能力，并且会导致更高的债务违约风险。陈智等（2023）的研究发现，优质的内部控制对于改善发债公司的信息环境、减少债券契约双方之间的信息不对称、限制发债公司机会主义行为、提高运行效率以及降低债券违约风险具有积极作用。陈汉文和周中胜（2014）认为提升内部控制质量有助于降低债务融资成本，包括提升公司治理水平和内部监督水平、积极履行社会责任等行为。

综合来看，企业内部控制质量能够影响企业信息披露质量，提高企业ESG表现相关信息的可信度，减弱企业与银行等债权人之间的信息不对称性，从而能够影响债权人的决策。而且企业的内部控制质量越高，对管理层的监督更加严格，能够削弱委托代理问题的负面影响，使管理层积极执行治理层制定的ESG实践决策，从而影响企业的长期发展利益，影响企业的债务融资成本。高质量的内部控制会提升外部利益相关者对企业的信任，进而良好的ESG表现作为积极信号影响债权人决策时，内部控制质量的高低能够影响到ESG表现对债务融资成本的作用强度。基于此，提出以下假设。

H4：内部控制质量在ESG表现对债务融资成本的影响中发挥正向调节作用。

第 4 节
研究设计

1.4.1 样本选择与数据来源

选取 2015—2022 年的沪深主板上市公司作为样本。之所以选取 2015 年作为起点,是因为自 2015 年以来,相关法律和准则陆续出台:2015 年以来,原国家质检总局、国家标准化管理委员会发布了《社会责任指南》《社会责任报告编写指南》《社会责任绩效分类指引》等标准体系。2015 年 9 月,中共中央、国务院印发《生态文明体制改革总体方案》,要求资本市场建立上市公司环保信息强制性披露机制。2015 年 10 月,党的十八届五中全会提出"创新、协调、绿色、开放、共享"的新发展理念。这些都表明从 2015 年开始,国家开始更加重视企业在环境保护、社会责任等方面的表现以及相关信息的披露。本书对数据进行以下筛选:

1. 剔除金融行业公司样本,保留非金融公司样本;

2. 剔除 ST、*ST 公司样本及数据缺失的样本;

3. 为了消除极端值对于研究结果稳健性的影响,对连续型的变量在 1% 的水平上进行缩尾处理;

4. 通过以上的筛选,最终共计得到了 17 321 个样本观测值。本书通过 stata18.0 软件对数据进行分析以及回归检验。

本专题使用的华证 ESG 评级数据来自 Wind 数据库;内部控制质量数据来自

迪博风险管理与内部控制数据库；计算债务融资成本的原始数据以及控制变量等其他数据来自 CSMAR 数据库。

1.4.2 变量设定

1.4.2.1 被解释变量

本专题的被解释变量是债务融资成本。参考李广子和刘力（2009）的方法测量企业的债务融资成本，即将"利息支出""手续费"和"其他财务费用"相加作为企业净财务费用的近似，以反映与债务融资相关的总成本。然后，计算净财务费用占总负债的比率，并将其作为衡量债务融资成本的指标。计算公式如下：

债务融资成本（Debtcost）=（企业利息支出+手续费+其他财务费用）/期末总负债。

1.4.2.2 解释变量

本研究的解释变量是企业 ESG 表现，以及企业环境（E）表现、企业社会责任（S）表现、企业公司治理（G）表现。采用华证的 ESG 评级数据测度企业 ESG 表现和分项表现。华证借鉴国际 ESG 核心要义，结合国际主流 ESG 评估框架，考虑中国特色及具体实践经验，充分吸收外部市场专家的意见，制定了华证 ESG 评价方法论，更加符合 A 股上市公司的实际情况。对上市公司主体进行评价时利用的是市场公开信息和发行人提供的正式文件等，适用于除国债、央票、地方政府债、资产支持证券以外的中国证券市场发行主体。华证 ESG 评价是通过综合考虑企业环境、社会和公司治理三个方面的表现而形成的。其中，每个方面都包含了一些相关主题，并进一步将这些主题细分为若干议题因素，总共涵盖了 16 个主题和 44 个相关指标。华证 ESG 评级给与被评主体九档评级，从低到高依次为 C、CC、CCC、B、BB、BBB、A、AA、AAA。本专题采用赋值法从低到高进行赋值，其中 C 为 1，CC 为 2....AA 为 8，AAA 为 9。

1.4.2.3 中介变量

本专题的中介变量是机构投资者持股（Inst）。机构投资者主要包括保险公司、银行、投资基金、养老基金、证券公司等。本专题将机构投资者持股总数除以流通股份作为衡量机构投资者持股的指标。流通股是指上市公司股份中，可以在交易所流通的股份数量。

1.4.2.4　调节变量

本专题借鉴周泽将等（2020）的做法，采用深圳市迪博企业风险管理技术有限公司发布的"迪博·中国上市公司内部控制指数"来衡量上市公司内部控制质量（IC），取值范围为 0—1000，数值越大说明企业内部控制质量越高。

1.4.2.5　控制变量

参考周楷唐等（2017）以及钱雪松等（2019）的做法，本专题选用以下控制变量，以保持模型的有效性。

（1）存货占比（INV）。存货占比影响着企业正常的生产经营以及对客户正常的产品供应，影响企业的经济效益和信誉。一般情况下，在一定范围内存货占比越高表示企业在将来一定时期内实现收入的能力越强、获取的现金流越高，因此存货比重较高的企业，其更可能通过较低的成本进行债务融资。

（2）总资产净利润率（ROA）。指的是公司在某一段时间里，运用资金和贷款，能创造出的利润的比率，也可以说是公司资产的总报酬率。资产回报率越高，表明企业创造收益的能力越强，会影响到债权人预期的风险报酬水平。

（3）净资产收益率（ROE）。是用以衡量公司在一定时期内经营效率的指标。净资产收益率越高，说明企业运用自有资金盈利的能力越强，同时表示在投入资金一定的情况下，该指标越高，投资所带来的收益越高。

（4）资产负债率（LEV）。资产负债率越高，杠杆倍数越高表明企业的财务风险越高，财务结构的稳定性较差。在一般情况下，资产负债率较高的企业，其融资难度较高，会影响债权人要求的风险报酬水平。

（5）审计师是否来自四大会计师事务所（BIG4）。债权人在进行贷款决策时会关注企业的审计质量。一般认为，四大会计师事务所的业务质量较其他事务所更高，由四大会计师事务所进行审计的企业，其财务报表的可信赖程度更高，因此审计师是否来自四大会计师事务所可能会作为债权人是否提供借款时考虑的因素之一。

（6）固定资产占比（Fixed）。固定资产占比较高，表明企业的流动资产占比较低，企业的在短期内的偿债能力可能会受到影响，因此该指标可能会影响企业的债务融资成本。

（7）两职合一（DUAL）。董事长和总经理是同一个人时，说明企业的董事会具有较差的独立性，因此其决策可能在个人利益的驱使妨害企业的整体利益。本专题通过虚拟变量来测度该项指标，当上市公司董事长和总经理是同一个人时，赋值为 1；否则的话赋值为 0。

（8）大股东资金占用（Occupy）。大股东资金占用比率较大时，经营现金流受到影响，财务风险升高，会对公司的财务绩效和盈利能力产生不利影响。严重的大股东资金占用现象抬高了企业的违约风险，可能会打击投资者的投资积极性，从而影响债务融资成本。

具体变量的定义如表 1.4.1 所示。

表 1.4.1 变量定义及相关说明表

变量类型	变量名称	变量符号	变量定义
被解释变量	债务融资成本	Debtcost	（企业利息支出＋手续费支出＋其他利息费用）/期末总负债，百分数形式
		Debtcost2	财务费用/期末总负债，百分数形式
解释变量	ESG 表现	ESG	华证 ESG 评级，赋值 1～9
	E 表现	E	华证 E 评级
	S 表现	S	华证 S 评级
	G 表现	G	华证 G 评级
中介变量	机构投资者持股	Inst	机构投资者持股总数/流通股份
调节变量	内部控制质量	IC	迪博内部控制指数
控制变量	存货占比	INV	存货净额/总资产
	总资产净利润率	ROA	净利润/总资产平均余额
	净资产收益率	ROE	净利润/股东权益平均余额
	资产负债率	LEV	年末总负债/年末总资产
	审计师是否来自四大会计师事务所	BIG4	公司是否经由四大会计师事务所（普华永道、德勤、安永、毕马威）审计
	固定资产占比	Fixed	固定资产净额/总资产

续表

变量类型	变量名称	变量符号	变量定义
控制变量	两职合一	DUAL	董事长与总经理是同一个为1，否则为0
	大股东资金占用	Occupy	其他应收款/期末总资产
	年份固定效应	Year	年份虚拟变量
	行业固定效应	Industry	行业虚拟变量

1.4.3 模型构建

为验证假设H1，构建模型：

$$\text{Debtcost}_{i,t} = \alpha_0 + \alpha_1 \text{ESG}_{i,t} + \alpha_2 \text{INV}_{i,t} + \alpha_3 \text{ROA}_{i,t} + \alpha_4 \text{ROE}_{i,t} + \alpha_5 \text{LEV}_{i,t} + \alpha_6 \text{BIG4}_{i,t} + \alpha_7 \text{Fixed}_{i,t} + \alpha_8 \text{DUAL}_{i,t} + \alpha_9 \text{Occupy} + \sum \text{Year} + \sum \text{Industry} + \varepsilon_{i,t}$$

(1.1)

其中，被解释变量为债务融资成本（Debtcost），自变量为ESG表现（ESG）。存货占比（INV）、总资产净利润率（ROA）、净资产收益率（ROE）、审计师是否来自四大会计师事务所（BIG4）、固定资产占比（Fixed）、两职合一（DUAL）、大股东资金占用（Occupy）、年份固定效应（Year）、行业固定效应（Industry）为控制变量，ε为随机扰动项。公式中变量的下标i，t分别代表上市公司i在t时间的值，如$\text{Debtcost}_{i,t}$即代表上市公司i在时间t的债务融资成本。

为验证假设H2，构建模型：

$$\text{Debtcost}_{i,t} = \alpha_0 + \alpha_1 \text{E}_{i,t} + \alpha_2 \text{INV}_{i,t} + \alpha_3 \text{ROA}_{i,t} + \alpha_4 \text{ROE}_{i,t} + \alpha_5 \text{LEV}_{i,t} + \alpha_6 \text{BIG4}_{i,t} + \alpha_7 \text{Fixed}_{i,t} + \alpha_8 \text{DUAL}_{i,t} + \alpha_9 \text{Occupy} + \sum \text{Year} + \sum \text{Industry} + \varepsilon_{i,t}$$

(1.2)

$$\text{Debtcost}_{i,t} = \beta_0 + \alpha_1 S_{i,t} + \beta_2 \text{INV}_{i,t} + \beta_3 \text{ROA}_{i,t} + \beta_4 \text{ROE}_{i,t} + \beta_5 \text{LEV}_{i,t} + \beta_6 \text{BIG4}_{i,t} + \beta_7 \text{Fixed}_{i,t} + \beta_8 \text{DUAL}_{i,t} + \beta_9 \text{Occupy} + \sum \text{Year} + \sum \text{Industry} + \varepsilon_{i,t}$$

(1.3)

$$\text{Debtcost}_{i,t} = \gamma_0 + \alpha_1 G_{i,t} + \gamma_2 \text{INV}_{i,t} + \gamma_3 \text{ROA}_{i,t} + \gamma_4 \text{ROE}_{i,t} + \gamma_5 \text{LEV}_{i,t} + \gamma_6 \text{BIG4}_{i,t} + \gamma_7 \text{Fixed}_{i,t} + \gamma_8 \text{DUAL}_{i,t} + \gamma_9 \text{Occupy} + \sum \text{Year} + \sum \text{Industry} + \varepsilon_{i,t}$$

(1.4)

其中，E表现（E）、S表现（S）、G表现（G）为解释变量。

为验证假设 H3，借鉴温忠麟等（2004）的研究方法，结合模型（1.1），构建模型：

$$\text{Inst}_{i,t} = \alpha_0 + \alpha_1 \text{ESG}_{i,t} + \alpha_2 \text{INV}_{i,t} + \alpha_3 \text{ROA}_{i,t} + \alpha_4 \text{ROE}_{i,t} + \alpha_5 \text{LEV}_{i,t} + \alpha_6 \text{BIG4}_{i,t} +$$
$$\alpha_7 \text{Fixed}_{i,t} + \alpha_8 \text{DUAL}_{i,t} + \alpha_9 \text{Occupy} + \sum \text{Year} + \sum \text{Industry} + \varepsilon_{i,t}$$
（1.5）

$$\text{Debtcost}_{i,t} = \alpha_0 + \alpha_1 \text{ESG}_{i,t} + \alpha_2 \text{INV}_{i,t} + \alpha_3 \text{ROA}_{i,t} + \alpha_4 \text{ROE}_{i,t} + \alpha_5 \text{LEV}_{i,t} + \alpha_6 \text{BIG4}_{i,t} +$$
$$\alpha_7 \text{Fixed}_{i,t} + \alpha_8 \text{DUAL}_{i,t} + \alpha_9 \text{Occupy} + \sum \text{Year} + \sum \text{Industry} + \varepsilon_{i,t}$$
（1.6）

其中，机构投资者持股（Inst）为中介变量。如果模型（1.1）中系数 α_1 显著，且模型（1.5）中的系数 α_1 以及模型（1.6）中的系数 α_2 均显著，则说明机构投资者持股（Inst）发挥了中介作用。若模型（1.6）中的系数 α_1 不显著，说明机构投资者持股发挥了完全中介作用；若系数 α_1 显著，说明机构投资者持股发挥了部分中介作用。

为验证假设 H4，在模型（1.1）的基础上，加入 ESG 表现（ESG）和内部控制质量（IC）的交互项构建模型：

$$\text{Debtcost}_{i,t} = \alpha_0 + \alpha_1 \text{ESG}_{i,t} + \alpha_2 \text{IC}_{i,t} + \alpha_3 \text{ESG}_{i,t} \times \text{IC} + \alpha_4 \text{INV}_{i,t} +$$
$$\alpha_5 \text{ROA}_{i,t} + \alpha_6 \text{ROE}_{i,t} + \alpha_7 \text{LEV}_{i,t} + \alpha_8 \text{BIG4}_{i,t} +$$
$$\alpha_9 \text{Fixed}_{i,t} + \alpha_{10} \text{DUAL}_{i,t} + \alpha_{11} \text{Occupy} + \sum \text{Year} + \sum \text{Industry} + \varepsilon_{i,t}$$
（1.7）

第5节
实证分析

1.5.1 描述性统计

表 1.5.1 列明了被解释变量、解释变量和控制变量等主要变量的描述性统计结果。

表 1.5.1 变量的描述性统计表

变量	N	均值	中位数	标准差	最小值	最大值
Debtcost	17 321	1.854	1.684	1.374	0.005	5.863
ESG	17 321	4.174	4	1.138	1	8
E	17 321	2.035	2	1.247	1	9
S	17 321	4.217	4	1.174	1	8
G	17 321	5.215	5	1.413	1	9
Inst	17 321	0.430	0.446	0.231	0	0.881
IC	17 321	639.2	660.7	118.4	0	815.5
INV	17 321	0.141	0.111	0.130	0	0.650
ROA	17 321	0.040	0.036	0.058	−0.172	0.209
ROE	17 321	0.064	0.070	0.120	−0.550	0.341
LEV	17 321	0.446	0.440	0.195	0.073	0.885
BIG4	17 321	0.076	0	0.264	0	1
Fixed	17 321	0.218	0.188	0.161	0.002	0.672
DUAL	17 321	0.252	0	0.434	0	1

续表

变量	N	均值	中位数	标准差	最小值	最大值
Occupy	17 321	0.015	0.007	0.023 0	0	0.135

可以看出，债务融资成本（Debtcost）的最大值为5.863，最小值为1.684，中位数为1.684，标准差为1.374，说明不同企业的债务融资情况存在较大差异，部分企业面临较高的债务融资成本。ESG表现（ESG）的平均值为4.174，最大值为8，最小值为1，标准差为1.147，说明不同的上市公司之间的ESG表现存在较大的差异，这说明在国家政策的积极引导和推动之下，我国ESG实践的发展有了较为明显的成果，但是相较于ESG实践较早的部分西方国家，我国仍存在较为广阔的上升空间。分项来看，E、S、G表现的均值分别为2.035、4.217、5.215，说明我国上市企业社会责任表现和治理表现整体良好，而公司环境表现整体较差，仍有较为广阔的发展空间。机构投资者持股比例（Inst）的平均值为0.430，中位数为0.445，机构投资者持股占流通股的比例整体较高，说明在A股市场上，我国的机构投资者活动较为活跃，投资意愿较强，因此上市公司的决策和经营表现、非经营方面的表现均受到出资机构投资者的重视。内部控制质量（IC）的平均值为639.2，中位数为660.7，说明A股上市公司的内部控制质量整体表现较好，标准差为118.4，说明不同企业之间差距较大。控制变量中，存货占比（INV）、净资产收益率（ROE）和总资产利润率（ROA）的标准差较高，说明不同企业之间具有较大的差异，同一企业在不同时间内的表现也存在较大差异。

1.5.2　相关性分析

表1.5.2是关于各变量的Pearson相关性分析检验，从中可以发现，本专题的解释变量ESG表现（ESG）与被解释变量债务融资成本（Debtcost）之间的相关系数为−0.140，在1%水平上显著负相关，表明ESG表现越好，债务融资成本越低的假设得到了初步验证；ESG表现与机构投资者持股（Inst）的相关系数为0.106，存在显著正相关关系；存货占比（INV）、净资产收益率（ROE）、总资产利润率（ROA）、两职合一（DUAL）与债务融资成本显著负相关，与本专

题的初步估计一致；资产负债率（LEV）与债务融资成本显著正相关，说明资产负债率越高，企业的财务风险和经营风险较高，债权人会要求更高的风险报酬；大股东资金占用（Occupy）与债务融资成本显著正相关，说明大股东资金占比升高会引起债权人的担忧，从而导致债务融资成本的升高；固定资产占比（Fixed）、是否四大审计（BIG4）与债务融资成本显著正相关。由于相关性检验本身的局限性，结果仅供初步参考，变量之间的真实关系有待后续通过回归分析进行验证。

表 1.5.2　主要变量的相关性分析表

变量	Debtcost	ESG	Inst	IC	INV	ROA
Debtcost	1					
ESG	−0.140***	1				
Inst	0.007	0.106***	1			
IC	−0.166***	0.193***	0.120***	1		
INV	−0.060***	0.078***	0.004	0.048***	1	
ROA	−0.300***	0.172***	0.080***	0.360***	−0.072***	1
ROE	−0.241***	0.171***	0.121***	0.404***	0.004	0.902***
LEV	0.326***	−0.024***	0.181***	−0.062***	0.258***	−0.370***
BIG4	0.020***	0.116***	0.245***	0.102***	−0.013*	0.035***
Fixed	0.290***	−0.050***	0.090***	−0.057***	−0.352***	−0.048***
DUAL	−0.044***	−0.016**	−0.175***	0.007	0.001	0.050***
Occupy	0.114***	−0.060***	0.004	−0.123***	0.142***	−0.195***

变量	ROE	LEV	BIG4	Fixed	DUAL	Occupy
ROA	1					
LEV	−0.198***	1				
BIG4	0.068***	0.110***	1			
Fixed	−0.052***	0.006	0.017**	1		
DUAL	0.021***	−0.091***	−0.044***	−0.070***	1	
Occupy	−0.148***	0.249***	0.021***	−0.208***	−0.034***	1

注：***、**、* 分别表示显著性水平为 1%、5%、10%。

1.5.3 回归分析

1.5.3.1 ESG 表现对债务融资成本的影响

表 1.5.3 报告了模型（1.1）对假设 1 的回归检验结果。列（1）是未控制行业固定效应和年份固定效应的回归结果，ESG 的回归系数为 −0.169，在 1% 水平上显著为负；列（2）是控制了行业固定效应和年份固定效应的回归结果，ESG 表现的系数为 −0.145，在 1% 的水平上显著为负；列（3）是加入了相关控制变量后的回归检验结果，ESG 表现的系数为 −0.083，仍在 1% 的水平上显著为负。根据上述结果可以发现，ESG 表现对企业债务融资成本存在显著的负向影响，即 ESG 表现越好的企业，其债务融资成本越低，假设 H1 得到验证。原因在于，随着国家政策的指引和新发展理念的倡导，商业银行等债权人更加关注企业的 ESG 表现，并且将企业 ESG 表现纳入决策的考虑范围内。首先，企业的良好 ESG 表现能够改善企业形象，披露更多的非财务信息，减弱信息不对称导致的道德风险和逆向选择；其次，随着企业 ESG 实践的提升、可持续发展理念的不断深化，管理者意识到在发展的同时应当重视环境保护，践行可持续发展理念，积极承担社会责任，保障员工的利益并积极回馈社会，这能够为企业积累社会声誉，提高文化软实力；最后，良好的 ESG 表现提高了企业的治理水平，加强对管理层的监督，维护企业所有者利益。企业积极参与上述 ESG 方面的实践能够提高自身的可持续发展能力，从而为其在进行债务融资时创造议价的条件，降低债务融资成本。

在控制变量中，存货占比（INV）的回归系数在 1% 的水平上显著为负，这说明存货占比越高，企业债务融资成本越低；总资产净利润率（ROA）的系数在 1% 的水平上显著为负，这说明总资产收益率越高，企业债务融资成本越低；但是净资产收益率（ROE）的系数不显著，由此可见，相较于基于股东权益计算的净资产收益率，债权人更加关注企业的总资产净利润率；资产负债率（LEV）的系数在 1% 的水平上显著为正，说明资产负债率越高，企业债务融资成本越高，企业杠杆越高，经营风险越大，债权人会对企业要求较高的风险报酬；固定资产占比（Fixed）的系数在 1% 的水平上显著为正，说明固定资产占比较高时，企业相应的流动资产占比较低,资金流动能力差,短期内偿债能力受到影响,因此会导致债权人抬高对企业的借款利率或通过其他方式要求更高的风险报酬;大股东资金占用(Occupy)的系数在1%的水平上显著为正,说明资金占用比率越高,会使债权人在进行贷款决策时要求更高的风险回报,债务融资成本越高。整体而言,相关控制变量的实证检验结果与本专题的预期情况基本相符,也基本符合现实逻辑。

表1.5.3 ESG 表现对债务融资成本的回归结果

变量	(1) Debtcost	(2) Debtcost	(3) Debtcost
ESG	−0.169***	−0.145***	−0.083***
	(−10.426)	(−9.237)	(−6.005)
INV			−0.655***
			(−2.782)
ROA			−4.414***
			(−6.886)
ROE			0.127
			(0.441)
LEV			1.886***
			(16.607)
BIG4			0.000
			(0.004)
Fixed			1.789***
			(12.470)
DUAL			0.033
			(0.936)
Occupy			3.714***
			(4.677)
Constant	2.562***	3.301***	1.887***
	(34.720)	(15.095)	(8.859)
Year	No	Yes	Yes

续表

变量	（1）Debtcost	（2）Debtcost	（3）Debtcost
Industry	No	Yes	Yes
N	17 321	17 321	17 321
Adjusted_R^2	0.020	0.100	0.274

注：***、**、* 分别表示显著性水平为1%、5%、10%。

1.5.3.2　E、S和G表现分别对债务融资成本的影响

表1.5.4报告了E、S和G表现分别对债务融资成本影响的回归结果，从中可以看到，企业社会责任表现（S）与公司治理表现（G）系数分别为−0.095、−0.127，均在1%水平上显著为负，而环境（E）表现对债务融资成本的作用不显著，这说明债权人对企业社会责任和公司治理表现更为敏感，社会责任和治理表现越好的企业，债务融资成本越低；环境表现的影响并不明显，假设H2得以验证。

表1.5.4　E表现、S表现和G表现分别对债务融资成本的回归结果

变量	（1）Debtcost	（2）Debtcost	（3）Debtcost
E	0.011		
	（0.891）		
S		−0.095***	
		（−7.040）	
G			−0.127***
			（−11.712）
INV	−0.672***	−0.656***	−0.652***
	（−2.827）	（−2.790）	（−2.781）
ROA	−4.672***	−4.405***	−4.196***
	（−7.285）	（−6.895）	（−6.601）
ROE	0.102	0.189	0.171
	（0.352）	（0.657）	（0.599）

续表

变量	（1）Debtcost	（2）Debtcost	（3）Debtcost
LEV	1.876***	1.897***	1.744***
	（16.433）	（16.719）	（15.376）
BIG4	−0.041	0.011	0.043
	（−0.571）	（0.147）	（0.602）
Fixed	1.773***	1.789***	1.785***
	（12.419）	（12.478）	（12.539）
DUAL	0.038	0.031	0.025
	（1.077）	（0.878）	（0.719）
Occupy	3.961***	3.671***	3.258***
	（4.962）	（4.641）	（4.158）
Constant	1.568***	1.919***	2.438***
	（7.549）	（9.095）	（11.328）
Year	Yes	Yes	Yes
Industry	Yes	Yes	Yes
N	17 321	17 321	17 321
Adjusted_R^2	0.270	0.275	0.284

注：***、**、* 分别表示显著性水平为 1%、5%、10%。

1.5.3.3 机构投资者的中介效应检验

表 1.5.5 为机构投资者持股的中介效应的回归结果。如表 1.5.5 列（2）所示，ESG 表现对机构投资者持股的作用（Inst）系数为 0.012，在 1% 水平上显著为正，即 ESG 表现越好的企业，越受机构投资者的青睐，相应地其机构投资持股比例越高。原因在于，随着 ESG 评级体系的不断完善以及国家政策的倡导，企业外部投资者愈发关注企业的 ESG 表现情况，除了考虑财务业绩因素之外，当企业 ESG 表现良好时，机构投资者愿意持有该企业更高的股份。机构投资者在进行决策时，除了关注企业短期内盈利水平之外，也注重企业长期发展能力，企业在环境、社会责任和公司治理的表现也逐渐作为机构投资者评价企业是否值得投资

的依据。首先，企业 ESG 信息的披露缩小了企业与投资者之间的信息差，使机构投资者掌握企业更多的非财务信息，了解企业经营管理、决策质量、发展前景等多方面的情况，削弱信息不对称性而引发的违约风险，从而影响机构投资者的风险评估和投资决策。其次，ESG 表现好的企业具备积极履行社会责任的意愿，统筹兼顾企业利益和社会利益，赢得积极的公众评价，积累社会声誉，从而更具有长期发展的潜能。同时，ESG 表现好的企业拥有更加完善的内部管理体系、更高的运行效率，经营状况更加稳定，积极的 ESG 实践可以降低代理风险，有效抑制管理层的自利倾向，从而维护股东的利益，加强机构投资者对企业的信任水平，增强了它们投入更多资金以增持被投资企业股份的动机。

如表 1.5.5 中列（1）中所示，ESG 表现的回归系数在 1% 水平上显著为负；列（2）表明 ESG 表现的系数为 0.012，在 1% 水平显著为正；列（3）表明 ESG 表现的系数为 −0.078，机构投资者持股对债务融资成本的系数为 −0.423，均在 1% 水平上显著为负，说明机构投资者持股在 ESG 表现对债务融资成本的影响中发挥了部分中介作用，假设 H3 得以验证。即 ESG 表现能够通过提升机构投资者持股来降低债务融资成本。这是由于机构投资者在资本市场中发挥着风向标的作用，外部的其他利益相关者，包括其他投资者和债权人等会关注机构投资者的动向，企业的机构投资者持股比例上升时，往往被认为其可能具有较大的发展潜力、稳固的公司治理水平以及有效的监督体制等利好信号，从而使银行等债权人降低该企业的预期信用风险，减少未来要求的风险回报。

表 1.5.5　机构投资者持股的中介效应回归结果

变量	（1）Debtcost	（2）Inst	（3）Debtcost
ESG	−0.083***	0.012***	−0.078***
	（−6.005）	（4.786）	（−5.663）
Inst			−0.408***
			（−5.257）
INV	−0.655***	−0.065*	−0.682***
	（−2.782）	（−1.959）	（−2.885）

续表

变　量	（1）Debtcost	（2）Inst	（3）Debtcost
ROA	−4.414***	0.370***	−4.263***
	（−6.886）	（3.209）	（−6.667）
ROE	0.127	0.107**	0.171
	（0.441）	（2.360）	（0.593）
LEV	1.886***	0.216***	1.974***
	（16.607）	（11.142）	（17.263）
BIG4	0.000	0.158***	0.065
	（0.004）	（12.660）	（0.894）
Fixed	1.789***	0.065***	1.815***
	（12.470）	（2.659）	（12.657）
DUAL	0.033	−0.067***	0.006
	（0.936）	（−9.412）	（0.163）
Occupy	3.714***	−0.332***	3.579***
	（4.677）	（−2.775）	（4.502）
Constant	1.887***	0.297***	2.008***
	（8.859）	（7.915）	（9.463）
Year	Yes	Yes	Yes
Industry	Yes	Yes	Yes
N	17 321	17 321	17 321
Adjusted_R^2	0.274	0.182	0.278

注：***、**、* 分别表示显著性水平为1%、5%、10%。

1.5.3.4　内部控制质量的调节作用

表1.5.6为内部控制质量的调节作用的回归结果。如表1.5.6所示，列（1）ESG表现和内部控制质量（IC）系数均在1%水平上显著为负，为了减少多重共线性的影响，将ESG与IC进行中心化处理，然后研究交互项ESG×IC的回归结果，结果如列（2）所示，ESG表现与内部控制质量的交互项系数在1%水平上显著为负，内部控制质量发挥了正向调节作用，即说明内部控制质量越高，

ESG 对债务融资成本的抑制作用越强，假设 H4 得以验证。这是由于内部控制质量反应了一家企业的内部控制体系的完整性和有效性，内部控制质量越高，说明企业内部的监督和纠偏体系越完善，管理层的经营和决策的相关信息披露更加透明，有助于削弱代理风险以及经营风险，降低债权人的预期风险报酬。综上所述，具有较高内部控制质量的企业，其 ESG 表现更有利于降低其债务融资成本。

表 1.5.6　内部控制质量的调节作用回归结果

变　量	（1） Debtcost	（2） Debtcost
ESG	−0.075***	−0.076***
	（−5.473）	（−5.594）
IC	−0.001***	−0.001***
	（−5.381）	（−5.990）
ESG×IC		−0.000 2**
		（−1.972）
INV	−0.622***	−0.619***
	（−2.652）	（−2.640）
ROA	−4.433***	−4.409***
	（−6.921）	（−6.912）
ROE	0.363	0.363
	（1.263）	（1.268）
LEV	1.890***	1.898***
	（16.640）	（16.744）
BIG4	0.018	0.024
	（0.248）	（0.338）
Fixed	1.765***	1.766***
	（12.318）	（12.330）
DUAL	0.034	0.033
	（0.956）	（0.943）
Occupy	3.468***	3.533***
	（4.365）	（4.466）

续表

变　量	（1） Debtcost	（2） Debtcost
Constant	2.246***	2.296***
	（9.877）	（10.090）
Year	Yes	Yes
Industry	Yes	Yes
N	17 321	17 321
Adjusted_R^2	0.276	0.277

注：***、**、* 分别表示显著性水平为 1%、5%、10%。

1.5.4 异质性分析

1.5.4.1 产权异质性

产权性质不同的企业，在债务融资的获取方面具有差异。李广子和刘力（2009）发现上市公司在民营化以后债务融资成本变得更高，表明针对民营公司的信贷歧视确实存在。本节根据是否产权性质，将样本拆分为国有企业和非国有企业，并进行分组回归，回归结果如表 1.5.7 所示。国有企业 ESG 表现的系数为 −0.044，在 10% 的水平上系数显著为负，非国有企业 ESG 表现的系数为 −0.081，企业在 1% 水平上显著为负。说明无论是国有企业还是非国有企业，ESG 表现对债务融资成本的系数均显著为负。组间差异检验结果显示，组间 ESG 系数差异在 5% 水平上显著，说明相较于国有企业，非国有企业 ESG 表现对债务融资成本的抑制作用更加显著。这是由于国有企业具备政府信用背书，其财务风险较低，经营稳定性相对较强，更容易从银行获取信贷资金；而非国有企业由于缺乏政府的隐形担保，其面临更严重的信贷融资约束；其次，相较于非国有企业，国有银行掌握了国有企业更多的信息，因此出于规避违约风险的考虑，国有银行会在进行贷款决策时更倾向于优待国有企业。非国有企业能够通过提升 ESG 表现来缓解信息不对称性，提升企业治理水平和社会声望，改善企业形象，降低信用风险，以提振债权人信心，从而降低债务融资成本，因此非国有企业更具有提升 ESG 表现的动机。

表 1.5.7　产权异质性回归结果

变　量	国有企业 Debtcost	非国有企业 Debtcost
ESG	−0.044*	−0.081***
	(−1.942)	(−4.875)
INV	−0.215	−0.919***
	(−0.604)	(−3.050)
ROA	−1.513	−6.050***
	(−1.468)	(−7.299)
ROE	−0.663	0.708*
	(−1.575)	(1.799)
LEV	2.103***	2.012***
	(11.772)	(13.922)
BIG4	0.004	0.026
	(0.038)	(0.240)
Fixed	1.794***	2.031***
	(8.843)	(10.568)
DUAL	0.024	−0.070*
	(0.290)	(−1.721)
Occupy	3.165***	3.576***
	(2.922)	(3.229)
Constant	1.599***	1.859***
	(4.838)	(7.361)
Year	Yes	Yes
Industry	Yes	Yes
N	6 978	10 343
Adjusted_R^2	0.324	0.268
P-value	0.033**	

注：***、**、* 分别表示显著性水平为 1%、5%、10%，"P-value"用于检验组间 ESG 系数差异的显著性，根据 suest 检验得到。

1.5.4.2 行业异质性

高科技行业属于国家重点支持行业,并获得相应的政策倾斜,高科技企业重视创新能力,发展创新驱动力。本节对将样本分为高科技企业与非高科技企业进行分组回归,结果如表 1.5.8 所示。可以在看到高科技企业组和非高科技企业组中,ESG 表现对债务融资成本的作用系数均显著为负。高科技行业企业 ESG 表现系数为 −0.067,非高科技行业组系数为 −0.099,组间系数差异检验结果是显著的,对应的 P-value 为 0.058。说明非高科技企业的 ESG 表现对债务融资成本的影响更加明显。

表 1.5.8 行业异质性回归结果

变量	高科技企业 Debtcost	非高科技企业 Debtcost
ESG	−0.067***	−0.099***
	(−6.191)	(−7.966)
INV	−0.047	−0.945***
	(−0.314)	(−7.756)
ROA	−3.952***	−5.140***
	(−7.499)	(−8.350)
ROE	0.189	0.202
	(0.755)	(0.743)
LEV	1.896***	1.812***
	(25.202)	(20.836)
BIG4	−0.305***	0.229***
	(−6.025)	(4.848)
Fixed	2.338***	1.140***
	(24.215)	(11.386)
DUAL	0.066**	−0.000
	(2.524)	(−0.011)
Occupy	8.714***	0.758
	(12.630)	(1.398)

续表

变 量	高科技企业 Debtcost	非高科技企业 Debtcost
Constant	0.914	2.281***
	（0.816）	（19.794）
Year	Yes	Yes
Industry	Yes	Yes
N	9 177	8 144
Adjusted_R^2	0.295	0.254
P-value	0.058*	

注：***、**、* 分别表示显著性水平为 1%、5%、10%。"P-value"用于检验组间 ESG 系数差异的显著性

1.5.4.3 地区异质性

我国金融市场结构受转轨体制和经济发展战略影响呈现出显著的地理和经济特征，空间区位和资源禀赋优势会优先集聚金融机构和金融资源，并发挥金融协同带动经济增长功能。宋清华和谢坤（2021）发现从地区间金融发展来看，东部地区与中部、西部地区均存在较为明显的差距。魏志华（2012）认为上市公司所处的金融生态环境能够影响其债务融资。因此，为探究东部地区与中西部地区 ESG 表现对债务融资成本影响的异质性，将样本分为东部地区与中西部地区进行分组回归，回归结果如表 1.5.9 所示，东部地区企业的 ESG 表现的系数 −0.102，在 1% 水平上显著为负，西部地区为 −0.040，在 5% 水平上显著为负。组间系数差异在 1% 水平上显著，说明东部地区企业 ESG 表现对债务融资成本的抑制作用更强。原因可能在于东部地区的金融业较为发达，市场化程度更高，金融体系也更为完善，企业融资渠道和融资方式更加健全；再者，东部发达地区地方政府财政实力相较于中西部地区更为雄厚，出台了更多的扶持企业发展的优惠贷款政策。而中西部地区的金融体系存在发展缓慢、不充分的问题，这会给企业融资造成困扰。

表 1.5.9 地区异质性回归结果

变量	东部 Debtcost	中西部 Debtcost
ESG	−0.102***	−0.040**
	(−10.475)	(−2.519)
INV	−0.634***	−0.765***
	(−5.867)	(−4.128)
ROA	−4.075***	−4.969***
	(−8.484)	(−6.677)
ROE	−0.086	0.636*
	(−0.385)	(1.913)
LEV	1.896***	1.916***
	(27.262)	(18.280)
BIG4	−0.012	0.019
	(−0.308)	(0.250)
Fixed	1.873***	1.783***
	(21.530)	(14.703)
DUAL	0.043*	0.008
	(1.803)	(0.187)
Occupy	3.491***	4.365***
	(6.840)	(5.655)
Constant	2.044***	1.653***
	(15.652)	(10.595)
Year	Yes	Yes
Industry	Yes	Yes
N	12 028	5 293
Adjusted_R^2	0.271	0.279
P-value	0.001***	

注：***、**、* 分别表示显著性水平为 1%、5%、10%。"P-value" 用于检验组间 ESG 系数差异的显著性，根据 suest 检验得到。

1.5.4.4 企业生命周期异质性

为了研究 ESG 表现对债务融资成本的影响是否会因为企业所处生命周期不同而存在异质性，借鉴李云鹤（2011）的方法，采用留存收益率、销售收入增长率、资本支出率及企业年龄综合得分划分企业生命周期，把企业生命周期划分为成长期、成熟期及衰退期三个阶段。本节通过分组回归研究处于不同生命周期的企业的 ESG 表现对债务融资成本的影响是否有所差异。回归结果表 1.5.10 所示，可以看出对于不同生命周期的企业 ESG 表现的系数均在 1% 水平上显著为负。成长期企业 ESG 系数高于成熟期和衰退期，从组间系数差异检验的结果来看，成长期与成熟期企业组间系数差异显著，对应 P-value1 为 0.082；成长期与衰退期企业的组间系数差异也显著，对应 P-value2 为 0.042；成熟期和衰退期企业组间系数差异不显著，对应 P-value3 为 0.799。原因在于，成长期企业处在业务规模和盈利能力快速增长阶段，其未来较大的发展潜力削弱了债权人评估的预期风险水平，从而影响到债权人的投资意愿和投资策略的选择，因此成长期企业 ESG 表现对债务融资成本的影响更加明显。

表 1.5.10　企业生周期异质性回归结果

变量	成长期 Debtcost	成熟期 Debtcost	衰退期 Debtcost
ESG	−0.114***	−0.076***	−0.071***
	（−6.922）	（−5.515）	（−3.707）
INV	−0.958***	−0.638***	−0.609*
	（−4.641）	（−3.966）	（−1.927）
ROA	−7.840***	−3.722***	−4.381***
	（−8.701）	（−5.555）	（−4.452）
ROE	1.716***	−0.315	0.226
	（3.886）	（−1.039）	（0.542）
LEV	1.264***	1.878***	2.044***
	（8.758）	（18.985）	（13.664）
BIG4	0.141**	0.007	−0.089
	（2.148）	（0.120）	（−0.821）

续表

变量	成长期 Debtcost	成熟期 Debtcost	衰退期 Debtcost
Fixed	1.831***	1.741***	1.776***
	（12.865）	（14.982）	（8.918）
DUAL	−0.042	0.043	0.071
	（−1.091）	（1.263）	（1.377）
Occupy	2.543***	3.002***	4.922***
	（2.658）	（4.355）	（4.685）
Constant	2.627***	1.708***	1.749***
	（12.885）	（9.339）	（5.700）
Year	Yes	Yes	Yes
Industry	Yes	Yes	Yes
N	3 588	6 125	7 584
Adjusted_R^2	0.301	0.283	0.265
P-value1		0.082*	
P-value2		0.042**	
P-value3		0.799	

注：***、**、* 分别表示显著性水平为 1%、5%、10%。"P-value1""P-value2""P-value3"用于检验组间 ESG 系数差异的显著性，根据 suest 检验得到。

1.5.5 稳健性检验

1.5.5.1 变更债务融资成本的衡量方法

本节借鉴李广子和刘力（2009）和钱雪松（2019）的方法，采用"财务费用占期末总负债的比重"（Debtcost2）替代原有被解释变量。回归结果如表 1.5.11 所示，更换被解释变量后，ESG 表现的回归系数为 −0.123，在 1% 水平上显著为负，因此本专题的结论得到验证，即 ESG 表现越好的企业，其债务融资成本越低。

表 1.5.11 变更债务融资成本衡量方法的稳健性检验

变　量	Debtcost2
ESG	−0.123***
	（−5.471）
INV	0.869**
	（2.452）
ROA	−5.597***
	（−4.409）
ROE	0.836*
	（1.688）
LEV	5.681***
	（23.264）
BIG4	−0.323***
	（−3.111）
Fixed	3.381***
	（14.331）
DUAL	0.076
	（1.184）
Occupy	2.323*
	（1.847）
Constant	−1.546***
	（−4.220）
Year	Yes
Industry	Yes
N	17 321
Adjusted_R^2	0.299

注：***、**、* 分别表示显著性水平为 1%、5%、10%。

1.5.5.2　变更 ESG 表现的衡量方法

本节考虑变更解释变量的衡量方法，采用华证 ESG 综合得分（ESG_score）来衡量企业 ESG 表现，华证 ESG 综合得分为百分制。回归结果如表 1.5.12 所示，可以看出 ESG_score 的系数为 -0.020，仍在 1% 水平上显著为负，说明 ESG 表现越好，债务融资成本越低的结论是稳健的。

表 1.5.12 变更 ESG 表现衡量方法的稳健性检验

变 量	Debtcost
ESG_score	-0.020***
	（-6.894）
INV	-0.650***
	（-2.770）
ROA	-4.411***
	（-6.895）
ROE	0.198
	（0.687）
LEV	1.885***
	（16.613）
BIG4	0.015
	（0.214）
Fixed	1.788***
	（12.476）
DUAL	0.031
	（0.885）
Occupy	3.630***
	（4.588）
Constant	2.971***
	（10.093）
Year	Yes
Industry	Yes
N	17 321
Adjusted_R^2	0.276

注：***、**、* 分别表示显著性水平为 1%、5%、10%。

1.5.5.3 扩大样本范围

本节将选取的样本时间范围扩大为2013—2022年10年内A股主板上市公司的数据，检验结果如表1.5.13所示。回归结果表明ESG表现的回归系数为 −0.146，在1%的水平上显著为负，说明ESG表现越好的企业，债务融资成本越低，本专题结论是稳健的。

在2013—2022年A股沪深主板上市公司样本的基础上，进一步扩大研究样本，增加三板和创业板上市公司。回归结果如表1.5.13列（2）所示，ESG表现的系数为 −0.154，在1%水平上显著为负，说明本专题的结论依然是稳健的。

表1.5.13　扩大时间区间的稳健性检验

变　量	（1）Debtcost	（2）Debtcost
ESG	−0.146***	−0.154***
	(−9.889 5)	(−10.627 4)
INV	0.975***	1.578***
	(5.844 3)	(9.636 8)
ROA	−6.264***	−7.091***
	(−8.143 3)	(−9.926 8)
ROE	1.502***	2.257***
	(4.892 7)	(7.586 7)
LEV	6.102***	7.241***
	(45.598 1)	(56.304 0)
BIG4	−0.354***	−0.450***
	(−6.517 1)	(−7.509 5)
Fixed	3.766***	4.169***
	(30.690 0)	(34.163 8)
DUAL	0.029	0.010
	(0.721 7)	(0.242 5)
Occupy	2.173***	3.172***
	(2.')	(4.216 1)

续表

变量	（1）Debtcost	（2）Debtcost
Constant	−1.526***	−2.658***
	(−7.544 0)	(−13.584 8)
Year	Yes	Yes
Industry	Yes	Yes
N	21 279	26 714
Adjusted_R^2	0.317	0.327

注：***、**、* 分别表示显著性水平为 1%、5%、10%。

1.5.5.4　加入遗漏变量

已有研究表明，企业的短期偿债能力能够影响债务融资成本，一般认为，企业短期偿债能力越强，债务融资成本越低；此外，企业的成长性也可能会影响企业的债务融资成本，发展前景好的企业，会更容易在债务融资方面得到优惠，而发展前景差的企业可能会给予债权人更高的风险信号，而导致较高的融资成本。本节通过流动比率（流动资产/流动负债）（liq）衡量企业短期内的偿债能力，较高的流动比率意味着企业具有较强的短期偿债能力；通过营业收入增长率（Growth）衡量企业的成长性，该值越高，通常认为企业更具成长性。加入上述两个变量后，回归分析结果表 1.5.14 所示，可以看出，在加入两个遗漏变量后，ESG 表现的回归系数仍然显著为负。

表 1.5.14　加入遗漏变量的稳健性检验

变量	Debtcost
ESG	−0.083***
	(−6.007)
liq	−0.012
	(−1.293)
Growth	−0.017
	(−0.620)

续表

	Debtcost
INV	−0.649***
	(−2.759)
ROA	−4.383***
	(−6.848)
ROE	0.116
	(0.399)
LEV	1.806***
	(13.693)
BIG4	−0.001
	(−0.011)
Fixed	1.754***
	(12.012)
DUAL	0.034
	(0.964)
Occupy	3.734***
	(4.714)
Constant	1.961***
	(9.030)
Year	Yes
Industry	Yes
N	17 320
Adjusted_R^2	0.274

注：***、**、* 分别表示显著性水平为1%、5%、10%。

1.5.6 内生性检验

1.5.6.1 滞后一期解释变量

本节将解释变量滞后一期以控制反向因果关系导致的内生性问题，回归结果如表1.5.15所示。可以看到，滞后一期的ESG表现（L.ESG）的回归系数

为 −0.070,在 1% 水平上显著为负。因此,在考虑了反向因果关系的情况下的回归结果仍支持 ESG 表现会降低债务融资成本的研究结论。

表 1.5.15　滞后一期解释变量的内生性检验

变　量	Debtcost
L.ESG	−0.070***
	(−4.765)
INV	−0.743***
	(−2.977)
ROA	−4.291***
	(−6.066)
ROE	0.038
	(0.119)
LEV	1.853***
	(15.306)
BIG4	0.002
	(0.032)
Fixed	1.696***
	(11.308)
DUAL	0.067*
	(1.766)
Occupy	3.753***
	(4.400)
Constant	1.621***
	(7.562)
Year	Yes
Industry	Yes
N	14 341
Adjusted_R^2	0.258

注:***、**、* 分别表示显著性水平为 1%、5%、10%。

1.5.6.2 工具变量法

为了进一步解决内生性问题,本节借鉴高英杰(2021)的方法,选取同年份同行业的 ESG 均值(ESG_mean)作为工具变量,该变量会与表现相关,但不会影响到企业的债务融资成本,符合工具变量的基本条件。本节通过 2SLS 法进行工具变量回归。检验结果见表 1.5.16。结果显示,第一阶段工具变量的系数在 1% 水平上显著为正,说明同年份同行业的 ESG 均值与 ESG 表现存在正相关关系。第二阶段 ESG_mean 的系数在 5% 水平上显著为负。这说明 ESG 表现能够降低企业债务融资成本的结论是稳健的。

表 1.5.16 工具变量法回归结果

变量	第一阶段 ESG	第二阶段 Debtcost
ESG		−0.098**
		(−2.425 6)
ESG_mean	0.878***	
	(27.86)	
INV	0.158	−0.680***
	(1.90)	(−5.713 0)
ROA	2.65	−3.917***
	(7.71)	(−8.395 7)
ROE	0.093	0.054
	(0.58)	(0.248 0)
LEV	−0.084 7	1.901***
	(−1.59)	(28.891 4)
BIG4	0.456	0.001
	(14.94)	(0.032 3)
Fixed	0.106	1.790***
	(1.68)	(23.674 5)
DUAL	−0.036 8	0.029
	(−1.96)	(1.335 6)

53

续表

变　量	第一阶段 ESG	第二阶段 Debtcost
Occupy	−2.479	3.403***
	(−6.67)	(6.518 4)
Constant	0.574	1.967***
	(4.19)	(10.834 0)
Year	Yes	Yes
Industry	Yes	Yes
N	17 300	17 300
Adjusted_R^2	0.137	0.265

注：***、**、* 分别表示显著性水平为 1%、5%、10%。

1.5.7　进一步研究：ESG 评价分歧的影响

目前，国内已有多家信息服务机构开始对企业 ESG 表现的进行评估，而这些机构进行评级所遵循的标准以及制定的框架有所差异，因此针对同一家企业，不同 ESG 评级机构的评级结果可能有所不同，进而形成了 ESG 评价分歧，这种分歧的存在会影响到评级结果的信息价值。Jacobs 和 Levy（2022）认为不同机构之间 ESG 评价的差异给资产所有者、政策制定者、学者和资产管理者带来了独特的挑战，投资者应当认识到这些差异所在，并审慎决策。投资者会使用多家评级机构提供的 ESG 表现评价，但有时评价分歧的存在会造成投资者的困扰，影响到投资者的信息利用。Serafeim 和 Yoon（2022）认为对于同一家上市公司，当不同评级机构对其 ESG 表现的评级结果存在较大的分歧时，会使得投资者难以准确有效地解读评级结果，从而加剧信息不对称问题，因此投资者会要求追加信息搜寻成本，导致债权人要求更高的风险回报。分歧的存在，可能会增加信息接收者的顾虑，而忽略信息背后的积极因素，进而影响债权人的决策质量和效率，甚至是投资信心。因此，ESG 评价分歧导致的经济后果需要引起关注，为此，本节通过实证探究 ESG 评价分歧的影响。

出于可比性的考虑，本节根据华证（ESG）、Wind（ESGwind）、商道融绿

（ESGsdrl）以及润灵环球（ESGrlhq）对企业 ESG 表现的评级，借鉴李晓艳等（2023）的方法，采用赋值法将评级从高到低依次赋值为 1，2，…，9，并通过计算四家 ESG 评级机构评级指标的标准差作为 ESG 评价分歧指标（ESG_div）。ESG_div 值越大，表明 ESG 评价分歧越大。回归结果如表 1.5.17 所示，列（2）、（3）、（4）表明 Wind、商道融绿、润灵环球 ESG 指标均与债务融资成本成显著负相关关系，进一步验证了 ESG 表现对债务融资成本的影响。如列（5）所示，ESG 评价分歧（ESG_div）对债务融资成本的作用系数为 0.137，在 10% 水平上显著为正，说明分歧越大，企业的债务融资成本越高。

为研究 ESG 评价分歧在 ESG 表现对债务融资成本中发挥的调节作用，构建 ESG 表现与 ESG 评价分歧的交叉项 ESG×ESG_div，回归结果如表 1.5.18 所示。交叉项 ESG×ESG_div 的系数为 0.111，在 10% 水平上显著为正，说明 ESG 分歧起到了负向调节的作用，即 ESG 分歧越大，ESG 表现对债务融资成本的削弱作用越小。

出现这种情况的原因可能是：首先，从信息角度而言，ESG 评价分歧越大，表明信息的不对称性越高，说明信息中的噪音和误差较大，这会给债权人带来较高的信息搜寻成本，因此债权人为了分摊这部分成本会提出合同限制或者要求更高的借款利息；其次，分歧越大，意味着企业 ESG 表现具有不确定性，企业本身 ESG 实践可能存在不充分不完善的情况，或者内部治理结构和控制体系存在一定的缺陷，如信息披露质量不足、自我监督体系不完善等，这些原因会造成不同的 ESG 评级机构对同一企业的评级有所差别，影响到投资者对该企业可持续发展能力的判断，导致外部利益相关者在借鉴相关指标时会产生信心不足的情况，因此会要求企业给予更高的风险保障。ESG 评价分歧越大，表明企业存在未披露、未暴露风险的可能性越大。李增福和冯柳华（2022）认为一旦识别出企业环境污染、产品安全等问题，债权人、供应商等利益相关者将会降低对企业的信任，通过增加借款利率、减少商业信用融资等方式弥补他们所承担的风险。从另一角度来看，如果同一家企业在不同的评级机构中都能获得较为一致的评价的话，说明企业经营发展的状况较为明朗，信息披露的质量和可信度较高，这样的企业 ESG 表现越好，就越能得到投资者和债权人的青睐。

表 1.5.17　ESG 评价分歧对债务融资成本影响的回归结果

变　量	（1）Debtcost	（2）Debtcost	（3）Debtcost	（4）Debtcost	（5）Debtcost
ESG	−0.083*** （−6.005）				
ESGwind		−0.055** （−2.562）			
ESGsdrl			−0.087*** （−3.141）		
ESGrlhq				−0.096*** （−3.581）	
ESG_div					0.135* （1.737）
INV	−0.655*** （−2.782）	−0.778*** （−3.071）	−0.973** （−2.458）	−0.881** （−2.086）	−1.215*** （−2.751）
ROA	−4.414*** （−6.886）	−3.824*** （−5.105）	−4.143*** （−2.916）	−2.831** （−2.108）	−3.365** （−1.986）
ROE	0.127 （0.441）	−0.214 （−0.603）	−0.325 （−0.503）	−0.606 （−1.034）	−0.325 （−0.432）
LEV	1.886*** （16.607）	1.939*** （15.766）	1.326*** （4.809）	1.777*** （7.021）	1.571*** （5.068）
BIG4	0.000 （0.004）	0.055 （0.755）	0.071 （0.804）	0.105 （1.156）	0.094 （0.992）
Fixed	1.789*** （12.470）	1.801*** （11.684）	1.657*** （6.600）	1.690*** （6.823）	1.815*** （6.691）
DUAL	0.033 （0.936）	0.073* （1.855）	−0.018 （−0.269）	0.028 （0.408）	0.007 （0.092）
Occupy	3.714*** （4.677）	4.872*** （4.780）	3.633** （2.203）	4.048** （2.082）	4.498** （2.027）
Constant	1.887*** （8.859）	1.346*** （3.965）	2.124*** （5.431）	0.948** （2.427）	0.985** （1.996）
Year	Yes	Yes	Yes	Yes	Yes

续表

变量	（1）Debtcost	（2）Debtcost	（3）Debtcost	（4）Debtcost	（5）Debtcost
Industry	Yes	Yes	Yes	Yes	Yes
N	17 321	9 140	3 535	2 443	1 965
Adjusted_R^2	0.274	0.276	0.340	0.323	0.337

注：***、**、* 分别表示显著性水平为 1%、5%、10%。

表1.5.18　ESG 评价分歧的调节作用

变量	Debtcost
ESG	−0.293**
	（−2.240）
ESG_div	−0.411
	（−1.353）
ESG×ESG_div	0.110*
	（1.845）
INV	−1.180***
	（−2.671）
ROA	−3.302*
	（−1.936）
ROE	−0.283
	（−0.371）
LEV	1.595***
	（5.122）
BIG4	0.126
	（1.320）
Fixed	1.819***
	（6.619）
DUAL	0.006
	（0.078）

续表

变　量	Debtcost
Occupy	4.511**
	（2.073）
Constant	2.338***
	（2.940）
Year	Yes
Industry	Yes
N	1 965
Adjusted_R^2	0.341

注：***、**、* 分别表示显著性水平为 1%、5%、10%。

第 6 节
结论与建议

1.6.1 研究结论

本专题通过总结已有文献的研究结论，结合相应的理论作为指导，分析研究的可行性，提出研究假设，选取 2015—2022 年沪深主板上市公司作为研究对象，研究样本企业 ESG 表现对债务融资成本的影响，并探究机构投资者持股在 ESG 表现对债务融资成本的影响机理中发挥的中介作用；同时研究了内部控制质量发挥的调节作用，并对产权、行业、地区、生命周期不同的企业展开异质性分析；进一步研究了 ESG 评价分歧在 ESG 表现对债务融资成本的影响的过程中发挥的作用；通过稳健性检验以及内生性检验确保研究结论的可靠性，得出如下结论。

第一，ESG 表现越好的企业，其债务融资成本越低。企业 ESG 方面的实践，包括环境保护与管理、社会责任的履行及社会事务的参与、公司治理方面的举措，能够作为企业健康发展、可持续发展的外在体现，并作为一种积极的信号传递给外部的利益相关者。对利益相关者而言，企业的 ESG 表现较好，意味着该企业具有更好的社会声誉、更规范的监督体系，因此更值得信赖。因此，外部的债权人等利益相关者会更倾向于给予这类企业融资方面的优惠，最终会反映到较低的债务融资成本之上。第二，机构投资者持股在 ESG 表现对债务融资成本的影响过程中发挥了中介作用。本书通过研究发现，企业的 ESG 表现越好，机构投资者持股比例越高，说明机构投资者更倾向于向 ESG 表现好的企业投入更多的资金；机构投资者和债权人同为企业的利益相关者，债权人在进行贷款决策的过程中，会考虑机构投资者等其他利益相关方对其贷款对象的态度和行为举措，因此机构投资者持股升比例高这一信号会被债权人关注到，即 ESG 表现可以通过影响机构投资者持股来抑制债务融资成本。第三，在 ESG 表现对债务融资成本的影响过程中，内部控制质量能够发挥正向调节作用，即内部控制质量越高，ESG 表现对债务融资成本的抑制作用越强。企业良好的内部控制能够降低代理风险，规范管理层的行为，提高信息披露的质量。第四，ESG 表现对债务融资成本的影响存在异质性。研究发现，相较于国有企业，非国有企业的 ESG 表现对债务融资成本的抑制作用更为显著，"所有制歧视"现象在我国企业的信贷政策中普遍存在，国有企业由于存在政府的隐性担保，其从银行获取信贷资金难度较低，而非国有企业相较于国有企业而言，经营风险较高，融资方面受到的约束更大。在行业异质性方面，非高科技行业企业的 ESG 表现对债务融资成本的影响大于高科技行业企业。与中西部地区相比，东部地区企业 ESG 表现对债务融资成本的抑制作用更加明显。东部地区拥有更为健全完善的金融业以及更加开放的商业文化，而且东部地区市场化程度较高；而中西部地区在这些方面仍存在较大的发展空间，需要政府通过政策进行引导，企业也应当提高自身的 ESG 实践水平，扩大 ESG 在市场上的影响力。从生命周期视角来看，相较于成熟期和衰退期的企业，成长期企业的 ESG 表现对债务融资成本的影响更加明显。第五，进一步研究发现，不同 ESG 评级机构之间的 ESG 评价分歧发挥了负向调节作用，即 ESG 评价分歧会削弱 ESG 表现对债务融资成本的影响。

1.6.2 对策建议

第一，对于监管机构而言，应加快建立健全 ESG 评价体系，助力上市公司 ESG 实践。首先，应当持续深入推进生态文明建设，提高资本市场中各类市场主体对 ESG 的认识与理解，不断地优化资本市场的 ESG 体系建设。其次，应当做到因地制宜，将 ESG 评价体系与国情相结合。政府和有关部门应当采取积极措施保障市场公平竞争，对国有企业和非国有企业一视同仁，消除"所有制歧视"产生的不利影响；政府要考虑区域发展均衡问题，除东部发达地区之外，也要重视中西部金融体系建设，还要叠加技术、生产生活方式变革的演变。最后，相关监管部门应当加强对第三方机构 ESG 评级的监管，形成 ESG 评级体系的标准或指引，以确保 ESG 评级的准确性和可靠性；还应当关注第三方评级机构的评级质量和透明度，可以设立一套评级机构的监管机制，定期对评级机构的评级行为进行审查和评估，努力发挥 ESG 信息披露的治理作用，防止因信息披露虚假或夸大而导致的 ESG 评级分歧。

第二，对于企业而言，应当深入贯彻 ESG 理念，提高 ESG 实践水平。本书的研究结论表明，企业的 ESG 实践水平有助于抑制债务融资成本。因此企业需要从战略层面重视 ESG 的价值，采取积极措施不断提升自身 ESG 表现，提高企业声誉，提高利益相关者的信心。首先，企业应尽快建立综合高效的 ESG 制度体系，在绿色发展、社会责任履行和公司有效治理方面树立典范。在进行经营决策时，企业需要全面识别公司所面临的 ESG 风险和机遇，并确保执行完善的监督流程以及提供准确的报告。其次，企业应转变观念，改变以往认为的在 ESG 建设方面投入会挤占资源和增加成本的片面观点，要意识到良好的 ESG 管理不仅可以降低融资成本，而且从长远来看还能促进可持续发展并提高经营收益水平。最后，企业应不断提升内部控制水平。研究结果表明，内部控制质量在 ESG 表现对债务融资成本的影响过程中能够发挥正向调节作用。建立完善的内部控制系统不仅可以抑制企业内部违规操作和财务舞弊行为、降低企业风险、提升企业经营效率和经营成果，还能够缓解企业与外部金融机构之间信息的不对称问题，提升 ESG 表现的影响力，从而进一步减轻企业在融资方面所面临的限制，降低其融资成本。

第三，对于机构投资者和债权人而言，应当重视上市公司 ESG 表现以及相关的信息披露。随着 ESG 评价体系的逐渐完善，国家对 ESG 披露的重视以及企业 ESG 表现的不断提升，ESG 信息的价值越来越高，债权人在进行贷款决策时，应当综合考虑企业的情况，关注企业 ESG 信息披露，将企业 ESG 表现作为衡量企业投资潜力的重要指标，债权人应当依据企业的 ESG 信息准确、有效地评估企业的投资回报额和经营风险，制定合理的投资策略，提高资金运行效率；同时应当树立长远的意识，追求短期回报的同时兼顾长期效应，注重企业的可持续发展能力。机构投资者应当发挥自身专业化优势,准确评估企业可持续发展能力,从投资策略目标的角度设计和开发有针对性的 ESG 投资工具,充分发挥股东的作用,引导上市公司健康发展。

参 考 文 献

Aleknevičienė V, Stralkutė S, 2023. Impact of corporate social responsibility on cost of debt in Scandinavian public companies[J]. Oeconomia Copernicana, 14 (2), 585-608.

Apergis N, Poufinas T, Antonopoulos A, 2022. ESG scores and Debtcost of debt[J]. Energy Economics, 112.

Azmi W, Hassan M K, Houston R, et al, 2021. ESG Activities and Banking Performance: International Evidence from Emerging Economies[J]. Journal of International Financial Markets, Institutions and Money, 70, 101277.

Back K, Cao C H, Willard G A, 2000. Imperfect competition among informed traders[J]. Financ, 55, 2117-2155.

Balkenborg D. How Liable Should a Lender Be? The Case of Judgment-Proof Firms and Environmental Risk: Comment[J]. American Economic Review, 2001, 91 (3): 731-738.

Barth F, Hübel B, Scholz H, 2022. ESG and corporate credit spreads[J]. Journal of Risk Finance, 69 (3): 169-190.

Campello M, 2006. Debt financing: Does it boost or hurt firm performance in product markets? [J]. Journal of Financial Economics, 82 (1), 135-172.

Chava S, 2014. Environmental Externalities and Cost of Capital[J]. Management Science, 60, (9): 2223-2247.

Chen M T, Yang D P, Zhang W Q, et al, 2023. How does ESG disclosure improve stock liquidity for enterprises—Empirical evidence from China[J]. Environmental Impact Assessment Review, 98.

Deumes R, knechel W R, 2008. Economic in-cenives for Voluntary Reporting on intemnal Risk Managementand Control Systems[J]. Auditing : A Joural of Pracice&Theory, 27, 35-67.

Dhaliwal D S, Li O Z, Tsang A, et al, 2011. Voluntary Nonfifinancial Disclosure and the Debtcost of Equity Capital : The Initiation of Corporate Social Responsibility Reporting[J]. Account, 86, 59-100.

Duffie D, D Lando, 2001. Term Structures of Credit Spreads with Incomplete Accounting Information[J]. Journal of the Econometric Society, 69 (3): 633-664.

Eliwa Y, Aboud A, Saleh A, 2021. ESG practices and the Debtcost of debt : Evidence from EU countries[J]. Critical Perspectives on Accounting, 79.

Freeman R E, Evan W, 1990. Corporate Governance : A Stakeholder Interpretation[J]. Journal of Behavioral Economics, 19 (4): 337-359.

Ghoul S, Guedhami O, Kim Y, 2017. Country-level institutions, firm value, and the role of corporate social responsibility initiatives[J]. Int Bus Stud, 48, 360-385.

Gigante G, Manglaviti D, 2022. The ESG effect on the Debtcost of debt financing : A sharp RD analysis[J]. International Review of Financial Analysis, 84.

Goss A, Roberts G Se, 2018. The impact of corporate social responsibility on the Debtcost of bank loans[J]. Journal of Banking & Financ, 87: 216-232.

Graves S B, Waddock S A, 1994. Institutional Owners and Corporate Social Performance[J]. The Academy of Management Journal, 4: 1034-1046.

Hahn R, Kühnen M, 2013. Determinants of sustainability reporting : a review of results, trends, theory, and opportunities in an expanding field of research[J]. Journal of Cleaner Production, 59, 5-21.

Hemingway C A, Maclagan P W, 2004. Managers'Personal Values as Drivers of Corporate Social Responsibility[J]. Journal of Business Ethics, 50, 33-44.

Kim H D, Kim Y, Mantecon T, et al. Short-term institutional investors and agency costs of debt[J]. Journal of Business Research, Volume 95, 2019, 195-210.

Jacobs B I, Levy K N, 2022. The Challenge of Disparities in ESG Ratings[J]. The Journal of Impact and ESG Investing, 2, (3): 107-111.

Kim J B, Zhang L, 2012. Does Accounting Conservatism Reduce Stock Price Crash Risk? Firm-level Evidence[R]. 35th EAA Annual Congress.

Li W, Wu C S, 2023. Company ESG performance and institutional investor ownership preferences[J]. Business Ethics, the Environment & Responsibility, 00: 1-21.

Maaloul A, Zéghal D, Ben Amar W, et al, 2023. The Effect of Environmental, Social, and Governance (ESG) Performance and Disclosure on Cost of Debt: The Mediating Effect of Corporate Reputation[J]. Corp Reputation Rev, 26, 1-18.

Mahoney L, Roberts R W, 2007. Corporate Social Performance, Financial Performance and Institutional Ownership in Canadian Firms[J]. Accounting Forum, 3: 233-253.

Mohanty S S, Mohanty O, Ivanof M, 2021. Alpha enhancement in global equity markets with ESG overlay on factor-based investment strategies[J]. Risk Manag, 29.

Park J, Sani J, Shroff N, et al, 2019. Disclosure Incentives When Competing Firms Have Common ownership[J]. journal of Accounting and Economic, 67 (2): 387-415.

Punit A, Ravi D, 2011. Corporate governance and corporate social responsibility (CSR): the moderating roles of attainment discrepancy and organization slack[J]. Corporate governance, 19 (2): 136-152.

Raimo N, Caragnano A, Zito M, et al, 2021. Extending the benefits of ESG disclosure: The effect on the cost of debt financing[J]. Corp Soc Responsib Environ Manag, 28: 1412-1421.

Richardson A J, Welker M, 2001. Social Disclosure, Financial Disclosure and the Debtcost of Equity Price[J]. Accounting, Organizations and Society, 26 (7-8):

597-616.

Ross S A, Westerfield R, Jaffe J F, 2005. Corporate finance[M]. Beijing: China Machine Press: 438-446.

Sassen R, Hinze A K, Hardeck I, 2016. Impact of ESG factors on firm risk in Europe[J]. Journal of Business Economics, 86(8): 867-904.

Serafeim G, Yoon A. Stock Price Reactions to ESG News: The Role of ESG Ratings and Disagreement[J]. Review of Accounting Studies, 2022: 1-31.

Stephen M Bainbridge, 2005. Shareholder Activism And Institutional Investors[R]. Research Paper: 05-20.

Teoh S H, Welch I, Wong T J, 1998. Earnings Management and the Underperformance of Seasoned Equity Offerings[J]. Journal of Financial Economics, 50, (1): 63-99.

Wang M, Chen Y, 2017. Does Voluntary Corporate Social Performance Attract Institutional Investment? Evidence from China[J]. Corporate Governance, 5: 338-357.

Ward C, Yin C, Zeng Y, 2018. Institutional investor monitoring motivation and the marginal value of cash[J]. Journal of Corporate Finance, 48, 49-75

Yang Y, Du Z, Zhang Z, et al, 2021. Does ESG Disclosure Affect Corporate-Bond Credit Spreads? Evidence from China. Sustainability, 13 (15): 8500.

Zhao J, Qu J, Wang L, 2023. Heterogeneous institutional investors, environmental information disclosure and debt fnancing pressure[J]. Journal of Management and Governance, 27: 253-296.

Zhong M, Gao L, Zaima J, 2017. Does Corporate Social Responsibility Disclosure Improve Firm Investment Efficiency? Evidence from China[J]. Review of Accounting & Finance, 16 (3): 348-365.

白雄,朱一凡,韩锦锦,2022. ESG 表现、机构投资者偏好与企业价值 [J]. 统计与信息论坛, 37 (10).

曹亚男,土建琼,于丽丽,2012. 公司社会责任信息披露与投资效率的实证研究 [J]. 管理世界(12): 183-185.

陈汉文,周中胜,2014．内部控制质量与企业债务融资成本[J]．南开管理评论,17(03):103-111．

陈晓珊,刘洪铎,2019．机构投资者持股、高管超额薪酬与公司治理[J]．广东财经大学学报,34(02):46-59．

陈智,陈学广,邓路,2023．内部控制质量影响公司债券契约条款吗[J]．会计研究(06):150-166．

范云朋,孟雅婧,胡滨,2023．企业ESG表现与债务融资成本——理论机制和经验证据[J]．经济管理,45(08):123-144．

冯丽艳,肖翔,程小可,2016．社会责任对企业风险的影响效应——基于我国经济环境的分析[J]．南开管理评论,19(06):141-154．

高杰英,褚冬晓,廉永辉,等,2021．ESG表现能改善企业投资效率吗?[J]．证券市场导报(11):24-34+72．

韩庆兰,张玥,2020．管理者能力、机构投资者持股与债务融资成本[J]．财会通讯(08):17-22+33．

何贤杰,肖土盛,陈信元．企业社会责任信息披露与公司融资约束[J]．财经研究,2012,38(08):60-71+83．

黄佳,2019．公司治理、持续经营审计意见与企业债务融资成本[J]．财会通讯(24):33-36+57．

黄启新,2017．管理层权力、机构投资者异质性与资本配置效率[J]．现代财经(天津财经大学学报)(1):80-91．

蒋琰,2009．权益成本、债务成本与公司治理:影响差异性研究[J]．管理世界(11):144-155．

李广子,刘力,2009．债务融资成本与民营信贷歧视[J]．金融研究,12:137-150．

李万福,林斌,林东杰,2012．内部控制能有效规避财务困境吗?[J]．财经研究,38(01):124-134．

李维安,张耀伟,郑敏娜,2019．中国上市公司绿色治理及其评价研究[J]．管理世界,35(5):126-133,160．

李晓艳，梁日新，李英，2023．ESG 影响股票流动性吗？——基于 ESG 评级和评级分歧的双重视角［J］．国际金融研究(11)：75-86．

李云鹤，李湛，唐松莲，2011．企业生命周期、公司治理与公司资本配置效率［J］．南开管理评论．

李增福，冯柳华，2022．企业 ESG 表现与商业信用获取［J］．财经研究，48(12)：151-165．

林晚发，李国平，王海妹，等，2013．分析师预测与企业债券信用利差——基于 2008—2012 年中国企业债券数据［J］．会计研究(08)：69-75+97．

刘广，张迎，2022．机构投资者持股网络对市场信息效率的影响研究［J］．金融经济学研究，37(06)：68-83．

马宝君，宋逸兴，陈怿，等，2022．社会责任报告美观度对企业债务融资成本的影响研究［J］．管理学报，19(12)：1855-1862+1873．

钮渤允，2022．企业 ESG 表现与债券融资成本——基于信用利差视角［J］．工程经济，32(06)，4-27．

彭雅哲，汪昌云，2022．资本市场开放与企业真实盈余管理——基于"陆港通"的经验证据［J］．经济管理，44(01)：176-191．

钱雪松，唐英伦，方胜，2019．担保物权制度改革降低了企业债务融资成本吗？——来自中国《物权法》自然实验的经验证据［J］．金融研究，(7)：115-134．

邱牧远，殷红，2019．生态文明建设背景下企业 ESG 表现与融资成本［J］．数量经济技术经济研究，36(03)：108-123．

沈洪涛，马正彪，2014．地区经济发展压力、企业环境表现与债务融资［J］．金融研究(02)：153-166．

沈俊副，魏志华，2017．从动态内生性视角看机构投资者持股与信息披露质量的关系［J］．财会月刊(27)：22-28．

单蒙蒙，程芳利，尤建新，2018．内部控制、媒体关注与企业债务融资成本［J］．上海管理科学，40(05)：6-11．

单蒙蒙，李蕾，李元旭，2023．机构共同持股与企业债务融资成本——基于内外部治理机制的视角［J］．金融经济学研究，38(05)：115-128．

史敏,蔡霞,耿修林,2017. 动态环境下企业社会责任、研发投入与债务融资成本——基于中国制造业民营上市公司的实证研究[J]. 山西财经大学学报,39(03):111-124.

史永东,王谨乐,2014. 中国机构投资者真的稳定市场了吗?[J]. 经济研究,49(12):100-112.

宋清华,谢坤,2021. 地区金融发展、异质性与实体企业金融化[J]. 现代经济探讨(02):41-49.

王爱群,关博文,2017. 机构投资者持股行为对公司债券融资成本的影响[J]. 社会科学战线(12):62-66.

王景峰,田虹,2017. "惩恶扬善"与"隐恶扬善"——企业环境社会责任的真实作用[J]. 经济管理,9:49-65.

王琳璘,廉永辉,董捷,2022. ESG表现对企业价值的影响机制研究[J]. 证券市场导报(05):23-34.

王玲玲,王宗军,毛磊,2012. 道德偏好与道德改善:中国机构投资者持股研究[J]. 金融评论,3:77-93+125.

王晓巍,陈慧,2011. 基于利益相关者的企业社会责任与企业价值关系研究[J]. 管理科学,6:29-37.

王雪平,王小平,2019. 实际控制人境外居留权、机构投资者与企业债务融资成本——基于中国民营上市公司的经验证据[J]. 江西财经大学学报(06):48-63.

魏志华,王贞洁,吴育辉,等,2012. 金融生态环境、审计意见与债务融资成本[J]. 审计研究(03):98-105.

温忠麟,张雷,侯杰泰,等,2004. 中介效应检验程序及其应用[J]. 心理学报,36(5):614-620.

徐莉萍,刘雅洁,张淑霞,2020. 企业社会责任及其缺失对债券融资成本的影响[J]. 华东经济管理,34(01):101-112.

徐勤勤,赵自强,纪苏源,2022. ESG评级披露与企业债务融资成本——基于ESG评级事件的准自然实验[J]. 现代金融,(04),17-25.

杨皖苏,杨善林,2016. 中国情境下企业社会责任与财务绩效关系的实证研究——基于大、中小型上市公司的对比分析[J].中国管理科学,1:143-150.

杨艳,兰东,2015.企业社会责任对公司特有风险的影响——基于利益相关者视角[J].软科学,29(06):60-64.DOI:10.13956/j.ss.1001-8409.2015.06.14.

叶康涛,张然,徐浩萍,2010.声誉、制度环境与债务融资——基于中国民营上市公司的证据[J].金融研究(08):171-183.

张小溪,马宗明,2022.双碳目标下ESG与上市公司高质量发展——基于ESG"101"框架的实证分析[J].北京工业大学学报(社会科学版),22(05):101-122.

张璇,林友威,张红霞,2019.基于中国上市公司样本的企业社会责任与企业市场价值关系的实证研究[J].管理学报,7:1088-1096.

张兆国,刘晓霞,张庆,2009.企业社会责任与财务管理变革——基于利益相关者理论的研究[J].会计研究(03):54-59+95.

张正勇,谢金,2018.机构投资者关注企业的社会责任绩效吗?[J].南京财经大学学报,2:99-108.

周方召,潘婉颖,付辉,2020.上市公司ESG责任表现与机构投资者持股偏好——来自中国A股上市公司的经验证据[J].科学决策(11),15-41.

周宏,建蕾,李国平,2016.企业社会责任与债券信用利差关系及其影响机制——基于沪深上市公司的实证研究[J].会计研究(05):18-25+95

周宏,林晚发,李国平,2014.信息不确定、信息不对称与债券信用利差[J].统计研究,31(05):66-72.

周楷唐,麻志明,吴联生,2017.高管学术经历与公司债务融资成本[J].经济研究,52(07):169-183.

周泽将,胡帮国,庄涛,2020.审计委员会海归背景与内部控制质量[J].审计研究(06):114-121.

朱康,唐勇,2022.ESG评级与企业债务融资成本——基于多期DID的实证检验[J].管理现代化,42(06),30-37.

客户集中度、企业社会责任与真实盈余管理

专题二

第 1 节
问题的提出

2.1.1 研究背景

财务会计报告是企业管理者与其他信息使用者沟通的桥梁,其中盈余信息作为反映企业会计期间经营成果的重要财务指标,受到各利益相关者的重点关注。但是在向会计信息使用者传递用于判断和决策的信号时,管理层出于各种动机会选择利用盈余管理手段来操纵盈余。这种行为会造成盈余信息的失真,降低投资者对管理层披露信息的信任程度,阻碍社会资源的有效配置,不利于社会经济的健康发展。理论上盈余管理包括应计盈余管理和真实盈余管理两种方式。应计盈余管理是指企业通过选择会计政策、变更会计估计、递延或者提前确认等会计手段来影响盈余,通常情况下,它只会影响盈余在不同会计期间的分布,盈余总额及实际现金流量并不会因此受到影响;而真实盈余管理是指企业通过调整经营、筹资、融资等真实的交易活动来影响盈余,通常情况下,它会同时影响各期盈余及实际现金流量。通过对比上述两种盈余管理方式可以看出,后者更具有隐蔽性和灵活性。随着会计准则规范程度的提升以及外部监管力度的加强,企业借助应计项目来操纵盈余的难度加大,企业在进行盈余管理时选择的首要形式不再是对应计项目的操控,而是对真实活动的操控。因此,对真实盈余管理行为的研究也就变得非常重要。

影响企业真实盈余管理行为的因素有很多,大多数学者已经从制度层面、企业层面、管理层的个人特征层面进行了探究，但少有学者从客户这一重要的外部利益相关者层面出发对该行为动机予以进一步研究。从客户的角度来看，近些年来市场竞争变得更加激烈，供应链下游客户，尤其是企业主要客户严重影响着企业生存状态与发展状态。客户集中一方面有助于帮助企业形成稳定的供应链，降低交易成本，增强企业的收益稳定性，另一方面也会使企业面临客户依赖的风险，无论是迫于买方议价能力还是为迎合大客户建立专用性资产，企业与大客户之间存在的利益关系都会使企业拥有更强的动机来进行真实盈余管理。此外，大客户创造的便利条件可以提高管理层在操纵盈余的过程中与客户双方合谋隐藏企业坏消息的概率。

与此同时，企业社会责任缺失事件频发使得管理层和利益相关者开始重视企业社会责任的履行情况。2009年证监会提出上市企业在披露年报的同时应该对年度社会责任的相关报告予以披露。自此，企业社会责任报告的应规性披露数量与自愿性披露数量均呈现出显著增长趋势。从"机会主义动机"的角度来说，企业之所以愿意承担相应的社会责任，是希望通过树立良好的企业形象，转移利益相关者视线，进而掩饰企业中所存在的盈余管理等不端行为；从"道德主义动机"的角度来说，企业承担社会责任是企业遵循社会诚信制度、注重企业可持续发展的表现，因而可能较少地操纵利润和财务造假，对管理层的真实盈余管理行为起到治理作用。

基于上述分析，本书将2010—2020年度我国沪深A股上市企业作为样本对象，实证研究客户集中度、企业社会责任、真实盈余管理三者之间存在的内在联系。具体解决以下问题：首先，客户集中度是否会促进企业进行真实盈余管理；其次，企业社会责任是否会抑制企业进行真实盈余管理；最后，良好的企业社会责任表现是否会削弱客户集中度对企业进行真实盈余管理的正向影响。本书将在得出相关结论后，为如何抑制企业真实盈余管理行为、引导企业积极承担社会责任提供建设性意见。

2.1.2 研究意义

从理论意义上来说，大多数学者已经从制度层面、企业层面、管理层的个人特征层面进行了探究，然而从客户这一重要的外部利益相关者以及企业社会责任层面出发研究其对真实盈余管理影响的文献较少，同时以往研究大多都是从单一视角分析对真实盈余管理的影响，并未从两种因素共同作用的视角分析对真实盈余管理的影响。因此，本书在分别研究了客户集中度对真实盈余管理的影响机制以及企业社会责任对真实盈余管理的影响机制后，创造性地把企业社会责任作为调节变量纳入研究框架内，完善了三者内在关系研究的相关理论，拓展了客户集中度、企业社会责任及真实盈余管理等相关文献的研究领域。

从实践方面上来看，企业利益相关方在关注经济发展状况的同时也开始重视企业对社会责任的履行情况。本书希望在揭示客户集中度、企业社会责任与真实盈余管理的内在影响机理后，监督方以及利益相关人员能够有充分的依据进行行动选择，其现实意义包括以下几点内容。

（1）研究客户集中度对真实盈余管理的影响能够帮助外部投资者正确看待企业与客户之间的关系型交易，外部投资者不应只关注企业从客户关系中获得的利益，还要防范客户集中带来的经营风险。这样有助于提高各利益相关者的专业投资能力，使资本市场处于健康发展状态。

（2）研究客户集中度对真实盈余管理的影响能够帮助监管人员进一步完善市场规则。监管人员通过深入了解企业进行真实盈余管理行为的动机，可以更好地对企业真实盈余管理行为进行有效监督，维护市场良好秩序。

（3）研究企业社会责任对真实盈余管理的影响可以帮助社会各界进一步意识到企业承担社会责任对经营业绩和未来可持续发展的深远影响，重视企业社会责任的履行情况，完善关于社会责任履行方面的法律法规，规范和有效治理上市公司的真实盈余管理行为，促进资本市场健康发展。

第 2 节
文献回顾

2.2.1 真实盈余管理的研究

2.2.1.1 真实盈余管理的内涵

Schipper（1989）是首位把真实盈余管理纳入盈余管理研究这一范畴中的学者，按照 Schipper 的说法，如果把盈余管理看作是管理层为了获取私人利益，有目的干预财务报告的一种行为，那么管理层有目的地做出适时性财务决策，改变财务报告盈余的真实盈余管理行为也应当属于盈余管理范畴。Healy 和 Wahlen（1999）认为当经理通过构建交易来修改财务报告时，就会发生真实盈余管理行为。Roychowdhury（2006）对真实盈余管理进行了系统性的阐述，认为真实盈余管理是管理层利用异常经营情况的真实经营活动来操控利润的行为，而之所以这样做，是为了误导利益相关者，让这些人员相信企业能够在正常的经营活动中完成财务目标，实现企业的可持续发展。基于 Roychowdhury（2006）的观点，Gunny（2010）指出，当管理层试图通过改变某项经营、投资以及融资等的交易时间来影响财务报告中的盈余结果输出时，真实盈余管理便会由此形成。Zhao（2012）也提出真实盈余管理是管理层在忽视长期盈利的前提下，为了推动短期盈利目标的实现而组织偏离正常经营活动的行为。

我国开始研究真实盈余管理的时间相对较晚，基于前人研究，宁亚平（2004）认为真实盈余管理与盈余作假不同，它是管理人员以不损伤企业价值为前提，为粉饰盈余所采取的行为。肖家翔和李小健（2005）提出，所谓真实盈余管理是管理人员以公认的会计原则为基础，通过构造真实的交易活动来对对外财务报告中所涉及的经营现金净流量等一系列财会类信息做出调整的行为。张祥建和徐晋（2006）认为真实盈余管理是一种典型的"零和博弈"，管理层以自身利益、局部利益或者是某些特殊群体的利益为出发点所进行的盈余操纵行为，是以损害公众利益为代价的，违背了现代财务报告核心思想中的中立性原则。

2.2.1.2 真实盈余管理的动机

研究企业当前是否存在真实盈余管理以及企业在何时通过哪种手段进行真实盈余管理的前提是了解企业进行真实盈余管理的动机。目前国内外学者对于真实盈余管理的动机研究主要集中在以下几个方面。

（1）实现盈余目标。李明辉等（2014）认为达到短期盈余目标是真实盈余管理最基本的动因。Roychowdhury（2006）把处于盈亏临界点附近的企业作为研究对象，发现当企业的经营状况达到盈亏临界点时，管理人员会倾向于通过削减支出、过度生产以降低单位成本以及低价折扣以促进销售等手段提高财务报告的盈利水平。徐磊等（2006）研究发现亏损或者微利公司会倾向于通过调整非经常性损益来操纵利润。林永坚等（2013）表示，在2006年新会计准则与国际会计准则接轨的大背景下，微盈企业为了避免亏损，通过构造真实活动来进行正向盈余管理的程度显著提高。

（2）资本市场动机。主要包括IPO（initial public offering，首次公开募股）动机和股权再融资动机等。从IPO动机的视角来看，企业只有在满足了监管部门设定的财务和经营状况标准后才有资格进入资本市场公开发行股票。基于这个条件，企业在想要上市以便吸纳更多资金时，有可能出现通过盈余管理来提高账面盈余的情况。Aharony（1993）研究发现，为达到资本市场监管部门对企业财务状况的要求，顺利实现首次公开募股，大多数企业会在IPO之前调整财务报表中的盈利数据，美化财务指标。Zhou（2008）同样认为，在IPO期间，企业中普遍存在着盈余管理行为。该学者通过实证研究进一步发现，在企业完成上市后，其存续时间越长，盈余管理程度就越低；其退市概率越大，盈余管理程度就越高。国内研究也得到了类似的结论。顾鸣润和田存志（2012）研究发现，在IPO

过程中，发行企业会对当年盈余情况加以预测，并将其录入招股说明书。为了顺利完成上市并取得较高的股票发行价格，盈余预测往往较为乐观，此时企业具有进行向上盈余管理的动机。祁怀锦和黄有为（2016）系统地研究了中国证券市场下的 IPO 公司，通过对上市前后的真实盈余管理行为进行分析，发现在企业上市当年会出现明显的应计盈余管理行为，而在其之后一年，则更容易出现明显的真实盈余管理行为。从股权再融资动机的视角来看，我国资本市场尚不健全，为了保护企业、机构投资者以及个人投资者等相关者的利益，证券监督管理委员会制定了严苛的盈利指标来对上市企业配股以及增发股票进行限制和约束。上市公司在证监会政策导向的作用下，有动机进行盈余管理。章卫东等（2013）研究发现企业公开增发新股前进行的是正向盈余管理，而定向增发新股前进行盈余管理的方式与定向增发新股的类型有关。姚宏等（2016）实证发现，部分上市公司在实施股权再融资的当年及前后各两年会进行应计盈余管理和真实盈余管理，这种现象在实施股权再融资的当年及前一年更为显著。

（3）契约动机。主要包括债务契约动机和管理层薪酬契约动机等。从债务契约动机的视角来看，Watts 和 Zimmerman（1986）提出著名的债务契约假说，该假说认为企业负债的增加会促使管理层运用会计手段来调整盈余。Sweeney（1994）对该假设提供了经验证据的支持。Roychowdhury（2006）也发现，企业进行真实操纵盈余的动机与其负债程度有密切关联。李增福等（2011）从控制人性质的角度研究发现，不管是国有控股企业，还是非国有控股企业，其负债水平与真实盈余管理都有显著的正相关性。陈远志和谢平洋（2014）认为，上市公司通常情况下会利用盈余管理平滑收益，以此来保证财务指标波动的稳定性，增强债权人对公司偿债能力的认可程度。方红星和刘淑花（2017）进一步研究发现企业进行真实盈余管理的程度越高，就越容易获得长期贷款，债务期限也就越长，且这种影响在非国有企业中更加明显。从管理层薪酬契约动机的视角来看，在薪酬管理制度建立以后，企业经营业绩会直接与高管薪酬挂钩，此时管理层为了获得高报酬，便可能通过盈余操纵来改善衡量经营业绩的各种财务指标。Healy（1985）研究表明，企业业绩的好坏直接关系到管理层奖金的多少，因此管理层在任职期间，为了获得更多收益容易做出调整盈余的行为。Dechow（1991）发现，高层管理者为了向委托人展示其作为代理人在任职期间的优秀经营能力，可能会在退休前通过减少公司研发支出等方式来调增企业盈余。胡志磊和周思维（2012）研究发现，管理者施行真实盈余管理的动机会随着企业经营业绩的降低而增强。王华（2016）研究发现，管理者施行真实盈余管理的动机会随着高管薪酬激励强度的增强而减小。何薇等（2021）通过实证研究进一步发现，高管薪酬差异越大，CEO为了稳固其现有的权力地位，就越会限制管理团队中其他成员运用真实盈余管理手段去获得对公司异常的经济贡献的行为，企业进行真实盈余管理的程度也就越小。

（4）政治成本动机。政治成本是指某些企业在会计行为方面会受到政府严格的监督，一旦财务指标不满足规定的范围，企业可能就会受到政府的管制和惩罚。因此为了规避这些成本，企业有进行真实盈余管理的动机。Zimmerman（1983）发现在战略性产业、特大型国企、垄断型公司以及大型企业中，经营者调整当期利润的现象更为普遍。Healy和Wahlen（1999）通过研究证实，当企业受到反垄断监管部门的调查时，管理层有动机进行盈余管理，向社会大众展现出一个更加温和稳定的形象。国内学者吴肖峰和宛玲羽（2010）认为，随着企业政治成本的提高，管理层会试图把会计报告盈余从当期递延至以后的会计期间。李增福等（2011）发现，在所得税改革工作有条不紊进行的大背景下，预期税率上升的企业更喜欢进行真实盈余管理，预期税率下降的企业则更喜欢进行应计盈余管理。聂建平（2017）研究发现，在我国控制大气污染的相关措施不断出台的背景下，基于政治成本的考虑，在重污染企业特别是难以获得政府补贴的非国有重污染企业中，管理层进行向下的真实盈余管理的行为更为明显。

2.2.1.3 真实盈余管理的方式

与应计盈余管理相比，企业进行真实盈余管理的方式更加复杂多样，具体包括以下几种。

（1）销售操控。具体可采用的方法包括放宽信用政策、限时价格折扣、提前销售等。Chapman和Steenburgh（2011）发现，企业会通过在年末增加促销频率来实现盈余操纵的目的。张子余和张天西（2011）通过实证研究指出微利企业和微亏企业都会意图通过加大销售折扣或放宽信用政策等方式来扩大销售竞争以扭

79

转不利局面。王亮亮和林树（2016）以企业生命周期理论为基础展开研究，实证发现销售操控程度具有相对明显的生命周期效应。具体来说，在生命周期的五个阶段中，企业进行销售操控的程度表现出 U 形分布的特征：操控程度最高的是最开始的导入期和最后的衰退期，操控程度最低的是成熟期，而增长期和淘汰期的操控程度则处于中等水平。

（2）生产操控。生产操控是指企业在正常经营环境下通过生产过量产品来分摊固定成本从而实现规模效应。Roychowdhury（2006）研究发现，大多数企业为了提高当期盈余，会采用增加生产量的方式降低产品单位成本。李彬和张俊瑞（2008）认为，当企业销售产品所增加的收益高于因持有这些存货所增加的成本时，边际收益就会提高，企业达到虚增利润的目的。但企业进行生产操控是以牺牲企业未来经营能力为代价的，这种方式会造成存货大规模的积压，增加未来需要计提的存货减值准备，往往不具有持久性。

（3）费用操控。费用操控的关键在于降低期间费用，可采用的方法包括降低研发支出、广告支出以及员工培训费等。Baber（1991）认为管理者在进行研发决策时更可能考虑当期收入效应，通过削减研发支出来实现短期盈余目标。Dechow（1991）发现 CEO 在任期最后几年倾向于通过削减企业的研发支出来提高短期收益绩效。Graham 等（2005）通过问卷调查和访谈的形式研究了美国 401 位企业高管对于盈余管理的态度和选择。通过调查发现，经理人往往会采用操纵异常经营活动的方式实现预期收益目标，而选择对可操纵性费用进行削减的调查对象占比达到了 80%。范海峰和胡玉明（2013）发现，当企业盈亏幅度较小时，企业通过削减研发支出来操纵盈余的动机会增强。王亮亮等（2021）实证研究发现，企业为了避免财务状况处于亏损状态，会通过削减广告投入的方式对费用进行操控，增加当期盈余。

（4）出售资产。企业出售资产时，账面价值与市场价值的差额会被计入损益当中。由于管理层通常可以自由选择出售资产的时间，因此当企业想要进行真实盈余管理时，对资产出售时间进行调整便成了一个较为不错的方式。Bartov（1993）认为当企业负债比率较高或是利润下降幅度较大时，企业会通过对固定资产进行适当的处置来调整负债比率、平滑利润。Graham 等（2005）发现，管理层会通过出售企业持有的债券投资或固定资产来提高账面收益。刘星和安灵（2007）基于"债务契约假设"和"盈余平滑假设"，发现上市公司资产出售的规模与其营业利润的下降幅度呈现出显著的正相关。周冬华和赵玉洁（2014）发现，上市公司在亏损当年，会试图通过处置可供出售金融资产的方式来实现提高盈余的目标，但大股东持股比例对这种盈余管理行为有着显著的遏制作用。

（5）股票回购。企业可以通过回购股票的方式来避免每股收益被稀释。Bens等（2002）发现，当施行雇员股票期权后，公司管理层会控制对研发的支出，将原本用于研发的资金用于回购企业股票。Vafeas等（2003）实证研究发现，在企业没有宣告进行股份回购时，样本企业的盈余会低于同一类型的企业，而在企业完成股份回购以后，样本企业的盈余会逐渐上升。基于这样的实证结果，有理由认为企业管理层可能在股份回购的过程中进行了盈余管理行为。Hribar等（2006）发现，相较于微利企业，微亏企业进行股票回购的概率更高。李曜和赵凌（2013）进一步研究发现，宣告在公开市场进行股份回购的企业，在股份回购前倾向实施负向盈余管理，而在股份回购后倾向实施正向盈余管理。

综合上述学者的研究，可以发现企业在进行真实盈余管理时可选择的手段相对较多。本书主要以Roychowdhury（2006）提出的理论为基础，研究以下三种真实盈余管理手段：第一，放宽信用政策或给予销售折扣的销售操控；第二，通过过量生产控制成本的生产操控；第三，降低研发、广告等酌量性费用的费用操控。

2.2.1.4 真实盈余管理的经济后果

（1）对融资成本的影响。管理者与外部利益相关者之间存在着信息的不对称，当企业通过真实盈余管理来调整当期利润时，这种不对称程度会进一步加深。经过真实盈余管理活动操纵后的利润会使外部信息使用者无法对企业未来现金流进行正确的评估，失真后的盈余信息也会使债权人无法对企业未来获利能力及偿债能力进行准确的估计。因此，债权人为了尽量确保自身利益不受损害会要求更多的回报，在与企业制订信贷决策的过程中会试图通过提高债务融资成本来降低信息不对称程度。Kim和Sohn（2013）发现，相较于应计盈余管理，真实盈余管理与融资成本的关系会具有更明显的正相关性。刘淑花（2016）实证研究发现，在对企业的应计盈余管理和财务特征进行控制后，企业的真实盈余管理程度越高，债务融资成本就越大。邱海燕（2018）进一步研究发现高质量的内部控制会在真实盈余管理对债务融资成本的正向影响中起到反向调节作用。

（2）对未来业绩的影响。目前大多数学者认为企业进行真实盈余管理会对未来业绩造成消极的影响。真实盈余管理是企业的一种"短视"行为，管理层为了实现短期业绩的攀升通常会忽视企业的长期发展。Bens等（2002）、李彬和张俊瑞（2010）、李增福等（2011）研究发现，在企业进行真实盈余管理后，随后几年财务业绩都会有下滑的现象。王亮亮等（2013）也指出，企业进行销售操控、生产操控和费用操控会导致未来业绩的下降。但少部分学者认为不能轻易地将真实盈余管理行为定义为机会主义行为。如果管理层进行真实盈余管理的目的是向外部利益相关者传递代表公司未来价值的信号，那么真实盈余管理可能会对企业的未来业绩起到促进作用。Gunny（2010）实证研究表现，处于盈亏临界点的企业在进行了真实盈余管理后，其业绩表现会比那些处于盈亏临界点但未进行真实盈余管理的企业要好。

2.2.2 客户集中度与真实盈余管理

客户集中度是企业中客户销售额占总销售额的比例，随着客户集中度的提高，企业对主要客户的依赖程度增强。Freeman（2010）认为，客户是企业重要的外部利益相关者，企业和客户之间保持长期稳定的供应链关系不仅有利于企业的生产经营，还有利于企业的战略发展。随着市场竞争的日益激烈，相关监管部门已经开始注意并重视对客户的研究，意图通过陆续出台相关准则来帮助利益相关者创造一个更加完善的法律环境。2011年证监会就对2007年出台的《公开发行证券的公司信息披露内容与格式准则》进行了细化，其在准则第三十五条中明确要求公司应当披露主要销售客户和主要供应商的情况，以分列和汇总两种方式披露公司前五名客户销售额占年度销售总额的比例，鼓励公司分别披露前五名客户名称和销售额以及其是否与上市公司存在关联关系。监管部门对企业客户重要信息的披露要求在维护了法律环境的同时也为我国理论界探讨客户集中度提供了数据支持。

关于真实盈余管理的动机，以往学者们已经分别从实现盈余目标、资本市场动机、契约动机、政治成本动机等方面进行了研究，但很少有人从客户关系角度系统研究真实盈余管理。在国内外学者对于客户集中度与真实盈余管理的关系研究中，大多数学者认为随着客户集中度的提高，企业进行真实盈余管理的动机会增强。

徐虹等（2015）认为在我国普遍存在着关系型交易。与西方的规则性社会不同，"伦理本位的儒家文化"使得"关系"成为中国社会健康发展中的一种重要资源，其在中国社会生活中所起的作用较大。除此之外，中国正处于经济转型期，国内市场还不够完善，存在信息不对称等问题，这也会提高国内各企业在关系型交易方面的需求。当企业与客户建立起关系型交易时，企业与客户之间联系的密切程度会随着客户集中度的提高而提高。因此客户集中度越高，供应商就越有意愿与客户建立稳定的关系（Krolikowski et al., 2017）。关于企业与客户之间如何建立起稳定的关系，郭慧婷和李晓宇（2022）认为，通常情况下在企业与客户的关系型交易模式中会存在一种战略联盟，为了稳定联盟，需要进行专用性资产投资。向锐和洪镜淳（2020）指出，这种关系性专用资产投资不仅可以满足双方对差异化商品或定制产品的需求，而且还可以锁定交易关系，优化交易条款，使企业与客户之间能够实现长期合作。朱开悉和胡秀峰（2018）以2008—2015年间中国沪深A股制造业上市公司数据为样本，实证研究发现企业专用性资产会随着客户集中度的提高而提高。这些专用性资产在一定程度上能够反映出企业对合作关系的态度以及企业是否有与客户长远合作的打算。但是，Titman（1984）指出关系专用性资产具有特殊性，它只能满足特定客户的需求，一旦企业与客户之间的关系破裂，关系专用性投资就会因无法转移至其他用途而完全失去价值，此时客户会面临巨大的资产损失风险。因此，在投入关系专用性投资之前，客户为了保障自己的基本利益，往往会以企业财务水平作为评估对象，对其进行风险评估。在这种情况下，上市企业会利用真实盈余管理手段调整盈余，向客户传递符合其合作预期的财务状况和会计业绩，从而更好地锁定主要客户，吸引更多客户进行关系型交易，保证供应链的稳定性（Baiman et al., 2002）。Raman 和 Shahrur（2008）通过实证研究也发现，客户的关系专用性投资水平与企业进行盈余管理的动机存在显著的正相关关系。

除了从关系性专用资产角度来研究客户集中度与真实盈余管理的关系外，国内外学者还从"五力模型"的角度出发，探讨客户的讨价还价能力是否会降低企业收益从而加强管理层进行真实盈余管理的动机。具体来说，程贵孙（2010）认为客户集中度的提升意味着买家势力的扩大，买家垄断势力形成后，客户的讨价还价能力会增强。王雄元和高开娟（2017）认为，拥有了买家垄断势力的重要客户为了谋求更多利益，可以在谈判中利用自身强势的讨价还价能力，向企业索取更多优惠政策，诸如压低产品价格、加大商业信用额度等。此时，在谈判中处于被动地位的企业，为了减少与客户的销售摩擦，就不得不对客户提出的一系列要求做出让步。在这种情况下，企业与客户之间达成的交易可能会损害企业的经营业绩，降低企业的盈利水平。Dhaliwal 等（2016）认为，随着客户集中度的提高，企业面临的财务风险以及经营问题会加大。程昔武等（2020）同样指出，在客户集中度较高的企业，拥有极强议价能力的主要客户会增加企业的经营压力，大大提升公司经营风险，诱使管理层通过真实盈余管理来操纵盈余。顾晓安等（2021）以沪深 A 股制造业上市公司为研究对象，在收集了 2010—2017 年 7 654 个相关数据后，实证检验发现，客户集中度较高的企业会通过虚增利润来减少会计盈余的波动，向客户传递企业盈余较好、经营较稳定的假象。此外，客户集中度越高，企业转换大客户所付出的成本就越大。王海兵等（2020）研究发现，当企业面临关键客户转移风险时，企业进行真实盈余管理的动机就会更强烈。李歆和孟晓雪（2020）进一步指出，在客户集中度较大的情况下，内外信息不对称的程度越高，企业进行真实盈余管理的操作空间就越大。

2.2.3　企业社会责任与真实盈余管理

自企业社会责任应用于企业实际管理后，国内外学者便将研究目光投向企业社会责任与盈余管理的关系中，但目前得到的研究结论具有不一致性。关于企业履行社会责任的动机目前主要分为"机会主义动机"和"道德主义动机"两种，基于此本节对已有文献进行了如下梳理和总结。

（1）企业社会责任与真实盈余管理正相关。从"机会主义动机"的角度来说，上市公司承担社会责任的目的是通过"外在道德"行为掩盖"内在不道德"

行为。Hemingway 和 Maclagan（2004）认为管理者积极履行社会责任是为了使利益相关者放松警惕，干扰利益相关者的视线从而达到掩饰企业中盈余管理等不端行为的目的。Chahine 等（2019）认为企业履行社会责任通常会付出一定的成本，基于"理性经济人"的假设，此时企业往往也会要求获得一定的报酬。在这种情况下，企业很可能是通过积极履行社会责任来向外界传达出一种"虚假繁荣"的假象进而掩盖管理层谋求自身利益的行为。邹颖和赵亚轩（2021）发现由于企业外在表现"道德"，投资者容易产生这样一种看法：企业内部也不容易出现不道德行为，这样就给了管理层操纵盈余的空间。李姝等（2019）采用我国 2011—2017 年上市公司数据对"机会主义动机"进行了检验，发现在我国，企业社会责任履行越好，管理层进行盈余管理的程度就越高。李钻等（2017）以我国沪深 A 股上市企业为研究对象，在收集了 2006—2013 年 7 571 个相关数据后，实证检验发现企业管理层之所以会履行社会责任，并非出于对利益相关者需求或企业未来发展的考虑，而是谋求私利，企业社会责任与盈余管理之间存在显著的正相关关系。Mcwilliams（2006）从印象管理理论的角度出发，认为企业承担社会责任只是为了对外树立良好的社会形象和声誉，希望通过这一方式使利益相关者不再过度关注公司的盈余管理问题。

（2）企业社会责任与真实盈余管理负相关。从"道德主义动机"的角度来说，企业承担社会责任是企业遵循社会诚信制度、注重企业可持续发展的表现，因而其可能较少地操纵利润和财务造假，对管理层的真实盈余管理行为起到治理作用。Kim 等（2012）以 1991—2009 年的美国企业作为研究对象，实证研究发现，企业积极承担社会责任能够有效削弱管理层进行应计盈余管理和真实盈余管理的动机。岳琴和刘晓丰（2018）以 2009—2015 年的沪深 A 股公司为研究对象，运用多元回归等实证研究方法也得到类似结论：企业盈余管理程度会随着社会责任信息披露水平的升高而降低。刘华等（2016）实证研究发现，强制披露企业社会责任报告对真实盈余管理，特别是酌量性费用操纵存在显著抑制作用。陈国辉等（2018）实证发现，基于伦理动机，企业应规性披露和自愿性披露社会责任报告对真实盈余管理都具有显著的抑制作用。宋岩等（2017）以沪深 A 股制造业 2012—2014 年的数据为研究样本，运用因子分析法来衡量企业社会责任，实证发现企业社会责任与真实盈余管理存在显著的负相关关系。类似地，徐鹏（2021）发现，企业社会责任评分较高的企业通常不会或者很少出现盈余管理行为。企业履行社会责任在一定程度上反映了企业的"道德意识"，与个别团体利益或是短期利益相比，积极履行社会责任的企业会更加注重企业的长远发展，减少盈余管理行为。

2.2.4 文献述评

通过文献梳理可以发现，目前企业中同时存在着两种盈余管理行为：应计盈余管理和真实盈余管理。真实盈余管理灵活性和隐蔽性的特点使得越来越多的企业将其作为盈余管理的首选，学者对其关注程度也越来越高。当前文献已经从实现盈余目标、资本市场动机、契约动机、政治成本动机等方面对公司实施真实盈余管理的动机进行了研究分析，然而少有文献从客户角度以及企业社会责任角度细化考虑其对真实盈余管理的影响。

关于客户集中度对真实盈余管理的影响，大部分学者认为二者之间存在正相关关系。从专用性资产角度出发，学者认为随着客户集中度的提高，企业会投入更多的专用性资产。专用性资产所具有的独特性使得企业必须维持与大客户的良好合作关系，此时企业会选择通过真实盈余管理等手段粉饰财务报表，使其达到客户的预期。从买方议价能力角度出发，学者认为随着客户集中度的提高，主要客户的议价能力会增强，客户为了自身利益最大化，可能会侵占企业的利益。企业为了维持客户关系而做出的退让会给企业带来许多负面影响，比如降低企业经营业绩、削弱投资效率以及改变资本和成本结构等。

关于企业社会责任对真实盈余管理的影响，由于不同学者采用的研究模型以及选择的样本数据都具有一定的差异性，因此得出的结论也具有较大的差别。具体来说，学者们从"机会主义动机"角度入手，发现企业社会责任与真实盈余管理存在显著的正相关关系；而从"道德主义动机"角度入手，发现企业社会责任与真实盈余管理存在显著的负相关关系。基于此，本书将在后续章节中深入探讨企业社会责任对真实盈余管理的影响以及企业社会责任在客户集中度与真实盈余管理之间会产生怎样的治理作用。

第 3 节
概念界定与理论基础

2.3.1 概念界定

2.3.1.1 真实盈余管理

在系统梳理了国内外关于真实盈余管理内涵的相关文献后，可以发现学者对真实盈余管理的概念界定各不相同。本书综合学者已有的研究，对真实盈余管理进行了如下定义：真实盈余管理是企业管理层在规定的会计原则范围内，为了实现自身利益，通过对真实交易活动的构造以及对交易时点的控制，调节甚至操控企业报告盈余从而损害公众利益的一种行为。

2.3.1.2 客户集中度

经济全球化使得企业面对的市场竞争越来越激烈。为了抢占市场份额，实现可持续发展，企业必须不断打造自身独特的竞争优势。除了不断创新产品之外，客户资源作为企业产业链中的重要组成部分，由于其具有的不可模仿性，逐渐成为企业在竞争中的焦点。客户集中度可以用某个客户销售额占企业总销售额的比例来表示，比例越高，这个客户关系就越重要。客户集中度是一把"双刃剑"，一方面客户集中能够帮助企业获得稳定的供应链，降低交易成本；另一方面客户集中又能使企业面临客户依赖的风险。随着客户集中度的提高，企业中的关键客户会掌握大部分的销售合同，此时一旦企业与关键客户的关系发生破裂，企业就会面临着昂贵的客户转换成本以及巨大的财务经营风险。

2.3.1.3 企业社会责任

"企业社会责任"这一概念最早出现于 1924 年，其提出者 Sheldon 认为企业经营活动是十分丰富的。具体来说，企业不仅需要满足股东的需求，还应该围绕客户需求来开展各项经营活动，此外社区服务等道德行为也应涵盖在内。Cornel 等（1987）进一步丰富了企业社会责任的内涵，认为企业社会责任应当包括法律责任、经济责任、慈善责任以及伦理责任等内容。周祖城（2005）认为对企业而言，除了需要履行经济和法律责任之外，还应该履行道德责任，且道德责任在企业社会责任中扮演了十分重要的角色。南星恒和孙雪霞（2020）认为企业社会责任不仅是企业与各利益相关者形成的契约安排，同时也是企业对各利益相关者所承担责任的集合。

综合上述学者的观点，可以认为企业社会责任是其自身对各利益相关方所必须承担的责任，这里的利益相关方不仅包括股东，也包括企业员工、供应商、客户、消费者以及当地环境等。关于企业社会责任的度量，和讯网上市公司社会责任报告专业评测体系中分别从股东责任、员工责任、供应商与客户责任、消费者权益责任、环境责任和社会责任这五个方面入手，通过赋予其不同的权重计算得出企业社会责任的综合评分。

2.3.2 理论基础

2.3.2.1 委托代理理论

委托代理关系起源于"企业分工的细化和专业化"。20 世纪 70 年代以后，工业革命极大地推动了生产力的发展，生产规模的不断扩张，使得企业分工开始逐步细化和专业化。企业所有者受到自身能力以及时间等方面的限制，已经无法做好所有的经营管理工作。为了提高经营管理质量，促进企业健康发展，他们会将企业的经营管理权"委托"给具备专业知识和特殊能力的职业经理人，让专门的人来开展管理工作。自此所有权和控制权开始分离，委托代理关系也由此产生。

在所有者与经营者的委托代理关系中，委托代理问题出现的根源是两者之间的利益不一致。根据理性经济人假设，所有者的目标是实现企业价值最大化，而经营者的目标是实现个人利益最大化。在这样的情况下，二者的目标存在一定的冲突，企业在经营过程中就出现了"契约摩擦"。基于信息不对称的情况，由于经营者具有专业化的技能，相较于所有者有着天然的信息优势和专业优势，当所有者无法全面观测到经营者的行为时，管理层偏离股东权益最大化转而追求自身利益最大化的动机增强，容易通过实施包括盈余管理在内的手段来损害企业长远价值，引发委托代理问题。

为了妥善处理委托代理问题，学者提出委托代理理论，认为必须通过设立相关制度机制，来规范经营者行为。目前常用的机制有两类，一类是激励机制，包括股权激励、绩效薪酬、建立代理人声誉以及晋升激励等；一类是监督机制，包括聘请外部审计师审计、所有者监督经营者行为等。从理论上讲，建立激励机制可以促使代理人更好地履行代理职能，充分激发代理人的工作热情，帮助代理人实现个人价值以及社会价值。而建立监督机制可以对代理人的不正当行为进行约束，使代理人目标逐渐向委托人目标靠拢，减少所有者权益受到侵害的问题。

2.3.2.2 信息不对称理论

信息不对称理论认为企业在经营过程中存在着"沟通摩擦"。现代企业进行各项经济活动的过程中，交易双方对于交易信息的了解以及掌握程度通常存在着数量和质量的差异。为了使自身利益最大化，获得信息优势的交易方很可能会通过各种方式影响对方的价值判断与选择，从而引发"道德风险"和"逆向选择"问题。

一方面企业与客户之间存在着信息不对称的情况。在企业经营过程中，管理层会比客户这样的外部利益相关者掌握更加全面、真实可靠的财务信息和私人信息。当管理层出于某些动机的考虑而利用盈余管理等手段隐藏部分会计信息时，客户得到的财务公开信息就具有了虚假性，客户可能无法根据有限的盈余信息披露做出科学正确的战略决策。另一方面企业与社会各界之间也存在着信息不对称的情况。作为非财务信息的企业社会责任报告在一定程度上可以弥补财务报告中存在的缺失，规范企业行为，提高财务报告的可靠性，降低管理层进行盈余管理的程度。此外，社会各界的利益相关方也可以通过详细了解这些信息来发挥自己对企业社会责任履行状况的监督作用，信息不对称情况得到缓解。

2.3.2.3 信号传递理论

资本市场上普遍存在着信息不对称问题，通常情况下，企业内部管理层会比外部利益相关者掌握更多的企业信息。为了区别自己和其他企业，企业倾向于通过采取一系列的行动将自身的优势信号转化为可观察的行为和适当的机制传递给外部市场，这些行动通常需要付出一定的成本，具有不可模仿性。接收到企业释放相关信号的投资者和其他利益相关者可以更深入地了解企业的情况，更科学地分析该企业的发展潜力，做出科学合理的决策。

目前企业能够运用的信号传递手段有许多，社会责任信息披露便是其中一种重要的行为方式。具体来说，企业在编制和披露社会责任信息时通常需要确保信息是足够真实的，若存在信息造假行为并被市场发现，会严重影响到企业的声誉。而企业为了获得可靠的社会责任信息，需要在企业社会责任实践的日常活动中投入大量的物质资源和人力资源，成本的提升会导致其他企业模仿的难度加大。此外，企业在对社会责任信息进行编制、披露时，同样需要花费一定的物力和人力成本，增加了公司的运营成本。基于企业社会责任信息披露具有不可模仿性，企业可以将其作为一种信号向市场进行传递。

2.3.2.4 利益相关者理论

美国斯坦福研究院于 20 世纪 60 年代首次提出利益相关者这一概念，此后这一概念便得到管理学界众多学者的关注，在理论研究和实践检验两方面都得到了极大的发展。利益相关者理论是指把企业看作是一个由股东、客户、供应商、债权人、政府部门等多种要素构建起来的系统，在这个系统中，股东利益最大化、股东权益至上主义遭受到了极大的挑战。

利益相关者理论认为企业是为了社会而存在的，需要在社会整体框架内审视企业的发展和贡献。企业在履行显性社会契约和隐性社会契约的同时，应该重视利益相关者合理的利益要求，考虑企业的长远发展，主动履行社会责任。此外在企业众多的利益相关者中，客户会对企业各项活动的开展产生重大影响。国内外众多研究表明，客户不仅会影响企业的投资效率、成本黏性，还会影响企业的战略变革、创新能力以及研发投入等。在盈余管理方面，客户集中度越高，企业对大客户的依赖程度也越高。大客户出于自身利益最大化的考虑会格外关注企业的财务状况，一旦企业财务经营出现问题，大客户就会考虑是否要与供应商继续合作。因此，为了确保和客户形成稳定的关系，企业倾向于进行真实盈余管理。

2.3.2.5 资产专用性理论

Williamson（1971）在以纵向一体化问题为研究对象时明确指出，当专用性资产被重新配置于其他备选用途时，其生产性价值将大跌。专用性资产有着较为丰富的分类，具体可包括场地专用性资产、物质资产专用性资产、人力资产专用性资产、特定用途资产、品牌资本和暂时性资产专用性六种。

在我国特殊的制度背景下，企业越来越重视与客户的合作关系，良好稳定的合作关系有利于提高生产经营效率、节约交易成本。基于资源依赖理论，如果企业想要和客户建立紧密联系，就必须消耗大量资源，进行专用性资产投资。朱开悉和胡秀峰（2018）认为，企业在与客户合作中投入的这些专用性资产在一定程度上能够反映出企业对合作关系的态度以及企业是否有与客户长远合作的打算。因此，客户集中度越高，企业的资产专用性程度就越高，企业与客户双方结束交易关系时所面临的沉没成本就越高。在这种情况下，企业会试图通过各种手段来维持或者吸引客户建立交易，发挥专用性资产的价值。管理层进行真实盈余管理就是其中的一种方式。具体来说，客户通常是在双方经营状况良好的前提下与企业达成合作的，当企业拥有不错的前景时，客户便能够利用专用性资产获得更多收益，而一旦其出现财务问题，客户很可能终止和企业的合作。基于此，企业需要向客户传递出经营状况良好的信号，而通过构造或者改变真实活动实施盈余管理可以向外界传达较为良好的企业财务信息，满足客户预期，锁定主要客户，与客户建立起持久稳定的合作关系。

第4节
研究设计

2.4.1 理论分析与研究假设

2.4.1.1 客户集中度与真实盈余管理

由于我国正处于经济转型期,法律体系以及市场机制尚不健全,严重的市场分割使得产品和要素在不同地区之间的自由流动受到限制,企业在进行市场交易时面临着昂贵的交易成本,在这种情况下,企业往往通过与客户构建关系型交易来降低交易成本,节约谈判费用。随着企业与客户不断深入合作,企业对客户的依赖性增强,客户集中度提高。梳理以往学者们的相关研究成果可以发现客户集中度对真实盈余管理的影响主要体现在以下几个方面。

第一,在高水平的客户集中度下,专用性资产程度会不断提高。在与客户进行交易的过程中,企业可以利用这些异质化资产获得其他企业难以模仿的竞争优势。但是一旦企业与客户的关系破裂,专用性资产的价值会下跌,而重新布置这些资产又需要耗费一定的成本。因此,为了避免客户关系解除带来的损失,上市企业往往会通过向客户传递符合其合作预期的财务状况和会计业绩来降低其对未来交易的担忧,保持关系的稳定。为了传达利好消息,管理层可能会利用真实盈余管理等手段来调整利润。

第二,在高水平的客户集中度下,企业对主要客户的依赖程度增加。此时具有依赖优势的客户会表现出较强的讨价还价能力,出于对自身利益最大化的考虑，其在交易过程中有实力要求企业做出诸如降低产品价格、提高产品质量、帮助分摊各种费用、提供商业信用等的让步。由于企业在交易的议价环节处于弱势地位，为了维护与客户稳定的合作关系，企业倾向于做出退让。但是这种让步会让企业面临毛利率下降、盈利能力降低以及资金被长期占用等经营风险，迫于客户施加的压力，管理层存在为了营造财务状况良好的形象而进行真实盈余管理的动机。

第三，在高水平的客户集中度下，企业与客户之间的信任程度会加深。为了避免竞争对手利用公开披露的信息，维护自身的市场地位，依靠"关系"进行交易的企业往往会选择通过私下沟通机制与主要客户进行交流，约束和监督对方的行为。基于此，企业倾向于降低信息披露水平，这增强了财务信息的不透明程度，为管理层进行真实盈余管理提供了空间。

从上述分析可知，当企业客户集中度较高时，专用性投资的存在、关键客户施加的压力以及企业与主要客户之间的私下沟通机制都可能会增强管理层进行真实盈余管理的动机，因此提出假设H1。

H1：客户集中度越高，企业进行真实盈余管理的程度就越高。

2.4.1.2 企业社会责任与真实盈余管理

企业通过履行社会责任可以协调利益相关者之间的关系，维持企业健康稳定的发展。从"道德主义动机"的角度来看，企业作为社会系统的一部分，积极承担社会责任是其遵循社会伦理道德、履行社会契约、注重企业可持续发展的表现。企业社会责任的履行情况在一定程度上反映了管理层的道德价值观念。受到社会道德伦理驱使的管理层在进行企业的经营决策时，通常会遵循更高的道德标准，以企业长远发展为目标，在关注股东利益的同时也会满足其他利益相关者的需求，为实现整个社会的福利最大化贡献自己的力量。管理层积极履行社会责任不仅会满足投资者对公司的期望，而且能够增强企业财务信息透明度。在这种情况下，管理层潜意识下会约束和完善企业内部治理结构，降低进行真实盈余管理的动机，缓解信息不对称，提高盈余质量。此外，基于信号传递理论，企业积极履行社会责任可以为外界投资者树立良好的企业印象，吸引资本市场上更多投资者的目光。当这些积极信息最终被社会公众所接收时，企业就获得了来自社会全体的道德监督。如果其存在过度盈余管理行为，将会对公司形象造成严重损害。基于此，管理层会尽可能避免进行真实盈余管理。

从上述分析可知，基于社会伦理道德，企业会积极承担社会责任，在日常经营过程中更多关注利益相关者的利益诉求，提高财务报表的披露水平，增强企业声誉，抑制真实盈余管理行为。因此，提出假设H2。

H2：企业社会责任履行情况越好，真实盈余管理程度就越低。

2.4.1.3 社会责任在客户集中度与真实盈余管理间的调节作用

根据目前的研究，客户集中度与真实盈余管理间的关系会受到多种因素的影响。赵晓文（2017）认为管理层持股会负向调节客户集中度与真实盈余管理的关系。本书认为企业履行社会责任会降低客户集中度提高所带来的负面影响。良好的社会责任表现可以提高企业的信息透明度，吸引更多客户，降低企业因过度依赖关键客户所面临的经营风险。

基于社会道德积极承担社会责任的企业倾向于向外界展示更加全面的财务信息。各利益相关方和潜在投资者在接收到这种信息后会形成一种看法：企业在维持日常经营的同时还有资本和精力为社会做贡献，在关注股东权益的同时也会关注其他利益相关者的需求。这种利好消息会帮助企业建立良好的声誉，吸引更多的客户与其建立合作，拓宽交易渠道。在这种情况下，企业有可能打破为实现销售业绩而严重依赖一个或者几个大客户的局面，改变自己的弱者地位，增强议价能力，减少真实盈余管理行为。

企业如果想要拥有良好的社会责任表现，通常需要在以下方面做出努力。具体包括建立诚实守信的企业文化、遵循社会道德标准、按照相关法律制度的规定进行经营和管理、以企业长久发展为经营目标、不贪图短期利益、提高产品质量和创新水平、提高资源节约和环境保护意识、保障职工生产安全，不会通过诸如利用专用性资产来套牢他人等的不道德行为来获取利益。履行了上述行为的企业通常能够与利益相关者形成良好的社会关系，大大降低与客户进行交易过程中的合约执行难度。与此同时，企业良好的社会责任表现会感染客户，减少客户利用资产专用性套牢企业、"敲竹杠"等不道德行为（李慧云 等，2016；张敏 等，2012）。

从上述分析可知，企业积极承担社会责任不仅能够提高声誉，与更多客户建立良好稳定的合作关系，而且有利于减少客户进行"敲竹杠"以及利用资产专用性套牢企业等行为，降低客户集中度提高所带来的负面影响。具体来讲，如果企业能够积极履行自己应当履行的社会责任，那么在客户集中度与真实盈余管理的关系中，客户集中度就更能发挥好反向调节的作用，削弱管理层进行真实盈余管理的意愿。因而提出假设 H3。

H3：企业履行社会责任能够削弱客户集中度对真实盈余管理的正向影响。

2.4.2 样本选择与数据来源

本专题以 2010—2020 年沪深 A 股上市企业作为研究样本，分析客户集中度和企业社会责任对真实盈余管理的影响以及企业社会责任在客户集中度与真实盈余管理之间所具有的调节作用。其中，客户集中度、真实盈余管理以及控制变量的数据指标均来自国泰安 CSMAR 数据库，而企业社会责任数据指标来源于和讯网上公布的根据和讯网上市公司社会责任报告专业评测体系计算出的企业社会责任综合评分，并对此进行了手工整理。为确保数据足够稳定和真实，在完成原始数据收集整理工作后，对其进行了进一步的筛选，筛选流程为：

（1）剔除 ST 和 *ST 等面临其他风险和退市风险的上市企业样本数据；

（2）按照证监会公布的 2012 版的行业分类，剔除金融类企业样本数据，这类企业的经营模式以及财务指标具有一定的特殊性，容易对模型造成偏差；

（3）剔除部分数据缺失和异常的样本数据以保证结果的可靠性；

（4）为防止研究结果受极端值的影响，对全部连续变量进行了 1% 及 99% 水平的缩尾处理。

通过以上筛选整理工作，共获取 22 267 个样本数据进行研究。本书在使用 Excel 2012 对原始数据进行简单的筛选整理后，利用 Stata 16.0 对相关变量及其之间的关系进行具体的实证统计与分析。

2.4.3 变量设计

2.4.3.1 被解释变量

本专题将真实盈余管理作为被解释变量。目前国内外学者大都参照 Roychowdhury（2006）在其论文中提出的模型对真实盈余管理进行实证研究（Gunny，2010；范经华 等，2013；谢德仁 等，2018）。Roychowdhury 认为真实盈余管理是管理层通过销售操纵、生产操纵和费用操纵手段进行的偏离正常经营实践的行为，因此可以从异常经营活动现金流（abCFO）、异常生产成本（abPROD）以及异常酌量性费用（abDISX）三部分来衡量真实盈余管理，具体计算过程如下。

（1）销售操纵。企业主要是通过增加折扣、放宽信用条件等方式进行销售操纵提高利润的。具体来说，当企业以异常低的价格或者超常规的商业信用进行产品销售时，客户的购买成本会降低，客户购买欲望增强，产品销量增加，企业销售收入升高。然而这种销售操纵实质上是管理层通过异常经营活动实现的，由于产品售价过低且存在较长的信用期间，此时销售额中单位收入所带来的现金流会减少，实际经营活动产生的现金流与账面销售收入存在不匹配的情况。基于此，Roychowdhury 认为可以用实际经营活动现金流与估计的正常经营活动现金流的差值作为衡量企业销售操纵程度的度量指标，具体算法如公式（2.1）所示：

$$\frac{\text{CFO}_{i,t}}{A_{i,t-1}} = \alpha_0 + \alpha_1 \left(\frac{1}{A_{i,t-1}} \right) + \alpha_2 \left(\frac{\text{REV}_{i,t}}{A_{i,t-1}} \right) + \alpha_3 \left(\frac{\Delta \text{REV}_{i,t}}{A_{i,t-1}} \right) + \varepsilon_{i,t}$$

（2.1）

其中，$\text{CFO}_{i,t}$ 代表企业 i 在第 t 年的经营活动现金流量净额；$A_{i,t-1}$ 代表企业 i 在第 $t-1$ 的年期末总资产；$\text{REV}_{i,t}$ 代表企业 i 在第 t 年的营业收入；$\Delta \text{REV}_{i,t}$ 代表企业 i 在第 t 年的营业收入变动额。依据年度和行业分别进行截面回归后得到的残差项 $\varepsilon_{i,t}$ 即为企业 i 在第 t 年的异常经营活动现金流，记为"$\text{abCFO}_{i,t}$"，用于测算企业"真实销售操纵"的程度。

（2）生产操纵。企业主要是通过过度生产的方式进行生产操纵提高利润的。具体来说，企业利用规模效应过度生产产品会降低单位产品分摊的固定成本，进而降低已售产品的销售成本，提高企业利润。但是从另一方面来说，企业如果在满足了市场订单及预期产量后仍进行大量产品生产的话，企业总生产成本会提高，此时产品总成本会与营业收入存在不匹配的情况。基于此，Roychowdhury认为可以用实际生产成本与估计的生产成本预期值的差值作为衡量企业生产操纵程度的度量指标。具体算法如公式（2.2）所示：

$$\frac{\text{PROD}_{i,t}}{A_{i,t-1}} = b_0 + b_1\left(\frac{1}{A_{i,t-1}}\right) + b_2\left(\frac{\text{REV}_{i,t}}{A_{i,t-1}}\right) + b_3\left(\frac{\Delta\text{REV}_{i,t}}{A_{i,t-1}}\right) + b_4\left(\frac{\Delta\text{REV}_{i,t-1}}{A_{i,t-1}}\right) + \varepsilon_{i,t}$$

（2.2）

其中，$\text{PROD}_{i,t}$代表企业i在第t年的产品生产总成本，包括存货变动成本和销售成本两部分；$A_{i,t-1}$代表企业i在第$t-1$年的期末总资产；$\text{REV}_{i,t}$代表企业i在第t年的营业收入；$\Delta\text{REV}_{i,t}$代表企业i在第t年的营业收入变动额；$\Delta\text{REV}_{i,t-1}$代表企业i在第$t-1$年的营业收入变动额。依据年度和行业分别进行截面回归后得到的残差项$\varepsilon_{i,t}$即为企业i在第t年的异常生产成本，记为"$\text{abPROD}_{i,t}$"，用于测算企业"真实生产操纵"的程度。

（3）费用操纵。企业主要是通过减少研发、员工培训以及广告费用等方式进行费用操纵提高利润的。这种操纵手段不但操作起来十分简单，而且能够获得明显成效，提高企业短期盈余。但是企业削减酌量性费用会降低产品的创新能力，不利于技术人员进行研究开发工作，阻碍企业的长期发展。Roychowdhury认为可以用实际费用与估计的正常预期费用的差值作为衡量企业费用操纵程度的度量指标。具体算法如公式（2.3）所示：

$$\frac{\text{DISX}_{i,t}}{A_{i,t-1}} = c_0 + c_1\left(\frac{1}{A_{i,t-1}}\right) + c_2\left(\frac{\text{REV}_{i,t-1}}{A_{i,t-1}}\right) + \varepsilon_{i,t}$$

（2.3）

其中，$\text{DISX}_{i,t}$代表企业i在第t年的酌量性费用，包括销售费用和管理费用两部分；$A_{i,t-1}$代表企业i在第$t-1$年的期末总资产；$\text{REV}_{i,t-1}$代表企业i在第$t-1$年的营业收入。依据年度和行业分别进行截面回归后得到的残差项$\varepsilon_{i,t}$即为企业i在第t年的异常可操纵费用，记为"$\text{abDISX}_{i,t}$"，用于测算企业"真实费用操纵"的程度。

（4）真实盈余管理总额。由于管理层往往会同时采用多种操纵手段来调整盈余，因此对企业的销售操纵程度、生产操纵程度以及费用操纵程度进行综合衡量是合理且必要的。根据上述公式可以发现，企业进行正向真实盈余管理活动时通常会表现出正向的异常生产成本，负向的异常经营活动现金流以及负向的异常酌量性费用。为了防止正负抵消的情况，构建综合指标，具体算法如公式（2.4）所示：

$$REM_{i,t} = abPROD_{i,t} - abCFO_{i,t} - abDISX_{i,t}$$

（2.4）

2.4.3.2 解释变量

本专题将客户集中度（CC）作为解释变量。目前国内学者主要采用企业前五大客户销售额占销售总额的比例来衡量客户集中度的大小（方红星 等，2016；王海兵 等，2020；赵爽 等，2022）。本专题借鉴已有研究，用上海证券交易所和深圳证券交易所公布的沪深 A 股上市企业年度报告中前五大客户销售额中总销售额的比例来衡量客户集中程度，该比例越大，说明企业的客户集中度越高。

2.4.3.3 调节变量

本专题将企业社会责任（CSR）作为调节变量。2006 年 1 月 1 日正式实施的《中华人民共和国公司法》第一次以法律形式明确要求企业要承担社会责任，随后《中华人民共和国民法典》《中华人民共和国电子商务法》等相关法律法规在修订时也明确规定市场经营主体要积极承担企业社会责任。关于如何衡量企业承担社会责任的水平，润灵公益事业咨询公司在 2009 年自主研发出中国首个企业社会责任报告评级系统，此后财经媒体和讯网在 2010 年也开始对上市企业社会责任报告情况进行评分。由于和讯评分覆盖的上市企业样本数量要远超过润灵环球，因此选用由和讯网评价的企业社会责任报告总分作为调节变量。借鉴邹颖和赵亚轩（2021）对企业社会责任指标的度量方法，用企业社会责任报告综合评分除以 100 后的数据进行多元回归。

2.4.3.4 控制变量

为了防止遗漏变量影响企业真实盈余管理程度的评估，借鉴程志刚（2021）的研究，在回归模型中加入了如下控制变量。

（1）企业规模（SIZE）。根据现有研究发现，企业规模对真实盈余管理的影响具有不一致性。一方面，规模较大的企业会拥有更为复杂的经营结构和治理结构，这会给管理层进行真实盈余管理提供较大的空间。另一方面，政府和其他利益相关者往往会更多关注规模较大的企业，当规模较大的企业受到来自社会各界的广泛监督后，管理层进行真实盈余管理操纵利润的行为会更容易被发现。为了维护企业良好的社会形象，保持企业竞争优势和市场地位，管理层可能会减少真实盈余管理行为。

（2）资产负债率（LEV）。资产负债率是评价企业在一定时期内偿债能力的指标。该指标越高，企业到期无法履行债务偿还义务的风险就越高，企业再次融资所面临的融资成本就越高。在这种情况下，管理层往往会通过真实盈余管理来操纵盈余，向外界传达良好的、稳健的财务状况，降低融资成本，满足债权人和投资者的预期。

（3）净资产收益率（ROE）。净资产收益率是评价企业在一定时期内盈利能力的重要指标。该指标越高，企业运用股东资金生成收益的效率就越高，企业获利能力就越强，在这种情况下，管理层通常会较少地进行真实盈余管理。

（4）营业收入增长率（GROWTH）。营业收入增长率是评价企业在一定时期内发展能力的重要指标。该指标越高，企业市场占有能力就越强，竞争优势就越明显，企业进行真实盈余管理的可能性越低。

（5）高管薪酬（EXCP）。基于委托代理理论，为了使所有者和经营者的利益趋于一致，企业通常会选择将管理者薪酬与企业绩效挂钩。此时，管理层为了获得更多的报酬，势必会尽量提高企业业绩。一旦管理层无法通过正常经营活动满足预期的利润增长时，就有了通过构造真实的异常经营活动来满足业绩要求的动机。

（6）第一大股东持股比例（TOP1）。随着大股东持股比例的升高，企业中存在的"一股独大"现象会使其他股东不能对公司治理进行有效的监督。获得了实际控制权的大股东有机会通过真实盈余管理向投资者发送错误的企业业绩信息，从而实现自身利益的最大化。张语恩和杨思静（2011）以2004年以前上市的沪深A股公司为研究对象，在对2004—2008年的相关数据进行实证分析后发现，大股东持股比例与费用操控正相关。持股比例较高的大股东会通过对管理层施加影响来操控费用,调整盈余,侵占外部中小股东的利益。

有关变量定义具体如表 2.4.1 所示。

表 2.4.1　变量定义表

变量类别	变量名称	变量符号	变量定义
被解释变量	真实盈余管理	REM	真实盈余管理的综合计量指标
解释变量	客户集中度	CC	前五名客户合计销售金额占年度销售总额比例
调节变量	企业社会责任	CSR	和讯网企业社会责任综合评分/100
控制变量	企业规模	SIZE	期末资产总额的自然对数
控制变量	资产负债率	LEV	期末负债总额/期末资产总额
控制变量	净资产收益率	ROE	年末净利润/年末净资产
控制变量	营业收入增长率	GROWTH	(当年营业收入−上年营业收入)/当年营业收入
控制变量	高管薪酬	EXCP	前三名高管年薪总额的自然对数
控制变量	第一大股东持股比例	TOP1	第一大股东持股数/总股数
控制变量	年度	YEAR	以 2010 年为基准设置年度虚拟变量,以控制年度效应

2.4.4　模型构建

根据前文中对相关文献和理论的阐述、提出的假设以及样本的选择和变量的定义,分别构建了以下模型。

(1)为验证假设 H1,构建模型如下

$$\mathrm{REM}_{i,t} = \beta_0 + \beta_1 \mathrm{CC}_{i,t} + \beta_2 \mathrm{CONTROLS}_{i,t} + \varepsilon_{i,t} \quad (2.5)$$

(2)为验证假设 H2,构建模型如下

$$\mathrm{REM}_{i,t} = \beta_0 + \beta_1 \mathrm{CSR}_{i,t} + \beta_2 \mathrm{CONTROLS}_{i,t} + \varepsilon_{i,t} \quad (2.6)$$

(3)为验证假设 H3,构建模型如下

$$\mathrm{REM}_{i,t} = \beta_0 + \beta_1 \mathrm{CC}_{i,t} + \beta_2 \mathrm{CSR}_{i,t} + \beta_3 \mathrm{CC} \times \mathrm{CSR}_{i,t} + \beta_4 \mathrm{CONTROLS}_{i,t} + \varepsilon_{i,t} \quad (2.7)$$

第5节 实证分析

2.5.1 描述性统计分析

本节对沪深 A 股 2010—2020 年上市企业的数据进行描述性统计分析,主要包括对均值、标准差、最小值以及最大值的分析,具体结果如表 2.5.1 所示。

表 2.5.1 描述性统计

变 量	N	均 值	中位数	标准差	最小值	最大值
REM	22 267	−0.002 6	0.009 1	0.185 1	−0.666 4	0.524 3
CC	22 267	0.300 1	0.241 9	0.215 7	0.010 8	0.965 2
CSR	22 267	0.236 6	0.214 7	0.155 7	−0.037 1	0.746 0
SIZE	22 267	22.287 6	22.098 9	1.280 6	19.977 1	26.220 7
LEV	22 267	0.434 9	0.429 8	0.202 2	0.059 3	0.888 3
ROE	22 267	0.063 5	0.068 7	0.122 3	−0.598 2	0.348 6
GROWTH	22 267	0.169 2	0.105 5	0.396 3	−0.551 5	2.504 5
EXCP	22 267	14.494 3	14.459 9	0.695 7	12.821 3	16.475 5
TOP1	22 267	0.342 8	0.321 4	0.148 2	0.086 0	0.743 0

从主要变量来看,真实盈余管理(REM)的最大值为 0.524 3,最小值为 −0.666 4,说明不同上市企业之间的真实盈余管理有较大的差异性,管理层基于某些动机,既有可能进行负向盈余管理,也有可能进行正向盈余管理。客户集中度指标(CC)的最小值 0.010 8,而最大值是 0.965 2,说明行业不同、产权性

质不同的企业对主要客户的依赖程度也不同，不同企业的供应链组成具有一定的差异。企业社会责任（CSR）的均值为 0.236 6，中位数为 0.214 7，说明超过均值的企业不足半数，整体而言我国上市企业并不具备较高的社会责任履行水平，政府应加强对企业履行社会责任的重视程度。

从控制变量来看，公司规模（SIZE）的均值为 22.287 6，中值为 22.098 9，说明大多数企业的规模还处于中下水平。资产负债率（LEV）的均值为 0.434 9，可以看出上市公司主要采取较为稳健的财务政策，但是最小值为 0.059 3，最大值为 0.888 3，说明样本企业的偿债能力存在较大的差异，资产负债率较高的企业有可能存在为了满足债权人期望而操纵盈余的动机。净资产收益率（ROE）的最小值、最大值之间差距较大，分别为 −0.598 2 和 0.348 6，说明样本企业盈利能力存在一定的差异，但由于其均值为正，样本企业整体经营状况良好且部分行业盈利较好。营业收入增长率（GROWTH）的平均值为 0.169 2，最小值和最大值分别为 −0.551 5 和 2.504 5，说明样本企业的发展能力差异较大，部分行业在市场竞争中占有优势地位。高管薪酬（EXCP）的均值为 14.494 3，最小值和最大值分别为 12.821 3 和 16.475 5，而第一大股东持股比例（TOP1）的最小值为 0.086 0，最大值为 0.743 0，说明样本企业高管薪酬与股权集中程度都有较大的差异，部分企业会出现"一股独大"的现象。

2.5.2 相关性分析

由于变量之间存在的多重共线性问题会降低回归模型的可靠性以及实证结果的可信度，所以在进行回归分析之前，有必要对所有变量进行相关性检验。各个变量之间的相关性分析如表 2.5.2 所示：

从表 2.5.2 可以看出，客户集中度（CC）与真实盈余管理（REM）显著正相关，与本专题提出的假设 H1 一致，初步证实客户集中度的提高会增强企业进行真实盈余管理的动机。企业社会责任（CSR）与真实盈余管理（REM）显著负相关，与本专题提出的假设 H2 一致，初步证实企业社会责任履行水平的提高会抑制企业进行真实盈余管理的动机。从控制变量来看，各个控制变量与被解释变量之间的相关性基本都具有很好的显著性，说明控制上述变量是很有必要的。

表 2.5.2 相关性检验结果

变量	REM	CC	CSR	SIZE	LEV	ROE	GROWTH	EXCP	TOP1
REM	1								
CC	0.148***	1							
CSR	−0.171***	−0.121***	1						
SIZE	0.041***	−0.132***	0.267***	1					
LEV	0.186***	−0.052***	−0.016**	0.504***	1				
ROE	−0.272***	−0.083***	0.460***	0.132***	−0.154***	1			
GROWTH	−0.014**	0.029***	0.094***	0.033***	0.029***	0.258***	1		
EXCP	−0.157***	−0.129***	0.201***	0.454***	0.095***	0.221***	0.023***	1	
TOP1	−0.037***	0.014**	0.163***	0.214***	0.082***	0.137***	−0.000	−0.021***	1

注：*、**、*** 分别表示 10%、5% 和 1% 水平上显著相关。

2.5.3 多重共线性分析

从表 2.5.2 相关性检验结果中可以发现，各个变量之间相关系数的绝对值都在 0.6 以内，初步说明这些变量之间不存在严重的多重共线性问题。现在继续通过方差膨胀系数（VIF）检验进行多重共线性诊断，具体结果如表 2.5.3 所示。

从表 2.5.3 中可以看出各变量的 VIF 都在 10 以下，综合相关性分析和共线性诊断结果可以得出这样的结论：模型中的各个变量之间不存在严重的多重共线性问题。

表 2.5.3 共线性诊断

变量	VIF	1/VIF
CC	1.040	0.965
CSR	1.360	0.733
SIZE	1.940	0.515
LEV	1.480	0.675
ROE	1.450	0.687
GROWTH	1.090	0.921
EXCP	1.370	0.731
TOP1	1.100	0.909
Mean		1.350

注：*、**、*** 分别表示 10%、5% 和 1% 水平上显著相关。

2.5.4 多元回归结果分析

基于上文的检验与分析，本节运用多元回归的方法，在控制了企业规模、资产负债率、净资产收益率、营业收入增长率、高管薪酬、第一大股东持股比例这些变量后，检验客户集中度、企业社会责任与真实盈余管理之间的关系。

2.5.4.1 模型选择

对模型进行多元回归之前，需要考虑模型的选择问题。具体步骤如下：第一步，借助 F 检验，判断选择混合 OLS 回归模型还是固定效应模型；第二步，借助 LM 检验，判断选择混合 OLS 回归模型还是随机效应模型；如果前两步拒绝了混合 OLS 回归模型，那么进行第三步，借助 Hausman 检验判断选择固定效应模型还是随机效应模型。具体结果如表 2.5.4 所示。

表 2.5.4 检验结果表

模型	F 检验 统计量	F 检验 p 值	LM 检验 统计量	LM 检验 p 值	Hausman 检验 统计量	Hausman 检验 p 值
式（2.5）	7.20	0.00	15 681.49	0.00	375.58	0.00
式（2.6）	7.38	0.00	15 951.90	0.00	414.37	0.00
式（2.7）	7.19	0.00	15 723.88	0.00	347.69	0.00

注：*、**、*** 分别表示 10%、5% 和 1% 水平上显著相关。

从表 2.5.4 中可以看出，上述三个模型均拒绝使用混合 OLS 回归模型。接下来判断关于是选择固定效应模型还是随机效应模型，Hausman 检验中 p 值为零，说明拒绝使用随机效应模型，因此本节选择控制个体和年份，采用双向固定效应模型对选取的面板数据进行回归。

2.5.4.2 客户集中度对真实盈余管理的影响

本节借助构建的回归模型 [式（2.5）]，实证检验假设 H1，分析客户集中度（CC）对真实盈余管理（REM）的影响，结果如表 2.5.5 所示。

由表 2.5.5 的回归结果可知，客户集中度（CC）和真实盈余管理（REM）的相关系数是 0.065 2，t 值是 7.056 5，在 1% 的水平下显著正相关。本专题建立的假设 H1 由此得到验证。具体来说，一方面，企业为了维护与主要客户的关系，避免客户关系解除带来的损失、获得资产专用性投资所带来的利润，有动机通过真实盈余管理行为向客户表现出良好的经营状况，满足客户的预期；另一方面，主要客户在具有了议价能力后可能会迫使企业在交易过程中做出让步，侵犯企业的利益，影响企业业绩，这同样会增强企业对利润进行真实盈余管理的动机。此外企业与主要客户之间存在的私下沟通机制会降低企业披露高质量信息的意愿，增加财务信息的不透明程度，这也为管理层进行真实盈余管理提供了空间。

从控制变量来看，公司规模（SIZE）与真实盈余管理在 1% 的水平上正相关，说明随着公司规模的增加，复杂的治理结构会增大企业进行真实盈余管理的空间，与此同时，其他利益相关方并未对企业治理情况提供强有力的监督。资产负债率（LEV）与真实盈余管理在 1% 水平下显著正相关，说明债务契约并未对管理层管理行为起到应有的约束作用，恰恰相反，如果上市公司的负债约束增加，会刺激管理层实施真实盈余管理行为调整企业利润，以满足债务契约。净资产收益率（ROE）与真实盈余管理在 1% 水平上显著负相关，说明随着企业盈利能力的提升，企业进行真实盈余管理的动机会下降。高管薪酬（EXCP）与真实盈余管理在 1% 水平上显著负相关，说明随着高管薪酬水平的提高，管理层出于个人利益调整盈余的动机会变小，企业的薪酬激励机制对委托代理问题起到了一定的治理作用。第一大股东持股比例（TOP1）与真实盈余管理在 1% 水平下显著正相关，说明大股东控制能力过强时，过大的话语权会使股东容易和管理层串通谋利，损害其他股东利益，影响企业会计信息质量。

表 2.5.5　客户集中度与真实盈余管理的回归结果

变量	REM			
	系　数	标准差	t 值	p 值
CC	0.065 2***	0.009 3	7.056 5	0.000
SIZE	0.026 0***	0.002 7	9.778 6	0.000
LEV	0.049 3***	0.010 3	4.785 8	0.000
ROE	−0.180 5***	0.009 6	−18.754 6	0.000
GROWTH	0.000 6	0.002 5	0.254 7	0.799
EXCP	−0.030 2***	0.003 0	−10.202 6	0.000
TOP1	0.053 2***	0.016 1	3.310 5	0.001

续表

变 量	REM			
	系 数	标准差	t 值	p 值
Constant	−0.185 3***	0.059 7	−3.104 0	0.002
F 值	50.409 3			
P 值	0.000			
R^2	0.043 2			
N	22 267			
个体 & 年份	Yes			

注：*、**、*** 分别表示 10%、5% 和 1% 水平上显著相关。

2.5.4.3 企业社会责任对真实盈余管理的影响

本节借助构建的回归模型［式（2.6）］，检验假设 H2，分析企业社会责任（CSR）对真实盈余管理（REM）的影响，结果如表 2.5.6 所示。

从表 2.5.6 可以看出，企业社会责任（CSR）和真实盈余管理（REM）的相关系数是 −0.049 6，t 统计量是 −5.658 0，在 1% 的水平下显著负相关。本专题建立的假设 H2 由此得到验证。基于此，我们可以认为企业承担社会责任更多的是出于"道德主义动机"而非"机会主义动机"。上市企业积极承担社会责任并非为了转移利益相关者的视线，掩盖企业的真实盈余管理行为，相反，上市企业会高度关注除了股东以外的其他利益相关者的需求，自觉降低进行真实盈余管理的程度。从"道德主义动机"的角度来看，上市公司承担社会责任是遵循社会诚信制度、注重可持续发展的表现。由于真实盈余管理是管理者在委托代理关系下为了个人私利或者部分群体利益所做出的一种违背企业诚信道德伦理的欺骗行为，它会降低会计信息的准确性，致使利益相关者做出错误的投资决策，所以真实盈余管理是企业社会责任所不支持的，富有社会责任感的企业会减少或抵制这种不道德的行为。

具体来说，受到社会道德伦理驱使的管理层在进行企业的经营决策时，通常会遵循更高的道德标准，在面临企业短期真实盈余管理行为与长期社会责任行为这两个选择时，会选择更加有利于长期发展的社会责任行为。管理层积极履行社会责任可以为企业带来声誉资本,而从事真实盈余管理行为被发现后会损害企业的声誉,造成股价的异常波动。良好的社会责任表现为企业积累的声誉资本增加了企业从事诸如真实盈余管理等不诚信行为的道德成本,在这种情况下,管理层潜意识下会约束和完善企业内部治理结构,减少进行真实盈余管理的程度,缓解内外部信息不对称,提高盈余质量。此外,积极履行社会责任的企业通常会受到社会各界更多的关注,来自各方的监督和压力也会使管理层尽量避免进行真实盈余管理行为。

表 2.5.6 企业社会责任与真实盈余管理的回归结果

变量	REM			
	系数	标准差	t 值	p 值
CSR	−0.049 6***	0.008 8	−5.658 0	0.000
SIZE	0.025 7***	0.002 7	9.674 5	0.000
LEV	0.045 2***	0.010 3	4.371 8	0.000
ROE	−0.160 0***	0.009 6	−15.759 3	0.000
GROWTH	0.001 0	0.002 5	0.387 8	0.698
EXCP	−0.029 1***	0.003 0	−9.788 1	0.000
TOP1	0.055 7***	0.016 1	3.463 8	0.001
Constant	−0.163 9***	0.059 5	−2.754 5	0.006
F 值	49.318 9			
P 值	0.000			
R^2	0.042 3			
N	22 267			
个体 & 年份	Yes			

2.5.4.4 企业社会责任的调节作用

本节借助构建的回归模型[式(2.7)],实证检验假设 H3。为检验企业社会责任的调节作用是否成立,引入客户集中度(CC)与企业社会责任(CSR)交互项(CC×CSR),同时加入相关控制变量后对样本进行回归,结果如表 2.5.7 所示。

表 2.5.7 客户集中度、企业社会责任与真实盈余管理的回归结果

变量	REM 系数	标准差	t 值	p 值
CC	0.082 0***	0.011 7	7.031 2	0.000
CSR	−0.025 7**	0.012 9	−2.002 3	0.045
CC×CSR	−0.082 8**	0.033 7	−2.452 6	0.014
SIZE	0.027 8***	0.002 7	10.394 6	0.000
LEV	0.045 9***	0.010 3	4.445 1	0.000
ROE	−0.161 1***	0.010 2	−15.864 5	0.000
GROWTH	0.000 7	0.002 5	0.297 9	0.076 6
EXCP	−0.029 2***	0.003 0	−9.845 2	0.000
TOP1	0.053 6***	0.016 1	3.336 6	0.001
Constant	−0.229 3***	0.060 1	−3.816 9	0.000
F 值	47.135 5			
P 值	0.000			
R^2	0.045 1			
N	22 267			
个体 & 年份	Yes			

注：*、**、*** 分别表示 10%、5% 和 1% 水平上显著相关。

从表 2.5.7 可以看出，客户集中度与企业社会责任的交互项（CC×CSR）的相关系数为 −0.082 8，t 统计量是 −2.452 6，在 5% 的水平下显著负相关，表明企业积极承担社会责任会削弱客户集中度对真实盈余管理的正向影响。本专题建立的假设 H3 由此得到验证。具体来说，企业如果想要拥有良好的社会责任表现，通常需要在以下方面做出努力。具体包括建立诚实守信的企业文化、遵循社会道德标准、按照相关法律制度的规定进行经营和管理、以企业长久发展为经营目标、不贪图短期利益、提高产品质量和创新水平、提高资源节约和环境保护意识、保障职工生产安全，不会通过诸如利用专用性资产来套牢他人等的不道德行为来获取利益。履行了上述行为的企业通常能够与利益相关者形成良好的社会关系，大大降低与客户进行交易过程中的合约执行难度。与此同时，企业良好的社

会责任表现会感染客户，减少客户利用资产专用性套牢企业、"敲竹杠"等不道德行为。

2.5.5 稳健性检验

为检验分析结果的稳健性，本节开展以下检验：（1）改变解释变量客户集中度的衡量指标进行重新检验；（2）缩减样本范围，剔除非制造业企业，只选择制造业公司作为观测对象，再次进行回归分析。

2.5.5.1 改变解释变量衡量指标

关于客户集中度，也可以用赫芬达尔指数（CCHHI）即前五名客户合计销售金额占年度销售总额比例的平方和来衡量。表 2.5.8 显示的是相应的回归结果。可以看出，在改变了解释变量衡量指标后，研究结果依然保持不变，这说明本专题的结论是稳健的。

表 2.5.8 改变解释变量衡量指标后的回归结果

变 量	式（2.5）REM	式（2.6）REM	式（2.7）REM
CCHHI	0.049 4**		0.086 4***
	(2.321 1)		(3.204 0)
CSR		−0.048 4***	−0.038 7***
		(−4.490 2)	(−3.358 4)
INTERACT1			−0.185 0**
			(−2.282 4)
SIZE	0.025 2***	0.026 2***	0.026 6***
	(7.943 0)	(8.225 0)	(8.347 2)
LEV	0.057 0***	0.054 0***	0.054 2***
	(4.680 4)	(4.433 1)	(4.452 6)
ROE	−0.166 7***	−0.148 1***	−0.148 3***
	(−14.917 7)	(−12.487 9)	(−12.503 1)
GROWTH	0.001 1	0.001 5	0.001 4
	(0.400 8)	(0.525 1)	(0.484 8)

续表

变量	式（2.5） REM	式（2.6） REM	式（2.7） REM
EXCP	−0.036 6***	−0.035 5***	−0.035 6***
	（−10.315 9）	（−10.006 2）	（−10.031 7）
TOP1	0.046 6**	0.047 7**	0.046 2**
	（2.425 6）	（2.486 6）	（2.406 7）
Constant	−0.062 3	−0.083 3	−0.094 6
	（−0.875 2）	（−1.166 1）	（−1.323 1）
个体 & 年份	Yes	Yes	Yes
N	16 739	16 739	16 739
R^2	0.042 3	0.043 3	0.044 0
F	36.165 0	37.072 1	33.738 4

注：*、**、*** 分别表示 10%、5% 和 1% 水平上显著相关。

2.5.5.2 缩减样本范围

相较于一般行业而言，制造业企业更注重同上下游企业保持稳定良好的关系，客户关系型交易在制造业行业更具有普遍性。基于此，本节将样本范围缩小到制造业，并且对其实施回归处理。在剔除非制造业企业后，共得到 14813 个研究样本，表 2.5.9 显示的是相应的回归结果。可以看出，该结果同全行业的回归结果基本相符，这说明本专题的结论是稳健的。

表 2.5.9　缩减样本范围后的回归结果

变量	式（2.5） REM	式（2.6） REM	式（2.7） REM
CC	0.059 8***		0.077 2***
	（5.046 1）		（5.112 8）
CSR		−0.040 3***	−0.017 7
		（−3.953 7）	（−1.122 0）
INTERACT			−0.086 6*
			（−1.868 0）

续表

变量	式(2.5) REM	式(2.6) REM	式(2.7) REM
SIZE	0.024 1***	0.024 1***	0.025 5***
	(7.339 0)	(7.332 1)	(7.729 6)
LEV	0.056 2***	0.052 0***	0.054 0***
	(4.637 4)	(4.288 6)	(4.456 3)
ROE	−0.171 9***	−0.154 8***	−0.155 9***
	(−15.223 3)	(−13.041 4)	(−13.104 2)
GROWTH	0.014 8***	0.015 1***	0.014 9***
	(4.818 6)	(4.913 6)	(4.870 6)
EXCP	−0.031 1***	−0.030 4***	−0.030 4***
	(−9.058 7)	(−8.824 5)	(−8.849 2)
TOP1	0.048 6**	0.049 5***	0.048 4**
	(2.560 4)	(2.609 0)	(2.551 0)
Constant	−0.140 1*	−0.123 1*	−0.173 8**
	(−1.871 9)	(−1.647 8)	(−2.310 9)
个体&年份	Yes	Yes	Yes
N	14 813	14 813	14 813
R^2	0.048 2	0.047 4	0.049 6
F	37.189 9	36.583 5	34.325 6

注：*、**、*** 分别表示 10%、5% 和 1% 水平上显著相关。

第6节
结论与建议

2.6.1 研究结论

本专题选取沪深 A 股非金融类上市公司 2010—2020 年的数据作为研究样本，结合国内外成熟的理论，将客户集中度、企业社会责任和真实盈余管理纳入同一分析框架中，对三者之间的关系进行了深层次探究。为了使研究结论更加稳健，借助以下方式重新检验相关假设：第一，将测度客户集中度的赫芬达尔指数作为替代变量再次进行回归检验；第二，将样本范围缩小至制造业企业再次进行回归检验。上述两种稳健性检验的回归结果均与上文一致，表明本专题研究结论具有可靠性。得出如下结论。

（1）客户集中度与真实盈余管理正相关。由于我国经济体制的特殊性，企业与客户的关系性交易普遍存在。随着客户集中度的提高，企业通常会通过投入专用性资产等手段与客户建立一种战略性联盟。由于专用性资产具有投资不可逆性，且在其更改用途后会丧失原有的价值，因此企业一旦与客户关系破裂，不仅要面临更换客户所带来的交易成本，导致企业因失去关键营销渠道而陷入经营危机，还要面对专用性资产价值无法回收带来的损失。因此，为了维护与客户的关系，企业更倾向于利用真实盈余管理来粉饰财务状况满足客户的预期。此外，随着客户集中度的提高，企业议价能力的增强可能会侵犯企业的利益，影响经营业绩，企业有通过真实盈余管理进行操纵盈余的动机。因此，客户集中度越高，企业进行真实盈余管理的程度就越高。

（2）企业社会责任与真实盈余管理负相关。企业积极承担社会责任更多的是出于"道德主义动机"而非"机会主义动机"。从"道德主义动机"的角度来看，企业在社会规定的道德标准下会更加关注长期可持续发展，重视并满足利益相关者的需求，增强企业财务信息的透明度，减少真实盈余管理行为。因此，企业社会责任履行情况越好，真实盈余管理程度就越低。

（3）企业社会责任会削弱客户集中度对真实盈余管理的正向影响。企业积极承担社会责任能够提高声誉，与利益相关者形成良好的社会关系，大大降低与客户进行交易过程中的合约执行难度。与此同时，企业良好的社会责任表现会感染客户，减少客户利用资产专用性套牢企业、"敲竹杠"等不道德行为，降低客户集中度提高所带来的负面影响。

2.6.2 建议

根据理论研究和实证研究结论，提出有关企业客户集中度与真实盈余管理以及企业社会责任等方面的一些启示和微小的建议，具体内容如下。

（1）从投资者的角度来看，需要客观看待客户集中度对企业的影响。本专题的实证研究发现，客户集中度的提高会增强企业进行真实盈余管理的动机。因此，外部投资者关注客户集中度提高给企业带来的经济利益时，也要注意企业披露的与盈余相关的信息中所蕴含的风险，重点防范客户集中度过高导致的虚增利润和平滑盈余的行为。此外，本专题的实证研究还发现，企业社会责任水平的提高会抑制企业进行真实盈余管理的动机。因此，投资者可以结合上市公司的社会责任信息来甄别上市公司的会计信息质量，在进行投资决策时保持谨慎严谨的态度，尽量减少因信息不对称做出错误的决策。

（2）从企业的角度来看，内部监管部门必须高度重视关系性交易对于公司经营管理活动所产生的作用，同时管理层也要根据企业的经营和财务现状制定合理的发展战略，不仅要关注客户给企业带来的利益，还要避免过分依赖大客户所面临的经营风险。建议通过以下方法完善公司治理：第一，通过提升产品创新性、独特性来吸引更多的客户，积极拓展广泛、多渠道的客户资源，降低对主要客户的依赖,提高自身的议价能力,促进公司平稳运作;第二,强化公司内部控制能力,防止管理层基于委托代理关系出现的机会主义行为;第三,注重发展企业文化,以追求当前经济利益的长期行为为目标,积极履行企业社会责任,将社会责任融入到企业的长期发展战略中,从而最大限度地得到各利益相关者的关注与支持,为企业带来更多的经济利益。

(3)从政府监管的角度来看,对于社会责任表现较低且客户集中度较高的企业,应当加强对其财务报表中盈余信息的监督与治理。由于上市公司更倾向于利用具有隐蔽性和灵活性的真实盈余管理行为来操纵利润,因此政府应加强对盈余管理手段中真实盈余管理的监管。此外政府需要从法律等制度层面加快制定规范的社会责任披露制度,督促企业真正将社会责任理念融入企业使命、目标、战略和文化中。

参 考 文 献

Aharony J, Lin C J, Loeb M P, 1993. Initial public offerings, accounting choices, and earnings management[J]. Contemporary accounting research, 10 (1): 61-81.

Baber W R, Fairfield P M, Haggard J A, 1991. The effect of concern about reported income on discretionary spending decisions: The case of research and development[J]. Accounting Review: 818-829.

Baiman S, Rajan M V, 2002. The role of information and opportunism in the choice of buyer-supplier relationships[J]. Journal of Accounting Research, 40 (2): 247-278.

Bartov E, 1993. The timing of asset sales and earnings manipulation[J]. Accounting review: 840-855.

Bens D A, Nagar V, Wong M H F, 2002. Real investment implications of employee stock option exercises[J]. Journal of Accounting Research, 40 (2): 359-393.

Chahine S, Fang Y, Hasan I, et al, 2019. Entrenchment through corporate social responsibility: Evidence from CEO network centrality[J]. International Review of Financial Analysis, 66: 101347.

Chapman C J, Steenburgh T J, 2011. An investigation of earnings management through marketing actions[J]. Management Science, 57 (1): 72-92.

Coase R H, 1960. The Problem of Social Cost[J]. Journal of Law and

Economics, 3.

Cornell B, Shapiro A C, 1987. Corporate stakeholders and corporate finance[J]. Financial management: 5-14.

Dechow P M, Sloan R G, 1991. Executive incentives and the horizon problem: An empirical investigation[J]. Journal of accounting and Economics, 14 (1): 51-89.

Dhaliwal D, Judd J S, Serfling M, et al, 2016. Customer concentration risk and the cost of equity capital[J]. Journal of Accounting and Economics, 61 (1): 23-48.

Graham J R, Harvey C R, Rajgopal S, 2005. The economic implications of corporate financial reporting[J]. Journal of accounting and economics, 40 (1-3): 3-73.

Gunny K A, 2010. The relation between earnings management using real activities manipulation and future performance: Evidence from meeting earnings benchmarks[J]. Contemporary accounting research, 27 (3): 855-888.

Healy P M, Wahlen J M, 1999. A review of the earnings management literature and its implications for standard setting[J]. Accounting horizons, 13 (4): 365-383.

Healy P M, 1985. The effect of bonus schemes on accounting decisions[J]. Journal of accounting and economics, 7 (1-3): 85-107.

Hemingway C A, Maclagan P W, 2004. Managers' personal values as drivers of corporate social responsibility[J]. Journal of business ethics, 50 (1): 33-44.

Hribar P, Jenkins N T, Johnson W B, 2006. Stock repurchases as an earnings management device[J]. Journal of Accounting and Economics, 41 (1-2): 3-27.

Kim J B, Sohn B C, 2013. Real earnings management and cost of capital[J]. Journal of Accounting and Public policy, 32 (6): 518-543.

Kim Y, Park M S, Wier B, 2012. Is earnings quality associated with corporate social responsibility? [J]. The accounting review, 87 (3): 761-796.

Krolikowski M, Yuan X, 2017. Friend or foe: Customer-supplier relationships and innovation[J]. Journal of Business Research, 78: 53-68.

Li J, Zhou J, 2008. Earnings management and delisting risk of initial public offerings[J]. Simon School, University of Rochester, Research Paper Series, AAA.

Mcwilliams A, Siegel D S, Wright P M, 2006. Corporate social responsibility: Strategic implications[J]. Journal of management studies, 43 (1): 1-18.

Raman K, Shahrur H, 2008. Relationship-specific investments and earnings management: Evidence on corporate suppliers and customers[J]. The Accounting Review, 83 (4): 1041-1081.

Roychowdhury S, 2006. Earnings management through real activities manipulation[J]. Journal of accounting and economics, 42 (3): 335-370.

Schipper K, 1989. Commentary on Earnings Management, ‖Accounting Horizon[J].

Sweeney A P, 1994. Debt-covenant violations and managers'accounting responses[J]. Journal of accounting and Economics, 17 (3): 281-308.

Titman S, 1984. The effect of capital structure on a firm's liquidation decision[J]. Journal of financial economics, 13 (1): 137-151.

Vafeas N, Vlittis A, Katranis P, et al, 2003. Earnings management around share repurchases: A note[J]. Abacus, 39 (2): 262-272.

Watts R L, Zimmerman J L, 1986. Positive accounting theory[J].

Williamson O E, 1971. The vertical integration of production: market failure considerations[J]. The American Economic Review, 61 (2): 112-123.

Zhao Y, Chen K H, Zhang Y, et al, 2012. Takeover protection and managerial myopia: Evidence from real earnings management[J]. Journal of Accounting and Public Policy, 31 (1): 109-135.

陈国辉,关旭,王军法,2018. 企业社会责任能抑制盈余管理吗？——基于应规披露与自愿披露的经验研究［J］. 会计研究(03)：19-26.

陈蓉蓉,李芳,2019. 持续的盈余管理行为有助于亏损企业走出财务困境吗——以吉恩镍业为例［J］. 财会通讯 (02)：24-28. DOI：10.16144/j. cnki. issn1002-8072. 2019 (02)：006.

陈远志,谢平洋,2014. 上市公司盈余管理动机文献综述［J］. 财会通讯 (33)：

29-32+129．DOI：10.16144/j.cnki.issn1002-8072．2014，33：008．

陈正林，2016．客户集中、政府干预与公司风险［J］．会计研究（11）：23-29+95．

程贵孙，2010．买方势力理论研究评述［J］．经济学动态(03)：115-119．

程敏英，郑诗佳，刘骏，2019．供应商/客户集中度与企业盈余持续性：保险抑或风险［J］．审计与经济研究，34（04）：75-86．

程昔武，程炜，纪纲，2020．客户集中度、市场竞争与营运资金管理效率［J］．会计之友(07)：45-51．

程志刚，2021．税收征管、关联交易与真实盈余管理［J］．财会通讯(19)：71-75．DOI：10.16144/j.cnki.issn1002-8072．2021，19：017．

窦超，陈晓，李馨子，2020．政府背景客户、业绩增长与盈利质量——基于供应链视角［J］．中国会计评论，18（01）：125-152．

范海峰，胡玉明，2013．R&D支出、机构投资者与企业盈余管理［J］．科研管理，34（07）：24-30．DOI：10.19571/j.cnki.1000-2995.2013.07.004．

范经华，张雅曼，刘启亮，2013．内部控制、审计师行业专长、应计与真实盈余管理［J］．会计研究(04)：81-88+96．

方红星，刘淑花，2017．盈余管理与企业债务期限［J］．财经问题研究（05）：57-64．

方红星，张勇，2016．供应商/客户关系型交易、盈余管理与审计师决策［J］．会计研究(01)：79-86+96．

顾鸣润，田存志，2012．IPO后业绩变脸与真实盈余管理分析［J］．统计与决策(01)：164-167．DOI：10.13546/j.cnki.tjyjc.2012.01.045．

顾晓安，王晓军，李文卿，2021．供应链集中度、产权差异与盈余透明度［J］．技术经济，40（01）：107-117．

郭慧婷，李晓宇，2022．供应商/客户关系型交易与会计信息可比性研究［J/OL］．会计之友（05）：91-98[2022-03-02]．http：//kns.cnki.net/kcms/detail/14.1063.F.20220221.1720.026.html．

何薇，施宣邑，常悦，2021．高管薪酬差异对企业真实盈余管理影响研究——

基于CEO双职性的实证证据[J].财会通讯(13):54-57.DOI:10.16144/j.cnki.issn1002-8072.2021.13.010.

胡志磊,周思维,2012.上市公司真实盈余管理的动机——基于实证会计理论"三大假设"的视角[J].财会通讯(06):68-71+161.DOI:10.16144/j.cnki.issn1002-8072.2012.06.009.

李彬,张俊瑞,2008.生产操控与未来经营业绩关系研究:来自中国证券市场的证据[J].现代管理科学(09):94-95+111.

李彬,张俊瑞,2010.现金流量管理与实际活动操控关系研究[J].预测,29(01):60-65.

李慧云,刘镝,2016.市场化进程、自愿性信息披露和权益资本成本[J].会计研究(01):71-78+96.

李明辉,杨鑫,刘力涵,2014.真实盈余管理研究回顾与展望[J].证券市场导报(11):37-45.

李姝,柴明洋,狄亮良,2019.社会责任偏重度、产权性质与盈余管理——道德行为还是机会主义？[J].预测,38(06):1-8.

李歆,孟晓雪,2020.客户集中度、审计质量与盈余管理[J].重庆理工大学学报(社会科学),34(10):70-80.

李曜,赵凌,2013.股份回购宣告前后的上市公司盈余管理行为研究[J].上海财经大学学报,15(01):82-90.DOI:10.16538/j.cnki.jsufe.2013.01.007.

李增福,曾庆意,魏下海,2011.债务契约、控制人性质与盈余管理[J].经济评论(06):88-96.DOI:10.19361/j.er.2011.06.010.

李增福,董志强,连玉君,2011.应计项目盈余管理还是真实活动盈余管理?——基于我国2007年所得税改革的研究[J].管理世界(01):121-134.DOI:10.19744/j.cnki.11-1235/f.2011.01.015.

李钻,刘琪,周艳丽,2017.基于社会责任与盈余管理关系的企业社会责任动机分析[J].统计与决策(10):174-178.DOI:10.13546/j.cnki.tjyjc.2017.010.045.

林永坚,王志强,林朝南,2013.基于真实活动操控的盈余管理实证研究——

来自中国上市公司的经验证据[J]. 山西财经大学学报, 35 (04): 104-113. DOI: 10.13781/j.cnki.1007-9556.2013.04.010.

刘华, 魏娟, 巫丽兰, 2016. 企业社会责任能抑制盈余管理吗?——基于强制披露企业社会责任报告准实验[J]. 中国软科学(04): 95-107.

刘建秋, 宋献中, 2010. 社会责任、信誉资本与企业价值创造[J]. 财贸研究, 21 (06): 133-138. DOI: 10.19337/j.cnki.34-1093/f.2010.06.019.

刘淑花, 2016. 真实盈余管理影响债务融资成本吗[J]. 财会月刊 (30): 35-39. DOI: 10.19641/j.cnki.42-1290/f.2016.30.006.

刘星, 安灵, 2007. 基于盈余管理视角的中国上市公司资产出售实证研究[J]. 当代财经(01): 113-119.

南星恒, 孙雪霞, 2020. 控股股东股权质押、企业社会责任与真实盈余管理[J]. 投资研究, 39 (01): 60-76.

聂建平, 2017. 政治成本对我国重污染企业真实盈余管理的影响——以我国大气环境保护为背景[J]. 财会月刊 (26): 37-42. DOI: 10.19641/j.cnki.42-1290/f.2017.26.006.

宁亚平, 2004. 盈余管理的定义及其意义研究[J]. 会计研究(09): 62-66.

祁怀锦, 黄有为, 2016. IPO 公司盈余管理行为选择及不同市场间的差异[J]. 会计研究(08): 34-41+96.

邱海燕, 2018. 内部控制、会计信息质量与债务融资成本[J]. 会计之友(21): 45-51.

宋岩, 滕萍萍, 秦昌才, 2017. 企业社会责任与盈余管理:基于中国沪深股市 A 股制造业上市公司的实证研究[J]. 中国管理科学, 25 (05): 187-196. DOI: 10.16381/j.cnki.issn1003-207x.2017.05.022.

王海兵, 夏雪, 陈树桢, 2020. 客户集中度、盈余管理与审计定价[J]. 财会月刊(06): 95-102. DOI: 10.19641/j.cnki.42-1290/f.2020.06.013.

王华, 2016. 基于业绩的薪酬激励是高管盈余管理的诱因吗——对应计盈余管理与真实盈余管理的分析[J]. 会计之友(09): 2-10.

王亮亮, 林树, 2016. 企业生命周期阶段、销售操控与未来业绩[J]. 财经论丛

(06)：93-103. DOI：10.13762/j.cnki.cjlc.2016.06.006.

王亮亮,王跃堂,王娜,2013.市场化进程、真实活动盈余管理与公司未来业绩[J].经济管理,35(09)：101-112. DOI：10.19616/j.cnki.bmj.2013.09.013.

王亮亮,朱芳珍,王倩楠,等,2021.盈余目标与企业费用操控：来自广告投入的证据[J].上海财经大学学报,23(05)：107-122. DOI：10.16538/j.cnki.jsufe.2021.05.008.

王雄元,高开娟,2017.客户集中度与公司债二级市场信用利差[J].金融研究(01)：130-144.

吴肖峰,宛玲羽,2010.探讨盈余管理的动机——文献综述[J].东方企业文化(08)：182.

向锐,洪镜淳,2020.供应商-客户关系与会计稳健性[J].投资研究,39(04)：77-95.

肖家翔,李小健,2012.盈余管理研究新方向：真实盈余管理[J].财会通讯(15)：15-17+129. DOI：10.16144/j.cnki.issn1002-8072.2012.15.032.

谢德仁,廖珂,2018.控股股东股权质押与上市公司真实盈余管理[J].会计研究(08)：21-27.

徐虹,林钟高,王鑫,2015.关系型交易、内部控制与盈余管理——基于应计与真实盈余管理的经验证据[J].会计与经济研究,29(03)：57-77. DOI：10.16314/j.cnki.31-2074/f.2015.03.005.

徐磊,齐伟山,欧阳令南,2006.非经常性损益、盈余操纵与股票市场定价[J].浙江理工大学学报(04)：490-495+512.

徐鹏,2021.企业社会责任会影响盈余质量吗？[J].财会通讯(03)：55-58. DOI：10.16144/j.cnki.issn1002-8072.2021.03.010.

杨瑞平,赵淑芳,2019.客户集中度、产品市场竞争与应计盈余管理[J].中国注册会计师(07)：23-28+3. DOI：10.16292/j.cnki.issn1009-6345.2019.07.002.

姚宏,陈青青,李艺玮,2016.股权再融资中的盈余管理研究[J].大连理工大学学报（社会科学版）,37(04)：77-84. DOI：10.19525/j.issn1008-407x.2016.04.014.

岳琴,刘晓丰,2018. CSR 信息披露、新媒体关注与盈余管理[J]. 财会通讯(12):51-55. DOI:10.16144/j.cnki.issn1002-8072. 2018. 12. 010.

张帆,2021. 企业社会责任与盈余管理方式相关性研究[D]. 中国财政科学研究院. DOI:10.26975/d.cnki.gccks. 2021. 000027.

张敏,马黎珺,张胜. 供应商——客户关系与审计师选择[J]. 会计研究,2012(12):81-86+95.

张祥建,徐晋,2006. 盈余管理的原因、动机及测度方法前沿研究综述[J]. 南开经济研究(06):123-141.

张语恩,杨思静,2011. 上市公司大股东性质、持股比例与费用操控[J]. 财会月刊(33):6-9. DOI:10.19641/j.cnki.42-1290/f. 2011. 33. 002.

张子余,张天西,2011. "激进的收入确认"抑或"真实的销售操控"[J]. 广东金融学院学报,26(02):26-34.

章卫东,刘珍秀,孙一帆,2013. 公开增发新股与定向增发新股中盈余管理的比较研究[J]. 当代财经(01):118-129.

赵爽,王生年,王家彬,2022. 客户关系对企业技术创新的影响[J]. 管理学报,19(02):271-279.

赵晓文,2017. 管理层持股、客户集中度与真实盈余管理[D]. 天津财经大学.

赵秀云,鲍群,2015. 制度环境、关系交易与现金持有决策[J]. 审计与经济研究,30(03):21-29.

周冬华,赵玉洁,2014. 公司治理结构、盈余管理动机与可供出售金融资产处置[J]. 江西财经大学学报(01):70-81. DOI:10.13676/j.cnki.cn36-1224/f. 2014. 01. 013.

周祖城,2005. 企业社会责任:视角、形式与内涵[J]. 理论学刊(02):58-61.

朱开悉,胡秀峰,2018. 供应商/客户集中度、专用性资产与企业成本粘性[J]. 会计之友(06):112-118.

朱姗姗,2018. 供应链集中度、市场地位与企业创新[D]. 苏州大学.

邹颖,赵亚轩,2021. 按下葫芦浮起瓢?——基于社会责任与盈余管理视角的研究[J]. 会计之友(24):11-16.

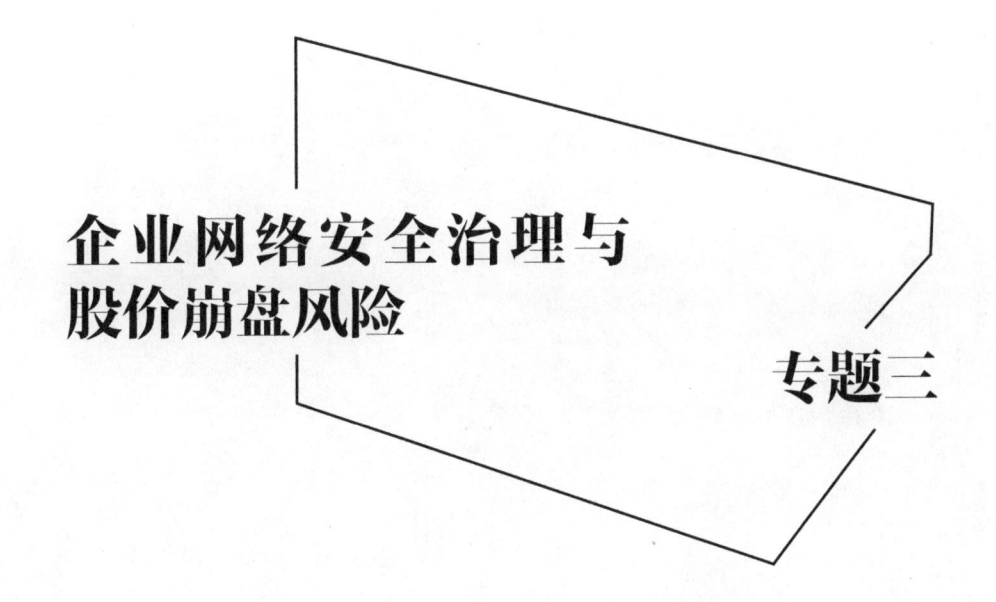

企业网络安全治理与股价崩盘风险

专题三

第 1 节
问题的提出

3.1.1 研究背景

股价崩盘风险是指市场指数或个别股票的价格在未来某一时刻会经历突发性的、大幅度的下滑的潜在的可能性。作为新兴市场的一部分，股价崩盘风险在我国资本市场并非罕见。股价崩盘风险作为一种潜在的金融风险，不仅可能使投资者遭受巨额财富损失，还有可能激发市场的恐慌情绪，导致资本市场中的资源配置机制遭受扭曲。这种连锁反应最终可能阻碍资本市场的稳健发展，并对实体经济产生深远的负面影响。

在信息化和数字化日益深入的今天，企业网络安全已经成为关乎企业生存与发展的重要议题。近年来，网络攻击事件频发，给企业的正常运营带来了巨大威胁，网络安全事件对企业的影响也日益凸显。黑客攻击、数据泄露、网络钓鱼等安全威胁层出不穷，不仅可能导致企业数据泄露、系统瘫痪等直接损失，还可能影响企业的声誉和信誉，引发投资者信心下降，进而引发股价崩盘风险。特别是在信息高度透明的资本市场中，网络安全事件一旦曝光，往往会迅速引发投资者的恐慌和抛售行为，导致股价暴跌，给企业带来巨大损失。例如，2018 年 8 月 28 日，某酒店集团发生用户信息泄露事件，泄露用户敏感信息近 5 亿条，当日该集团股价跌幅超过 5%。这不仅会影响企业的短期经营，还可能对企业的长期发展造成不可逆转的影响。

尽管股价崩盘风险和网络安全问题都已经成为学术界和实务界的热议话题，但关于企业网络安全治理对股价崩盘风险影响的研究相对较少，这导致我们在理解和应对企业网络安全问题时缺乏全面的视角和深入的分析。因此，本研究旨在揭示企业网络安全治理与股价崩盘风险之间的内在联系和作用机制，为企业制定有效的网络安全治理策略提供理论支持和实践指导。基于此，本专题在借鉴相关文献和已有研究结果的基础上，选取2013—2022年间我国A股上市公司为研究对象，通过实证分析，对企业网络安全治理对股价崩盘风险的潜在影响进行探讨。具体解决以下问题：首先，企业进行网络安全治理能否抑制其股价崩盘风险；其次，提高会计稳健性是否会加强企业网络安全治理对股价崩盘风险的抑制作用；最后，企业网络安全治理对股价崩盘风险的影响是否在不同产权性质和规模的企业之间存在异质性？本专题将在得出相关结论后，为企业提供有效的网络安全管理策略，帮助企业更好地应对网络安全挑战。

3.1.2　研究意义

从理论角度来看，随着信息技术的迅猛发展，企业网络安全治理已经成为现代企业经营中不可忽视的重要组成部分。然而，当前关于企业网络安全治理与股价崩盘风险之间关系的学术研究相对较少，缺乏系统的理论框架和实证支持。因此，本研究有助于深化对企业网络安全治理内涵的理解，揭示企业网络安全治理与股价崩盘风险之间的内在联系，并探讨其中的作用机制和影响因素。同时，本研究将为企业进行网络安全治理提供理论依据，帮助企业更好地应对网络安全挑战，降低股价崩盘风险。

从现实角度出发，随着信息技术的飞速发展和企业数字化转型的加速推进，企业网络安全面临的挑战日益严峻和复杂。网络攻击、恶意软件等安全威胁不仅可能导致企业数据泄露、系统瘫痪等直接损失，还可能对企业的股价造成负面影响。企业网络安全治理作为企业可持续发展的一个重要组成部分，应逐渐成为一个重要的关注点。本研究有助于提高企业对网络安全治理的重视程度，推动企业加强网络安全建设，提高网络安全治理水平。同时，本研究将为监管部门制定相关政策和标准提供参考依据，促进监管部门对企业网络安全治理的监管和评估，推动全社会网络安全治理水平提升。

第 2 节
文献回顾

3.2.1 股价崩盘风险的研究

股价崩盘是指单只股票的价格或者市场指数在无显著预兆的情况下在短暂的时间内突然经历的急剧暴跌；股价崩盘风险是指市场指数或个别股票在未来某一时刻会经历突发性的、大幅度的价格下滑的潜在的可能性（邹萍，2013）。现有学术文献大多从市场和企业两个层面对影响股价崩盘风险的因素进行研究。

从市场层面出发，相关研究大多以有效市场假说与行为金融学理论作为理论基础。在非完全有效的市场条件下，由于市场中存在非理性投资者以及信息不对称的现象，市场中存在的"非理性波动"现象和"噪声"可能导致股票价格与其内在价值发生偏离。这种偏离一旦达到一定程度，便可能触发股价崩盘的风险。行为金融学以外部投资者为切入点，认为股价崩盘风险的增加主要是由投资者情绪和信念异质性造成的（Chen et al.，2001）。

公司层面的研究主要通过委托代理理论进行讨论。出于业绩压力或者个人利益，管理层通常有动机和能力掩盖负面消息，导致市场基于虚假信息高估企业价值；一旦这些负面信息超出企业的承受限度，投资者可能会抛售股票，引发股价大幅下跌（Li et al.，2006）。企业信息透明度对股价崩盘风险有重大影响，上市公司与投资者之间的高质量互动可以降低信息不对称水平并显著降低股价崩盘风险（卞世博 等，2022）。因此，约束管理层掩盖负面消息的治理机制对于降低股价崩盘风险有着显著作用。Callen 等（2013）研究发现，机构投资者的稳定性与股价崩盘风险负相关，公共养老基金的机构所有权与未来股价崩盘风险显著负相关，而银行信托、投资公司和独立投资顾问等的机构所有权则与股价崩盘风险呈现正相关关系。在李治富（2021）的研究中详细分析了企业社会责任信息披露与股价崩盘风险之间的关系，结果表明，积极的企业社会责任信息披露可以显著降低股价崩盘的风险，此外，研究还揭示了 CEO 的职业关注度对企业股价稳定性的潜在影响，具体而言，CEO 的职业关注度在社会责任信息披露和股价崩盘风险的关系中起到了负向的调节作用，即 CEO 的职业关注度升高时，社会责任信息披露对降低股价崩盘风险的正面效果可能会受到一定程度的削弱。权小锋等人（2015）在研究中发现，对于强制实施社会责任披露却未获得第三方信息验证的公司，其在推行社会责任的过程中意外地增加了股价崩盘的潜在风险。叶康涛等（2015）的研究发现随着企业内部控制信息披露质量的提升，股价崩盘的风险得到了显著的降低，这一观点强调了企业内部管理透明度和信息披露质量在维护股价稳定方面的关键作用。

3.2.2　网络安全治理的研究

网络安全治理问题是数字经济时代的重要课题，也是公司治理的重要组成部分（郭小玲，2023）。目前，关于企业网络安全治理对金融市场影响的研究，主要包括以下两个方面。一是侧重于企业网络安全风险造成的经济后果的研究。王秦等（2018）使用事件研究法分析发现，信息安全事件对当事公司的负面影响主要集中在事件发生当天和发生之后的第三天，这种负面影响具有一定的持续性，并且有随时间的推移而不断扩大的趋势；而公司对事件立即回应有助于减轻负面影响。尚兆燕等（2019）在研究中观察到，对于存在信息技术（IT）一般控制缺陷的公司，更有可能收到非标准审计意见（即非标审计意见）。进一步分析表明，收到非标审计意见的概率与公司内部控制缺陷的严重程度存在显著的正向关联，内部控制缺陷越严重，该公司收到非标审计意见的风险也越高。二是侧重于从企业网络安全管理角度进行的研究。Vincent 等（2017）发现 CIO 直接向 CEO 汇报工作时，企业的网络安全治理能力更强。对于上市公司，CEO 兼任董事会主席

129

时，企业的网络安全治理能力更强。甄杰等（2020）在研究中发现，企业的信息安全治理对其整体绩效具有显著的积极推动作用，而信息安全整合能力在这一关系中扮演了不可或缺的中介角色。此外，研究还揭示了高管支持对于信息安全整合能力与企业绩效之间关系的显著正向调节作用。具体而言，当高管对信息安全整合的支持水平提升时，信息安全整合能力在促进企业绩效方面的中介作用也相应得到强化。林润辉等（2016）发现信息安全监管政策可以促进企业加强网络安全制度内化程度，提高企业竞争力和绩效。

相比于财务信息等信息，网络安全治理、公司发展规划等关于企业治理的信息往往更难以获取与理解，但其对投资人的投资决策也同样具有重要的影响（Coval et al.，1999）。网络安全治理作为企业治理的一部分，可能对股价崩盘风险产生影响。一方面，企业对网络安全治理相关信息的披露，可以促进投资者对企业治理情况的了解，强化外部监督机制，从而提升信息准确性和质量（赵静 等，2018），降低企业信息不对称程度，进而降低股价崩盘风险；另一方面，企业网络安全治理是企业社会责任的组成部分，企业对网络安全治理的关注可以增强其社会责任感，增进投资者信心（黄金波 等，2022），投资者愿意持有企业的长期股票，从而降低企业的股价崩盘风险。此外，企业进行网络安全治理对投资者而言是一个信号，表明企业稳健可靠、值得信任，这会转化为企业的"声誉资本"。当投资者遭遇负面消息时，"声誉资本"虽然并不足以完全抵消投资者所产生的恐慌情绪，但它在一定程度上能有效缓解这种恐慌，从而降低潜在的股价崩盘风险（宋献中 等，2017）。王辉等（2024）在研究中运用深度学习技术深入剖析了上市公司年报文本，构建了企业网络安全治理指标体系，并在此基础上进一步探讨了这一指标体系对股价崩盘风险的潜在影响。研究结果表明，企业通过加强网络安全治理，不仅能显著减少市场投资者与企业之间的信息不对称问题，还能够显著提升企业的声誉和市场形象，从而有效降低股价崩盘的风险（王辉 等，2024）。这一发现不仅为企业网络安全管理提供了新的视角，也为投资者评估企业价值和风险提供了新的参考依据。

3.2.3 文献评述

当前学术领域的研究主要集中于两大视角,一是从企业内部因素对企业网络安全治理的影响出发,探讨了高管特征、股权性质、股权结构等对企业网络安全治理的异质性影响。二是研究企业网络安全风险所带来的经济后果,特别是针对数据泄露、信息服务系统瘫痪等网络安全事件,从多个维度例如企业声誉损害、法律风险成本上升、资本价值波动、现金流稳定性受损、融资限制增加以及潜在的溢出效应等,全面剖析网络安全事件对企业运营的广泛影响。关于网络安全治理对股价崩盘风险的探讨,多数倾向于从宏观角度出发,借助理论分析来探讨网络安全治理的整体策略,很少有文献从微观角度深入剖析企业网络安全治理对股价崩盘风险的具体影响和作用机制。尽管已有学者对此产生兴趣,但关于企业网络安全治理与股价崩盘风险之间内在关系的直接实证依据仍显不足。网络安全治理是数字经济时代的重要课题,也是公司治理的重要组成部分。因此,本书尝试以网络安全治理信息披露对股价崩盘风险的影响作为切入点,探讨企业网络安全治理对股价崩盘风险的影响机制,以期为未来相关研究提供新的视角和参考。

第 3 节
理论分析与研究假设

3.3.1 网络安全治理的含义

随着信息技术的快速发展和企业网络化程度的不断提高,企业网络安全问题日益凸显。网络安全威胁不仅可能导致企业数据泄露、系统瘫痪等直接损失,还可能对企业的股价产生负面影响。企业网络安全治理,是指企业为确保其网络信息系统及其承载的数据的完整性、保密性、可用性、可控性而采取的一系列系统性的管理、监控和防护等措施(方滨兴,2018),是包括网络安全组织管理、制度管理、人员管理和建设管理等多方面的综合治理过程。这一过程不仅涵盖了技术层面的安全防护,还涉及了组织策略、法律合规、人员培训等多方面的综合考量。其核心在于为企业运行构建和维护一个安全、稳定、高效的网络环境,对内部网络进行全面、细致的规划和管理,同时针对外部网络环境中的潜在威胁,如网络攻击、病毒传播、数据泄露等,制定相应的防范策略和应对措施。在企业网络安全治理过程中也需要遵循一定的原则和规范,包括保障用户信息安全、保护企业商业机密、遵守国家法律法规等。因此,企业网络安全治理是一个复杂而系统的工程,需要企业在多个方面进行全面考虑和部署。只有建立了完善的网络安全治理体系,企业才能在互联网时代中实现可持续发展,确保自身的信息安全和业务的正常运作。

3.3.2 理论基础

3.3.2.1 信息不对称理论

信息不对称最早由 Akerlo、Spence 和 Stigliz 关注并展开研究，指的是在市场交易中，市场参与者之间由于利益分歧而导致的在信息数量和质量上的不均等状态。在理想化的古典经济学理论框架内，通常假定市场中的交易者信息完全对称，即所有参与者拥有完全对等的信息。然而，在真实的市场环境中，由于各种主客观因素的限制，各交易主体在信息获取上的能力存在显著差异，进而导致了市场交易者在信息获取上的不平等地位。这种不平等状态使得市场参与者之间的信息分布不均衡，几乎没有任何一个交易者能够完全掌握所有相关信息。事实上，市场上的信息优势往往与参与者的收益水平密切相关。在交易中，具备更为详尽和广泛信息的交易者通常占据更为优势的地位。这类交易者不仅拥有大量信息，而且在获取信息的途径上也具备显著优势。这种双重优势使得他们能够更加精准地识别和利用信息差异。通过这种高效的信息利用，这些交易者往往能够在交易中实现更高的收益回报。相比之下，信息匮乏的交易者则往往处于不利地位，难以在交易中占据优势。

以发生的时间节点为基准，信息不对称可以划分为事前信息不对称与事后信息不对称两大类别。事前信息不对称往往容易引发逆向选择的现象，即一方利用比另一方更多的信息来获取利益，而信息较少的一方难以做出正确的决策，从而导致市场价格扭曲和市场功能失效（刘洁，2014）。而事后信息不对称则可能引发道德风险，即交易双方在合同签署后，一方可能利用信息优势损害另一方的利益。

在公司层面，信息不对称反映在管理层与所有者之间的委托代理关系上。在公司内部，管理层作为信息掌控者，掌握着公司运营和财务等方面的重要信息，而股东作为所有者，由于不直接参与公司的日常运营，在获取信息方面往往处于劣势。在此情境下，当管理者面临业绩压力或由其他利益驱动时，可能会采取一系列机会主义行为，如滥用职权隐瞒不利信息、进行盈余操控等。这些行为不仅会加剧管理层与股东之间的信息不对称，更可能导致管理层为追求个人利益而损害股东权益，从而进一步激化代理冲突。除此之外，这些机会主义行为还可能导致企业的信息透明度大幅下降，造成投资者可能基于不完整或有误导性的信息做出投资决策，进而可能导致投资决策的失误。当管理层意识到无法持续掩盖负面信息，或者认为掩盖的成本过高时，这些之前被隐藏的信息可能会突然释放到市场，导致投资者产生恐慌心理，进而引发股价的大幅下跌（谢雅璐，2015）。

3.3.2.2 委托代理理论

委托代理理论作为现代公司治理研究的核心框架，起源于社会经济与生产力迅猛发展的 20 世纪 30 年代。Jense 和 Meckling（1976）提出，随着专业化分工的深入，一批具备丰富企业经营管理经验的人才应运而生。与此同时，日益复杂的市场环境和激烈的竞争使得企业所有者难以独自应对管理和运营中的各种挑战，从而催生了对专业经理人的需求。因此，企业所有者通过契约形式，聘请具备专业知识和经验的经理人负责公司的日常经营，从而构建起委托代理关系。在所有权和管理权分离后，所有者不再直接参与公司的日常经营活动，但依旧保留着对公司资产的所有权，并拥有索取公司剩余利润的权利。与此同时，管理者依据与企业签订的契约，负责公司的运营和管理，并获得相应的报酬。然而，这其中所潜藏的问题亦不容忽视。

首先是企业所有者与管理者之间的代理冲突。由于所有者不再直接参与企业的管理活动，他们往往难以全面、实时地掌握企业的实际经营动态，从而在信息获取上处于劣势地位。相对而言，管理者作为企业的实际运营者，掌握着更为详尽和更具时效性的信息。当双方的目标和利益不完全一致时，管理者可能出于个人利益考量，如追求更高的薪资等，利用他们所掌握的信息优势作出不当行为，如财务欺诈或操纵信息披露，这可能对企业所有者的利益以及企业的长期发展造成负面影响。此外，还存在着大股东同中小股东之间的代理冲突。随着现代企业制度的不断发展，尤其是股份有限公司的广泛兴起，当企业股权结构呈现高度集中态势时，大股东往往掌握着公司的实际控制权。而中小股东，由于持股比例较小，往往难以对公司的决策产生实质性影响，从而处于相对弱势的地位。在这种情况下，大股东可能会利用自身的权力优势，通过操纵公司决策、转移公司资源等手段，侵害中小股东的利益。

为解决这两类代理问题，学术界和实务界一直在探索有效的解决方案，如股权激励、引入独立董事、优化董事会结构以及员工持股计划等。在研究股价崩盘风险的过程中，委托代理理论也发挥了重要作用。管理层在信息不对称的背景下，可能出于自身利益考虑，做出不利于股东和公司整体利益的决策，如盈余管理、选择性地进行信息披露等，这可能导致股价与公司真实的内在价值发生偏离。一旦那些管理层选择隐瞒的负面信息被市场知晓，便可能引发股价崩盘（肖土盛 等，2017）。

3.3.3 研究假设

3.3.3.1 网络安全治理对股价崩盘风险的影响

首先，企业进行网络安全治理可以提升其风险防控能力，降低其遭受网络威胁的几率，而通过加强治理信息的公开性和透明度能够制约经理人对企业不良信息的隐瞒行为（权小锋 等，2015）。同时，作为企业治理架构的组成部分，网络安全治理是企业进行制度建设的重要载体，通过加强网络安全治理进行制度完善能够抑制管理层的机会主义行为，削弱经理人隐瞒不良信息的动机，从而降低股价崩盘的潜在风险（Eisenbach et al., 2022）。

其次，网络安全治理是企业治理体系中的重要组成部分，相较于财务数据，投资者对诸如公司治理策略、战略规划等信息的获取和理解往往更为困难，然而，这些信息对于投资者作出决策具有不可忽视的重要性（Coval et al., 1999）。在信息披露不足的企业环境中，投资者难以深入洞察企业内部的真实运营状况，这在一定程度上可能导致企业股价的虚高。因此，企业积极披露网络安全治理的相关信息，不仅能让投资者、分析师、审计师、供应商及媒体等利益相关者更便捷地获取治理信息，还能提升信息的准确性和质量（赵静 等，2018），降低投资者与企业间的信息不对称程度，防范非理性投资行为，从而降低股价崩盘风险。

最后，在数字经济日益繁荣的今天，企业网络安全治理与其声誉的关联日益紧密。企业一旦面临网络安全威胁，其声誉将遭受严重打击。声誉一旦受损，不仅会导致产业链中的合作伙伴对交易条件提出更为严苛的要求，还会使消费者的购买意愿严重受挫，这种现象被称为"声誉损失"。值得注意的是，当企业的网络信息系统受到攻击后，其股价往往在短期内出现剧烈波动（Eisenbach et al.，2022），这充分证明了网络安全风险所引发的声誉损失对企业有着直接的负面影响。因此，企业需强化网络安全治理能力，这不仅是维护声誉的关键手段，也是数字经济时代下的必然选择。对于投资者而言，企业加强网络安全治理是一个积极的信号，传递出企业的可靠性，从而为企业累积声誉资本。尽管声誉资本无法完全消除投资者对负面消息的恐慌情绪，但能在一定程度上缓解这种恐慌，进而降低股价崩盘的风险（李诗田 等，2016）。综上所述，提出以下假设。

H1：企业网络安全治理能够有效降低股价崩盘风险。

3.3.3.2 会计稳健性的中介作用

企业进行网络安全治理的首要任务是保护企业的核心资产，保障财务数据、客户信息等不受到未经授权的访问、篡改或泄露。一方面，通过进行网络安全治理、建立起科学的网络防御机制，企业能够有效预防外部的黑客攻击和内部员工的破坏行为，这不仅能够降低信息泄露的风险、保护企业的财务数据安全，为会计稳健性提供基础，而且有助于确保会计信息的完整性和准确性，避免因数据被篡改或破坏而影响会计稳健性。另一方面，在进行网络安全治理的过程中，企业要采取严格的访问控制机制，限制非授权人员对会计信息的访问。这有利于提高会计信息的透明度，降低信息不对称的程度，从而增强会计稳健性。

会计稳健性指数是衡量企业财务状况真实性的重要指标。基于 Li 和 Myers（2006）的坏消息隐藏假说，股价崩盘风险主要是上市公司所隐藏的负面消息突然暴露所导致的。稳健的会计政策不仅能够确保企业财务报表的准确性和可靠性，为投资者提供真实可信的财务信息，使得股价能够更及时、客观反映企业真实情况，而且能够提高企业信息透明度和信息披露的质量，降低投资者与企业之间的信息不对称程度。这有助于投资者更好地了解企业的经营状况和未来发展前景，避免了投资人盲目投资、盲目撤资等不理性投资行为，减少因信息误导而引发的股价崩盘风险（赵静 等，2018）。此外，稳健的会计信息能够增强投资者的信心，稳定市场情绪。当投资者对企业的发展前景持乐观态度时，他们更愿意持有股票并长期投资，这能够维护市场的稳定性，进而降低企业的股价崩盘风险。据此，提出以下假设。

H2：企业进行网络安全治理，有助于提高会计稳健性，从而降低企业的股价崩盘风险。

第4节
研究设计

3.4.1　样本选取和数据来源

为了考察企业网络安全治理对其股价崩盘风险的影响，选取2013—2022年间我国A股市场上市公司的数据为研究对象，并剔除了ST等特殊处理的样本、主要变量缺失的样本、每年交易周数小于30周的样本以及金融业、信息传输、软件和信息技术服务业的样本。鉴于网络安全与信息传输、软件及信息技术服务业密切相关，存在部分公司涉足网络安全相关业务的情形，为确保研究的准确性，在后续分析中特地将涉及信息传输、软件及信息技术服务业的数据予以剔除。最终，获得4089家上市公司10年间的22780个样本数据，数据主要来源于CSMAR数据库。为了确保数据分析的准确性和稳健性，对连续变量进行了上下1%的极端值缩尾处理，以避免潜在极端值对整体数据结果可能产生的干扰和偏差。

3.4.2　变量定义

3.4.2.1　解释变量

对企业网络安全治理的度量，本专题参考王辉等（2024）的研究，通过Python获取2013—2022年我国A股上市公司的年报文件，使用"jieba"中文分词工具库获得年报中网络安全治理相关关键词的词频，并以此为上市公司的网络安全治理设定变量 Dcyber。此变量为虚拟变量，其赋值逻辑如下：以表 3.4.1 所示的由王辉等（2024）构建的网络安全治理词典为依据选取企业网络安全治理相关关键词，若某公司在其年度报告中提及与网络安全治理相关的关键词频次超过 1 次，则 Dcyber 取值为"1"；反之，若提及次数未达到 1 次，则 Dcyber 取值为"0"。这里的"超过 1 次"意味着该上市公司在某一特定会计年度内，至少有一次公开披露了关于其网络安全治理的信息。这一评估方式基于一个核心假设：上市公司的年报作为公司运营情况的官方记录，其内容的真实性和客观性较高，其中网络安全治理相关关键词的提及频次能够成为评估该公司对网络安全治理重视程度的一个有效且可靠的指标。

表 3.4.1　网络安全治理词典

种子关键词	拓展关键词	种子关键词	拓展关键词
网络安全	黑客攻击	安全漏洞	互联网安全
网络攻击	高危漏洞	入侵	容灾
数据泄露	蠕虫	恶意代码	灾备
系统漏洞	恶意软件	宕机	网信
计算机病毒	木马	崩溃	网安
数据安全	恶意程序	后门	系统安全
拒绝服务	攻击者	劫持	敏感数据
访问控制	攻击行为	信息安全	安全策略
	沙箱	数据备份	硬件安全
	数据库安全	加密技术	数据安全
	篡改	加密传输	

3.4.2.2　被解释变量

借鉴现有文献中普遍采用的度量方式，本专题分别选取了两个指标来衡量股价崩盘风险，计算过程如下。

首先，对每年度个股 i 的周收益率进行如下回归：

$$r_{i,t} = \beta_0 + \beta_1 r_{m,t-2} + \beta_2 r_{m,t-1} + \beta_3 r_{m,t} + \beta_4 r_{m,t+1} + \beta_5 r_{m,t+2} + \varepsilon_{i,t}$$

(3.1)

其中，$r_{i,t}$ 是股票 i 在某个年度内第 t 周的收益率；$r_{m,t}$ 是市场在第 t 周的加权平均收益率。取上述回归的残差项，股票 i 在第 t 周的特有收益为 $W_{i,t} = \ln(1+e_{i,t})$。基于此，构建 NCSKEW、DUVOL 两个指标用以衡量股价崩盘风险。

NCSKEW 为股票的负收益偏态系数，其数值越大，股价崩盘风险越高。其计算方法为

$$\text{NCSKEW}_{i,t} = -\frac{n(n-1)^{\frac{3}{2}}\sum w_{i,t}^3}{(n-1)(n-2)\left(\sum w_{i,t}^2\right)^{\frac{3}{2}}}$$

(3.2)

其中，n 为股票 i 在当年交易的周数。DUVOL 为股票周收益的上下波动比率，其数值越大，股价崩盘风险越高。计算方法为：

$$\text{DUVOL}_{i,t} = \ln\left[\frac{(n_u-1)\sum_{\text{Down}} w_{i,t}^2}{(n_d-1)\sum_{\text{Up}} w_{i,t}^2}\right]$$

(3.3)

其中，n_u、n_d 分别表示一年中股票周特有收益率大于、小于年平均收益率的周数。

3.4.2.3 中介变量

参考李维安等（2015）的研究方法，选取会计稳健性指数（CScore）作为中介变量。会计稳健性是指在财务报告中，对损失和收益的确认存在不对称的延迟。对会计稳健性指数（CScore）的衡量，借鉴 Khan 和 Watts（2009）、刘红霞和索玲玲（2011）构建的会计稳健性指数（CScore）拓展模型。

Basu 的原始测量模型如下

$$X_{i,t}/P_{i,t-1} = \beta_{0,t} + \beta_{1,t}D_{i,t} + \beta_{2,i,t}R_{i,t} + \beta_{3,i,t}R_{i,t} \times D_{i,t} + \varepsilon_{i,t}$$

(3.4)

其中，$X_{i,t}$ 表示公司 i 在 t 年的每股收益；$P_{i,t-1}$ 表示 i 公司 $t-1$ 年的股票收盘价；$R_{i,t}$ 表示公司 i 从 t 年 5 月到 $t+1$ 年 4 月股票经市场调整过的累积年度超额收益率；$D_{i,t}$ 为虚拟变量，当 $R_{i,t} \leq 0$ 时，取值为 1，否则取值为 0；$\beta_{2,i,t}$ 表示会计盈余确认"好消息"的及时性；$\beta_{2,i,t}$ 与 $\beta_{3,i,t}$ 的和表示会计盈余确认"坏消息"的

及时性；$\beta_{3,i,t}$ 表示会计盈余对"坏消息"比"好消息"确认及时性的增量。

测算会计稳健性指数（CScore）的拓展模型如下

$$X_{i,t}/P_{i,t-1} = \beta_{0,t} + \beta_{1,t}D_{i,t} + \text{GScore} \times R_{i,t} + \text{CScore} + R_{i,t} \times D_{i,t} + \varepsilon_{i,t} \tag{3.5}$$

$$\text{GScore} = \beta_{2,i,t} = \mu_{1,t} + \mu_{2,t}\text{Size}_{i,t} + \mu_{3,t}\text{MB}_{i,t} + \mu_{4,t}\text{Lev}_{i,t} \tag{3.6}$$

$$\text{CSccore} = \beta_{3,i,t} = \gamma_{1,t} + \gamma_{2,t}\text{Size}_{i,t} + \gamma_{3,t}\text{MB}_{i,t} + \gamma_{4}\text{Lev}_{i,t} \tag{3.7}$$

其中，GScore 表示会计盈余确认"好消息"的及时性，CScore 表示会计盈余"坏消息"比"好消息"确认及时性的增量程度。$R_{i,t}$ 表示公司 i 从 t 年 5 月到 $t+1$ 年 4 月股票经市场调整过的累积年度超额收益率。

3.4.2.4 控制变量

根据已有研究，本专题选取了以下控制变量：企业规模（Size）、权益乘数（EM）、企业上市年龄（Age）、固定资产比率（F_A）、总资产收益率（ROA）、股票回报率（Ret）、股票波动率（Sigma）、市值账面比（MB）、年份和行业（Year/Industry），具体参见表 3.4.2。

表 3.4.2 变量定义

变量类型	变量名称	变量符号	变量描述
解释变量	网络安全治理	Dcyber	上市公司是否关注网络安全治理
被解释变量	股价崩盘风险	NCSKEW	向后一年股票周收益的负偏度
		DUVOL	向后一年股票周收益的上下波动比率
中介变量	会计稳健性指数	CScore	会计盈余确认"坏消息"比确认"好消息"的及时性增量程度

续表

变量类型	变量名称	变量符号	变量描述
控制变量	企业规模	Size	总资产取自然对数
	权益乘数	EM	总资产除以股东权益
	企业上市年龄	Age	当年年份减去上市年份加1，再取自然对数
	固定资产比率	F_A	固定资产除以总资产
	总资产收益率	ROA	净利润除以总资产
	股票回报率	Ret	周股票特有收益的年平均值
	股票波动率	Sigma	周股票特有收益的年标准差
	市值账面比	MB	期末流通市值与期末股东权益账面价值之比
	年份、行业	Year/Industry	年份、行业虚拟变量

3.4.3 模型构建

为探究网络安全治理对股价崩盘风险的潜在影响机制，依据相关理论构建了如下回归模型：

$$Crashrisk_{i,j,t+1} = \alpha_0 + \beta_1 Dcyber_{i,j,t} + \beta_2 Controls_{i,j,t} + \gamma_j + \delta_t + \varepsilon_{i,j,t} \tag{3.8}$$

其中，i代表企业，t代表年份，j代表行业；被解释变量$Crashrisk_{i,j,t+1}$是j行业的企业i在第$t+1$年的股价崩盘风险，由$NCSKEW_{i,j,t+1}$与$DUVOL_{i,j,t+1}$2个变量衡量；解释变量为$Dcyber_{i,j,t}$。此外，在模型中加入了时间固定效应δ_t和行业固定效应γ_j，以增强模型的稳健性和解释力。

第 5 节 实证分析

3.5.1 描述性统计

首先对解释变量网络安全治理（Dcyber）进行描述性统计。如图 3.5.1 所示，在 2015 年之前，关注网络安全治理的企业每年增加的数量较少；然而，自 2016 年起，这一趋势发生显著变化，关注网络安全治理的企业数量大幅攀升，这或许是受到 2016 年《中华人民共和国网络安全法》颁布的影响。截至 2022 年，已有高达 36.2% 的公司在其年报中提及网络安全治理相关关键词，这反映了政府和企业对网络安全治理日益增强的重视与推进。

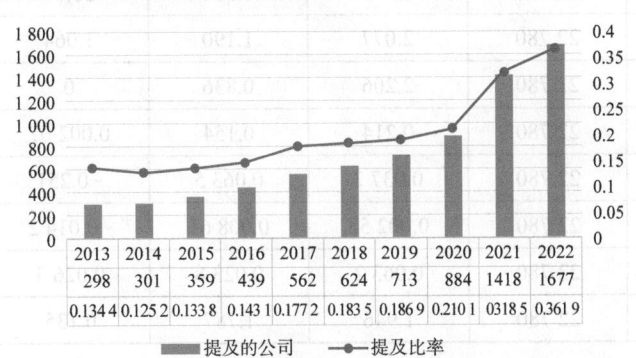

年份	2013	2014	2015	2016	2017	2018	2019	2020	2021	2022
提及的公司	298	301	359	439	562	624	713	884	1418	1677
提及比率	0.1344	0.1252	0.1338	0.143	0.1772	0.1835	0.1869	0.2101	0.3185	0.3619

图 3.5.1 企业网络安全治理情况

其次对被解释变量进行描述性统计。如表 3.5.1 所示，负收益偏态系数（NCSKEW）的均值为 −0.314，标准差为 0.702，收益上下波动比率（DUVOL）的均值为 −0.204，标准差为 0.460，这两个核心变量在数值上与现有关于股价崩盘风险的实证研究数据相吻合，未显示出明显的偏离。

最后对控制变量进行描述性统计。如表3.5.1所示，企业规模（Size）的均值为22.41，标准差为1.314，表明不同企业的规模呈现出显著差异。权益乘数（EM）的均值为2.077，标准差为1.190，说明了不同企业之间在财务杠杆上存在较大的差异。企业上市年龄（Age）和固定资产比率（F_A）的均值分别为2.206和0.214，这两个指标均在正常范围内波动，表明样本企业在这些方面呈现出相对稳定的特征。总资产收益率（ROA）的平均值为0.037 2，标准差为0.063 5，表明了样本公司在盈利效能上存在一定的差异性。股票回报率（Ret）的均值为0.002 53，标准差为0.008 61，表明样本公司间的周特定收益率在平均水平上差异并不显著。股票波动率（Sigma）的平均值为0.063 2，最大值和最小值分别为0.140和0.026 3，标准差为0.023 8，表明样本公司股票价格的总体波动幅度相对较小。最后，市值账面比（MB）的平均值为1.946，然而最大值高达10.27，样本中可能存在某些极端数值。

表3.5.1　主要变量描述性统计

变量	N	均值	标准差	最小值	最大值
NCSKEW	22 780	−0.314	0.702	−2.453	1.600
DUVOL	22 780	−0.204	0.460	−1.343	0.955
Size	22 780	22.41	1.314	20.07	26.41
EM	22 780	2.077	1.190	1.064	8.612
Age	22 780	2.206	0.836	0	3.367
F_A	22 780	0.214	0.154	0.002 07	0.685
ROA	22 780	0.037 2	0.063 5	−0.251	0.204
Ret	22 780	0.002 53	0.008 61	−0.014 2	0.030 1
Sigma	22 780	0.063 2	0.023 8	0.026 3	0.140
MB	22 780	1.946	1.787	0.135	10.27

3.5.2　相关性分析

表3.5.2列示出了被解释变量、解释变量以及控制变量间的相关性分析结果。首先，经过Pearson相关性检验，负收益偏态系数（NCSKEW）与收益上下

波动比率（DUVOL）间的相关系数高达 0.867，且在 1% 的显著性水平下显著正相关，这充分说明了这两个指标在评估企业未来股价崩盘风险时具有高度一致性和显著相关性。

其次，除了上述两个核心变量的强相关性外，其他各变量间的相关系数绝对值均保持在 0.5 以下，这一结果表明变量间不存在严重的多重共线性问题，满足了计量回归分析的基本前提，从而确保了回归结果的稳健性和有效性。

再次，被解释变量负收益偏态系数（NCSKEW）、收益上下波动比率（DUVOL）与解释变量网络安全治理（Dcyber）之间的相关系数为负，分别在 10% 和 5% 的水平上显著，这一结果初步支持了本专题的假设 H1，即企业网络安全治理能够降低股价崩盘风险。推测显著性水平相对较低可能与未控制相关变量有关，因此，在后续的多元回归分析中将进一步控制相关变量，以深入探究两者之间的关系。

最后，控制变量企业规模（Size）、权益乘数（EM）、企业上市年龄（Age）、股票回报率（Ret）和市值账面比（MB）等与被解释变量在 1% 的水平上显著相关。这一结果验证了本专题选择控制变量的合理性，从而确保了在控制这些变量的前提下，研究企业网络安全治理对股价崩盘风险的影响具有高度的有效性和可靠性。

表 3.5.2　相关性分析

变量	Dcyber	NCSKEW	DUVOL	Size	EM	Age	F_A	ROA	Ret	Sigma	MB
Dcyber	1										
NCSKEW	−0.013*	1									
DUVOL	−0.014**	0.867***	1								
Size	0.067***	−0.056***	−0.093***	1							
EM	0.011*	−0.048***	−0.054***	0.409***	1						
Age	−0.007 00	−0.083***	−0.100***	0.445***	0.270***	1					
F_A	−0.066***	−0.003 00	−0.014**	0.086***	−0.028***	0.097***	1				
ROA	−0.044***	0.021***	0.006 00	0.015**	−0.334***	−0.189***	−0.040***	1			
Ret	−0.034***	0.045***	0.023***	−0.038***	−0.015**	−0.032***	0.021***	0.159***	1		
Sigma	0.009 00	−0.015**	−0.020**	−0.236***	−0.006 00	−0.222***	−0.069***	−0.038***	0.419***	1	
MB	−0.016**	0.039***	0.031***	−0.450***	−0.319***	−0.306***	−0.108***	0.287***	0.345***	0.349***	1

注：***、**、* 分别表示显著性水平为 1%、5%、10%。

3.5.3 回归结果分析

3.5.3.1 基本模型回归

如表 3.5.3 所示，在进行回归分析时，首先在不引入其他控制变量的条件下探究了网络安全治理对股价崩盘风险的影响。如第（1）列和第（3）列的数据所示，被解释变量负收益偏态系数（NCSKEW）、收益上下波动比率（DUVOL）的回归系数均在 5% 的水平上显著为负，这一结果初步表明网络安全治理和股价崩盘风险之间存在负相关关系。为了更准确地评估这一关系是否稳健成立，在第（2）列和第（4）列中引入了针对股价崩盘风险问题的一系列控制变量。当采用负收益偏态系数（NCSKEW）作为因变量时，网络安全治理（Dcyber）的回归系数为 −0.029 8，在 1% 的水平上显著；当采用收益上下波动比率（DUVOL）作为因变量时，网络安全治理（Dcyber）的回归系数为 −0.020 1，同样在 1% 的水平上显著。以上结果进一步验证了网络安全治理对降低股价崩盘风险的积极作用，有力地支持了假设 H1，即企业进行网络安全治理能够有效降低股价崩盘风险。从经济意义分析，对网络安全治理给予重视的企业，能够显著减少未来的股价崩盘风险，这与企业的重要财务指标，如企业资产规模（Size）和企业上市年龄（Age）等，具有相当的影响效应。这充分表明，无论是在统计层面还是经济层面，企业网络安全治理与股价崩盘风险之间均存在显著的负相关关系。同时，控制变量的回归系数也与现有研究相吻合。

表 3.5.3 网络安全治理对股价崩盘风险的影响

变量	（1）NCSKEW	（2）NCSKEW	（3）DUVOL	（4）DUVOL
Dcyber	−0.025 9**	−0.029 8***	−0.019 9**	−0.020 1***
	(−2.315 5)	(−2.687 5)	(−2.733 1)	(−2.791 4)
Size		0.012 0**		−0.009 6***
		(2.540 9)		(−3.147 4)
EM		−0.004 4		−0.001 4
		(−0.929 1)		(−0.450 5)

续表

变量	（1）NCSKEW	（2）NCSKEW	（3）DUVOL	（4）DUVOL
Age		−0.038 3***		−0.027 2***
		（−5.975 3）		（−6.535 4）
F_A		0.078 0**		0.032 9
		（2.257 3）		（1.467 0）
ROA		0.147 9*		0.065 7
		（1.784 4）		（1.220 9）
Ret		7.664 5***		4.923 9***
		（9.383 4）		（9.354 2）
Sigma		−1.687 9***		−1.416 2***
		（−5.931 8）		（−7.723 1）
MB		0.035 0***		0.017 4***
		（10.420 4）		（7.999 6）
Constant	−0.188 2***	−0.317 1***	−0.116 5***	0.210 3***
	（−4.277 7）	（−2.940 0）	（−4.052 4）	（3.004 9）
Year	YES	YES	YES	YES
Industry	YES	YES	YES	YES
N	22,780	22,780	22,780	22,780
Adjusted R^2	0.023	0.056	0.030	0.074

注：***、**、* 分别表示显著性水平为1%、5%、10%。

3.5.3.2 中介效应检验

对于会计稳健性在企业网络安全治理对股价崩盘风险影响中的中介效应，参考温忠麟和叶宝娟（2014）的方法，通过逐步回归法，建立如下面板数据中介效应模型进行验证。

$$D = \alpha_0 + c\text{Dcyber} + \beta_0 \text{Controls} + \gamma + \delta + \varepsilon \quad (3.9)$$

$$M = \alpha_1 + a\text{Dcyber} + \beta_1 \text{Controls} + \gamma + \delta + \varepsilon \quad (3.10)$$

$$D = \alpha_2 + c_1\text{Dcyber} + b M + \beta_2 \text{Controls} + \gamma + \delta + \varepsilon \quad (3.11)$$

公式（3.9）、（3.10）和（3.11）中，D代表被解释变量股价崩盘风险（Crashrisk）；M代表中介变量会计稳健性指数（CScore），参考了李维安等（2015）、周登宪（2021）的研究，选取了会计稳健性指数（Cscore）作为中介变量，会计稳健性指数（Cscore）越高，说明企业对坏消息的披露和损失的确认更加及时。公式（3.9）中的系数c代表企业网络安全治理对股价崩盘风险的整体影响效应，它综合了直接和间接的影响。公式（3.11）中的系数c_1则具体反映了网络安全治理对股价崩盘风险的直接作用效果，即不经过任何中介变量，直接由网络安全治理带来的风险变化。系数a和b的乘积表示了网络安全治理通过中介变量会计稳健性对股价崩盘风险所产生的间接影响。为了控制其他潜在因素的影响，在模型中引入了行业和年份固定效应（γ和δ）。

中介效应回归检验结果如表3.5.4所示。由列（1）可知，企业网络安全治理（Dcyber）和会计稳健性指数（CScore）之间的系数值为0.076 7，且在1%的显著性水平上为正，表明企业网络安全治理（Dcyber）对会计稳健性指数（CScore）存在正向的影响，当企业网络安全治理水平越高时，企业对坏消息的披露和损失的确认更加及时，企业的会计稳健性指数越高。对比列（2）和列（3）的数据可以发现，在未引入中介变量时，企业网络安全治理（Dcyber）对负收益偏态系数（NCSKEW）表现出显著的负向影响，表明企业网络安全治理能够有效降低股价崩盘的风险；当纳入会计稳健性指数（CScore）作为中介变量后，会计稳健性指数（CScore）与负收益偏态系数（NCSKEW）的回归系数为 −0.012 8 且在 5% 的水平上显著，表明会计稳健性的提升对于降低企业未来股价崩盘风险具有积极作用。同时，在加入中介变量后，负收益偏态系数（NCSKEW）的系数仍然在1%的水平上显著为负，且其绝对值有所减小。同样地，对比列（4）和列（5）的结果可以发现，在没有中介变量的情况下，企业网络安全治理（Dcyber）对收益上下波动比率（DUVOL）具有显著的负向影响；在引入会计稳健性指数（CScore）作为中介变量后，会计稳健性指数（CScore）与收益上下波动比率（DUVOL）的系数为 −0.011 7 且在1%的水平上显著，表明了会计稳健性的增强能够降低企业股价崩盘的风险；同时，在加入中介变量后，收益上下波动比率（DUVOL）的系数仍然保持在1%的水平上显著为负，且其绝对值也呈现出了减小的趋势。

上述回归结果均支持假设 H2 成立，即企业进行网络安全治理有助于提高会计稳健性，进而降低股价崩盘风险。企业网络安全治理以会计稳健性为中介影响上市公司的股价崩盘风险，当企业网络安全治理水平提升时，会计稳健性指数会得到提高，进而加强网络安全治理对股价崩盘风险的抑制效应。

表 3.5.4　中介效应检验

变　量	（1）CScore	（2）NCSKEW	（3）NCSKEW	（4）DUVOL	（5）DUVOL
Dcyber	0.076 7***	−0.029 8***	−0.028 8***	−0.020 1***	−0.019 1***
	（5.911 3）	（−2.687 5）	（−2.595 7）	（−2.791 4）	（−2.645 1）
CScore			−0.012 8**		−0.011 7***
			（−2.251 4）		（−3.164 8）
Size	0.005 2	0.012 0**	0.012 0**	−0.009 6***	−0.009 6***
	（0.937 1）	（2.540 9）	（2.552 7）	（−3.147 4）	（−3.131 4）
EM	0.070 8***	−0.004 4	−0.003 4	−0.001 4	−0.000 5
	（12.767 3）	（−0.929 1）	（−0.725 1）	（−0.450 5）	（−0.154 6）
Age	−0.013 2*	−0.038 3***	−0.038 8***	−0.027 2***	−0.027 6***
	（−1.761 9）	（−5.975 3）	（−6.046 6）	（−6.535 4）	（−6.644 2）
F_A	−0.047 5	0.078 0**	0.078 4**	0.032 9	0.032 8
	（−1.173 6）	（2.257 3）	（2.264 9）	（1.467 0）	（1.459 9）
ROA	−0.103 3	0.147 9*	0.153 2*	0.065 7	0.069 8
	（−1.063 9）	（1.784 4）	（1.845 7）	（1.220 9）	（1.295 7）
Ret	−19.514 7***	7.664 5***	8.615 7***	4.923 9***	5.345 7***
	（−15.117 9）	（9.383 4）	（9.938 5）	（9.354 2）	（9.560 7）
Sigma	3.982 2***	−1.687 9***	−1.973 2***	−1.416 2***	−1.617 2***
	（8.869 6）	（−5.931 8）	（−6.544 1）	（−7.723 1）	（−8.315 6）
MB	0.051 1***	0.035 0***	0.035 6***	0.017 4***	0.018 0***
	（12.997 2）	（10.420 4）	（10.565 7）	（7.999 6）	（8.242 7）
Constant	−0.312 9**	−0.317 1***	−0.320 8***	0.210 3***	0.207 2***
	（−2.479 1）	（−2.940 0）	（−2.972 4）	（3.004 9）	（2.958 8）
Year	YES	YES	YES	YES	YES
Industry	YES	YES	YES	YES	YES

续表

变量	(1) CScore	(2) NCSKEW	(3) NCSKEW	(4) DUVOL	(5) DUVOL
N	22 745	22 745	22 745	22 745	22 745
Adjusted R^2	0.319	0.056	0.056	0.074	0.075

注：***、**、* 分别表示显著性水平为1%、5%、10%。

3.5.4 异质性分析

3.5.4.1 企业产权性质

不同产权性质的企业，尤其是国有企业与非国有企业，在治理机制和资源获取能力等方面表现出明显的差异性（陆超 等，2019），这种差异进一步导致了两者在治理结构改革上的不同，直接影响它们的网络安全治理程度，进而影响了网络安全治理在降低股价崩盘风险方面的作用。首先，鉴于国有企业在所有权结构上的独特性，即所有者缺位的现象，它们相较于非国有企业更容易遭受第一类代理问题的困扰，国有企业的管理层在缺乏直接所有者监督的情况下，更容易出现代理问题。同时，由于薪酬制度的限制和约束，国有企业的管理层在决策过程中可能更加倾向于追求个人利益，而忽视或牺牲了股东的长远利益。这种利益的不一致性和决策偏向性，无疑增加了企业股价崩盘的可能性。其次，与非国有企业不同，国有企业除了追求经济利润外，还肩负着国家赋予的使命和任务。因此，在网络安全治理方面，它们会积极响应国家发展战略，更加注重对国家法律法规的遵循和对公共利益的维护，以确保企业运营的稳健性和安全性。而民营企业则可能更加注重经济效益，在网络安全投入上可能更加灵活和市场化。最后，实现高效的企业网络安全治理，离不开数字技术的深入应用和现代信息化系统的完善。国有企业凭借其所有制属性，在资金等资源的获取上享有优势，为企业网络安全治理的推进提供了保障，使得国有企业在网络安全治理领域具备更强的实力和潜力。综上所述，国有企业凭借其在网络安全治理方面的领先地位，相较于非国有企业，更能显著地降低股价崩盘风险。

据此，提出以下观点，在国有企业中，网络安全治理的积极效应更为突出，进而在降低股价崩盘风险方面展现出更为显著的效果。因此,本节采用分组回归策略,深入探讨了不同产权背景下企业网络安全治理对股价崩盘风险抑制作用的异质性。具体回归结果见表 3.5.5,在列(1)和列(3)国有企业组中,企业网络安全治理(Dcyber)的系数分别为 −0.030 1 和 −0.020 8,且均在 1% 的显水平上显著;而在列(2)和列(4)非国有企业组中,企业网络安全治理(Dcyber)的系数分别为 −0.016 6 和 −0.003 6,不显著。这一结果证实了网络安全治理在降低股价崩盘风险方面的积极作用,并且这种作用在国有企业中表现得更为突出。针对网络安全治理与股价崩盘风险间存在的产权异质性影响,提出以下观点:国有企业与非国有企业在网络安全治理抑制股价崩盘风险的效果上产生显著区别的主要原因可能是两者在治理机制与资源调配能力方面的差异。具体而言,国有企业因其特定的治理结构和资源优势,在网络安全治理方面展现出更强的能力和效果。然而,这种优势也伴随着更为严重的代理问题。因此,国有企业通过网络安全治理对企业运营的各个方面产生的影响更为显著,进而能够对股价崩盘风险表现出更为显著的抑制效应。

表 3.5.5 基于产权性质的异质性分析

变 量	(1) NCSKEW 国 企	(2) NCSKEW 非国企	(3) DUVOL 国 企	(4) DUVOL 非国企
Dcyber	−0.030 1***	−0.016 6	−0.020 8***	−0.003 6
	(−2.579 2)	(−0.463 9)	(−2.749 4)	(−0.154 7)
Size	0.015 4***	−0.010 3	−0.008 0**	−0.021 9**
	(3.041 9)	(−0.715 3)	(−2.434 9)	(−2.303 1)
EM	−0.004 3	−0.007 4	−0.001 4	−0.004 5
	(−0.815 4)	(−0.575 5)	(−0.399 5)	(−0.527 5)
Age	−0.043 0***	0.005 4	−0.028 6***	−0.013 8
	(−6.321 8)	(0.263 7)	(−6.487 8)	(−1.025 6)
F_A	0.097 1***	−0.037 6	0.043 1*	−0.025 5
	(2.617 6)	(−0.390 8)	(1.790 7)	(−0.402 7)

续表

变量	(1) NCSKEW	(2) NCSKEW	(3) DUVOL	(4) DUVOL
样本	国企	非国企	国企	非国企
ROA	0.128 4	0.404 9	0.070 0	−0.172 0
	(1.518 3)	(1.021 4)	(1.276 7)	(−0.658 3)
Ret	13.168 8***	5.382 5***	8.511 3***	3.294 6***
	(8.144 9)	(5.582 9)	(8.275 3)	(5.271 1)
Sigma	−2.505 0***	−1.373 6***	−2.052 8***	−1.119 6***
	(−4.743 3)	(−4.039 9)	(−6.110 1)	(−5.079 3)
MB	0.037 0***	−0.004 8	0.018 5***	−0.008 4
	(10.772 9)	(−0.283 5)	(8.321 1)	(−0.749 0)
Constant	−0.373 0***	0.029 2	0.193 0***	0.335 3
	(−3.247 6)	(0.080 0)	(2.592 1)	(1.391 2)
Year	YES	YES	YES	YES
Industry	YES	YES	YES	YES
N	20 723	2 057	20 723	2 057
Adjusted R^2	0.057	0.058	0.075	0.084

注：***、**、* 分别表示显著性水平为 1%、5%、10%。

3.5.4.2 企业规模

在探讨企业网络安全治理的实践成效时，企业规模成为不可忽视的影响因素。为确保治理过程的持续性和有效性，企业需依赖稳定的资金流和核心技术支持。此外，鉴于网络安全治理所固有的高风险、长期投入以及复杂多变的特性，企业还需具备卓越的抗压能力和风险应对能力。

一方面，鉴于规模限制和竞争力相对不足，我国的中小型企业常常处于生态网络的非核心或边缘地带，这导致它们在网络资源分配的过程中往往处于劣势地位，难以获得充分的话语权和控制力。在网络安全治理过程中，这些企业往往面临网络资源的稀缺和不平等分配的问题。这种能力缺口和资源匮乏的状态，无疑会对网络安全治理的进展造成一定的阻碍，限制其在网络安全治理和技术创新方面的投入和发展。大型企业作为行业内的领军者，不仅拥有更为完善的管理体制，而且现金储备充裕，融资渠道广泛，融资成本相对较低。这些优势使得大型企业具备更强的网络安全治理能力和资源整合能力，从而更有利于推动网络安全治理的有效实施。另一方面，网络安全治理作为驱动企业创新的关键领域，对企业的风险应对能力和资金稳定性提出了更高的要求。对中小型企业而言，由于现金储备相对匮乏、融资渠道受到较大限制等一系列因素，其风险抵御能力相对较弱，内部驱动力不足，导致这些企业难以持续投入大量资源来推进网络安全治理的发展。相比之下，大型企业凭借其雄厚的社会资本、多样化的资金筹措渠道以及卓越的风险抵御能力，在推进网络安全治理方面展现出显著优势。这些企业不仅有着稳定的资金供给，还拥有先进的技术支持，为网络安全治理的推进提供了有力保障。因此，大型企业相较于中小型企业，在网络安全治理方面拥有更加显著的潜力和优势，更倾向于投入资源进行网络安全治理，网络安全治理对股价崩盘风险的抑制作用更为显著。

　　本节按照企业规模（Size）的中位数将全部样本划分为大型企业组和中小型企业组两组：企业规模（Size）超过中位数的为大型企业组，企业规模（Size）等于或低于中位数的为中小型企业组，以深入探究不同规模企业在网络安全治理对股价崩盘风险影响上的异质性。回归结果见表3.5.6。在列（1）和列（3）大型企业组的回归结果中，企业网络安全治理（Dcyber）与负收益偏态系数（NCSKEW）的回归系数为-0.0312，在5%的显著性水平上显著，与收益上下波动比率（DUVOL）的回归系数为-0.0283，在1%水平上显著；在第（2）、（4）列中小企业样本回归中，网络安全治理（Dcyber）与负收益偏态系数（NCSKEW）的回归系数为-0.0285，在10%水平上显著，而对收益上下波动比率（DUVOL）的抑制作用不显著。这表明在中小型企业中，网络安全治理对股价崩盘风险的抑制作用较弱。综上所述，在大型企业中，网络安全治理能够更显著地降低企业股价崩盘风险，而在中小企业中，这种抑制作用并不显著。

表 3.5.6　基于企业规模的异质性分析

变量	（1） NCSKEW	（2） NCSKEW	（3） DUVOL	（4） DUVOL
样本	公司资产规模大	公司资产规模小	公司资产规模大	公司资产规模小
Dcyber	−0.031 2**	−0.028 5*	−0.028 3***	−0.012 8
	（−2.038 0）	（−1.798 3）	（−2.808 5）	（−1.263 3）
Size	0.010 6	0.003 6	−0.005 6	−0.026 1***
	（1.494 2）	（0.284 5）	（−1.186 8）	（−3.257 8）
EM	−0.000 7	0.011 5	0.001 3	0.008 6
	（−0.123 0）	（1.253 2）	（0.343 0）	（1.465 8）
Age	−0.031 8***	−0.052 6***	−0.021 5***	−0.035 7***
	（−2.911 6）	（−6.314 6）	（−2.980 2）	（−6.710 3）
F_A	0.030 9	0.165 5***	0.004 4	0.083 8**
	（0.670 4）	（3.164 6）	（0.143 3）	（2.506 8）
ROA	0.228 8	0.057 3	0.088 3	0.024 1
	（1.472 4）	（0.589 3）	（0.861 5）	（0.388 3）
Ret	5.497 8***	7.723 0***	3.635 0***	4.815 5***
	（4.413 5）	（6.891 8）	（4.462 7）	（6.743 5）
Sigma	−0.467 6	−2.314 0***	−0.801 5***	−1.681 7***
	（−1.062 0）	（−6.071 8）	（−2.783 9）	（−6.924 6）
MB	0.070 5***	0.018 7***	0.043 3***	0.003 6
	（10.126 2）	（4.386 3）	（9.439 2）	（1.326 2）
Constant	−0.653 8***	0.051 2	−0.155 0	0.706 0***
	（−3.699 9）	（0.186 2）	（−1.329 8）	（4.014 2）
Year	YES	YES	YES	YES
Industry	YES	YES	YES	YES
N	10 319	12 461	10 319	12 461
Adjusted R^2	0.072	0.057	0.084	0.079

注：***、**、* 分别表示显著性水平为 1%、5%、10%。

3.5.5 稳健性检验

3.5.5.1 改变自变量度量方式

在探讨企业网络安全治理对股价崩盘风险的影响时，必须审慎考虑度量方式可能引入的误差。为了克服这一潜在问题，本节参考了王辉等（2024）的研究，选择了一种新的度量策略，即利用对数解释变量（LnDcyber）来重新评估网络安全治理对股价崩盘风险的影响。具体方法为：计算上市公司年报中提及网络安全治理相关关键词的频次，并在其基础上加1后取对数，以此作为对数解释变量（LnDcyber）。这一策略旨在更精确地量化网络安全治理的程度。

表 3.5.7 中的第（1）和（2）列呈现了回归结果。对数解释变量（LnDcyber）与负收益偏态系数（NCSKEW）的系数为 −0.026 4，在 1% 的水平上显著；与收益上下波动比率（DUVOL）的系数为 −0.020 3，在 1% 的水平上显著。以上回归结果再次表明企业网络安全治理在降低股价崩盘风险方面有着积极作用。因此，本专题的研究结论具有稳健性。

表 3.5.7 更换对数解释变量

变量	（1）NCSKEW	（2）DUVOL
LnDcyber	−0.026 4***	−0.020 3***
	(−3.398 2)	(−4.017 8)
Size	0.012 4***	−0.009 2***
	(2.635 0)	(−2.994 9)
EM	−0.004 4	−0.001 4
	(−0.937 1)	(−0.464 8)
Age	−0.038 4***	−0.027 3***
	(−5.994 7)	(−6.573 1)
F_A	0.072 7**	0.028 1
	(2.098 8)	(1.248 5)
ROA	0.142 8*	0.060 5
	(1.722 7)	(1.124 4)

续表

变　量	（1） NCSKEW	（2） DUVOL
Ret	7.641 9***	4.898 5***
	（9.352 9）	（9.303 9）
Sigma	−1.683 0***	−1.410 2***
	（−5.913 7）	（−7.689 5）
MB	0.035 2***	0.017 6***
	（10.480 3）	（8.088 2）
Constant	−0.325 0***	0.202 6***
	（−3.011 9）	（2.894 3）
Year	YES	YES
Industry	YES	YES
N	22 780	22 780
Adjusted R^2	0.056	0.075

注：***、**、* 分别表示显著性水平为 1%、5%、10%。

3.5.5.2 剔除特定样本

鉴于 2015 年中国资本市场遭遇"股灾"，为保障研究数据的准确性，本节选择剔除该年度的样本数据，并对剩余样本进行了重新分析。具体的回归结果如表 3.5.8 所示，在第（1）列中选用负收益偏态系数（NCSKEW）作为衡量股价崩盘风险的指标，回归分析结果显示，企业网络安全治理（Dcyber）的回归系数为 −0.038 2，且在 1% 的显著性水平上显著。在第（2）列中选用收益上下波动比率（DUVOL）作为衡量股价崩盘风险的指标，回归分析的结果显示，企业网络安全治理（Dcyber）的回归系数为 −0.027 2，且同样在 1% 的显著性水平上显著。这些结果有力支持了假设 H1，即企业网络安全治理能够降低股价崩盘的风险。

表 3.5.8　剔除特定样本

变　量	（1） NCSKEW	（2） DUVOL
Dcyber	−0.038 2***	−0.027 2***
	（−3.329 8）	（−3.682 8）
Size	0.022 5***	−0.003 6
	（4.591 1）	（−1.152 7）
EM	−0.006 8	−0.001 9
	（−1.377 4）	（−0.588 7）
Age	−0.040 6***	−0.028 5***
	（−6.096 0）	（−6.639 6）
F_A	0.093 4**	0.043 0*
	（2.569 1）	（1.834 8）
ROA	0.162 2*	0.095 1*
	（1.898 5）	（1.727 2）
Ret	7.641 9***	4.898 5***
	（9.352 9）	（9.303 9）
Sigma	−1.683 0***	−1.410 2***
	（−5.913 7）	（−7.689 5）
MB	0.037 4***	0.018 4***
	（10.342 0）	（7.888 9）
Constant	−0.522 4***	0.103 6
	（−4.651 4）	（1.432 2）
Year	YES	YES
Industry	YES	YES
N	21 372	21 372
Adjusted R^2	0.062	0.082

注：***、**、* 分别表示显著性水平为 1%、5%、10%。

3.5.5.3　加入其他控制变量

为避免潜在的内生性问题，本节在构建模型时，均采取了滞后一期的回归策略，通过引入时间滞后因素，降低变量间的即时相互依赖关系，更准确地捕捉变量间的长期动态效应。鉴于某些潜在因素可能同时与企业网络安全治理以及股价崩盘风险存在关联，例如前文讨论的企业产权性质和管理层结构的差异导致的企业决策管理上的差异性，对公司的网络安全治理能力和股价崩盘风险均产生了影响，为了确保研究结果的准确性，降低因遗漏关键变量而产生的内生性问题，本节在回归模型中，增加其他与公司治理层面相关的控制变量，以此来削弱潜在的内生性影响。回归结果如表3.5.9所示。

首先，在第（1）和第（2）列额外引入了第一大股东持股比例（Sh1）作为控制变量。结果显示，负收益偏态系数（NCSKEW）、收益上下波动比率（DUVOL）与企业网络安全治理（Dcyber）之间的系数分别为 -0.030 8 和 -0.020 6，均在1%的水平上显著。其次，在第（3）和第（4）列中额外引入了股权性质（SOE）作为控制变量，负收益偏态系数（NCSKEW）、收益上下波动比率（DUVOL）与企业网络安全治理（Dcyber）之间的系数分别为 -0.029 5 和 -0.019 9，均在1%的水平上显著。再次，在第（5）和第（6）列中，额外引入了董事会规模（BoardSize）作为控制变量。负收益偏态系数（NCSKEW）、收益上下波动比率（DUVOL）与企业网络安全治理（Dcyber）之间的系数分别为 -0.029 4 和 -0.019 8，均在1%的水平上显著。最后，在第（7）和第（8）列中控制了包括第一大股东持股比例（Sh1）、股权性质（SOE）和董事会规模（BoardSize）在内的所有控制变量进行回归。负收益偏态系数（NCSKEW）、收益上下波动比率（DUVOL）与企业网络安全治理（Dcyber）之间的系数分别为 -0.030 0 和 -0.020 2，均在1%的水平上显著。这些结果进一步证实了企业网络安全治理在降低股价崩盘风险方面的积极作用。

表3.5.9 加入其他控制变量

变量	(1) NCSKEW	(2) DUVOL	(3) NCSKEW	(4) DUVOL	(5) NCSKEW	(6) DUVOL	(7) NCSKEW	(8) DUVOL
Dcyber	-0.030 8***	-0.020 6***	-0.029 5***	-0.019 9***	-0.029 4***	-0.019 8***	-0.030 0***	-0.020 2***
	(-2.774 9)	(-2.866 6)	(-2.658 3)	(-2.759 7)	(-2.648 5)	(-2.756 7)	(-2.709 2)	(-2.800 9)
Size	0.011 2***	0.008 3***	0.013 3***	-0.008 7***	0.014 1***	-0.008 4***	0.017 4***	-0.006 4**
	(2.986 3)	(-2.691 0)	(2.805 2)	(-2.827 6)	(2.951 1)	(-2.693 7)	(3.573 7)	(-2.025 0)

续表

变量	(1) NCSKEW	(2) DUVOL	(3) NCSKEW	(4) DUVOL	(5) NCSKEW	(6) DUVOL	(7) NCSKEW	(8) DUVOL
EM	−0.004 5	−0.001 4	−0.004 1	−0.001 2	−0.004 3	−0.001 3	−0.004 2	−0.001 2
	(−0.945 1)	(−0.464 3)	(−0.867 2)	(−0.383 4)	(−0.911 4)	(−0.434 8)	(−0.877 0)	(−0.391 1)
Age	−0.041 3***	−0.028 9***	−0.037 6***	−0.026 7***	−0.037 3***	−0.026 6***	−0.039 7***	−0.027 8***
	(−6.366 5)	(−6.855 2)	(−5.869 1)	(−6.420 1)	(−5.815 7)	(−6.391 6)	(−6.106 3)	(−6.592 7)
F_A	0.083 4**	0.035 9	0.081 9**	0.035 6	0.083 3**	0.035 9	0.091 6***	0.041 0*
	(2.409 6)	(1.599 0)	(2.367 1)	(1.587 3)	(2.405 3)	(1.599 3)	(2.640 5)	(1.821 7)
ROA	0.175 0**	0.080 8	0.147 0*	0.065 0	0.153 0*	0.068 6	0.178 4**	0.082 2
	(2.098 1)	(1.493 5)	(1.772 9)	(1.208 4)	(1.845 0)	(1.274 7)	(2.137 7)	(1.517 9)
Ret	7.536 2***	4.882 1***	7.564 4***	4.896 3***	7.542 6***	4.886 5***	7.565 8***	4.897 5***
	(9.123 7)	(9.167 2)	(9.158 1)	(9.193 2)	(9.130 6)	(9.174 7)	(9.160 9)	(9.196 8)
Sigma	−1.705 1***	−1.440 6***	−1.681 1***	−1.424 9***	−1.685 8***	−1.429 6***	−1.720 4***	−1.451 0***
	(−5.925 5)	(−7.764 7)	(−5.847 0)	(−7.685 8)	(−5.860 6)	(−7.708 4)	(−5.977 5)	(−7.818 9)
MB	0.035 0***	0.017 5***	0.035 0***	0.017 4***	0.034 9***	0.017 4***	0.035 0***	0.017 4***
	(10.429 1)	(8.006 6)	(10.423 2)	(8.002 5)	(10.398 7)	(7.980 1)	(10.409 3)	(7.989 4)
Sh1	−0.001 0***	−0.000 5**					−0.000 9***	−0.000 5**
	(−2.916 0)	(−2.516 9)					(−2.794 2)	(−2.344 1)
SOE			−0.043 1***	−0.030 4***			−0.034 7**	−0.025 8**
			(−2.629 0)	(−2.860 0)			(−2.094 6)	(−2.399 7)
BoardSize					−0.007 5**	−0.004 3**	−0.007 5**	−0.004 2**
					(−2.485 6)	(−2.205 6)	(−2.479 7)	(−2.151 2)
Constant	−0.328 1***	0.204 1***	−0.344 9***	0.190 6***	−0.304 1***	0.217 8***	−0.337 1***	0.195 1***
	(−3.040 7)	(2.915 4)	(−3.183 6)	(2.711 0)	(−2.816 7)	(3.108 3)	(−3.106 8)	(2.771 1)
Year	YES	YES	YES	YES	YES	YES	YES	YES
Industry	YES	YES	YES	YES	YES	YES	YES	YES
N	22 780	22 780	22 780	22 780	22 780	22 780	22 780	22 780
Adjusted R^2	0.056	0.075	0.056	0.075	0.056	0.075	0.056	0.075

注：***、**、* 分别表示显著性水平为 1%、5%、10%。

第6节
结论和建议

3.6.1 研究结论

在当今互联网时代，网络安全治理已然成为企业追求长期稳定发展不可或缺的战略手段。本专题选取2013年至2022年间我国A股上市公司数据为研究对象，对企业网络安全治理和股价崩盘风险可能存在的潜在影响进行探讨，旨在为企业管理和政策制定提供学术支撑。主要结论如下。

首先，企业网络安全治理能够显著降低未来股价崩盘风险。具体而言，随着网络安全治理的强化，企业面临的股价崩盘风险呈现出明显的下降趋势。这一现象主要归因于两大方面：一方面，网络安全治理优化了企业的运营环境，推动了公司治理水平的提升，有效缓解了委托代理问题，从而抑制企业的股价崩盘风险。另一方面，随着企业网络安全治理的不断深化，企业信息披露的规范性与可靠性日益提升，这使得企业透明度大大提高，为市场投资者提供了更为准确、客观的信息，使他们对企业内在价值的评估更加准确，因而有效降低了股价崩盘风险。

其次，企业进行网络安全治理有助于提高会计稳健性，从而降低企业的股价崩盘风险。企业网络安全治理一方面能够保护企业资产、保护企业财务数据的安全，为会计稳健性提供基础；另一方面，通过进行网络安全治理可以促使企业进行信息披露，提高企业信息透明度和信息的质量，确保会计信息的完整性和准确性，提高会计稳健性。通过提高会计稳健性，企业能够为投资者提供更加真实可靠的财务信息，降低投资者和企业之间的信息不对称程度，使得股价更及时、准确地反映企业的真实价值，避免不理性投资行为，增强投资者信心，进而降低企业的股价崩盘风险。

再次，研究发现，不同公司在公司治理层面对网络安全治理的重视程度存在差异。具体而言，国有企业、规模较大的公司更倾向于重视网络安全治理。这些公司通常具备更为丰富的资源和更成熟的管理体系，能够更有效地应对网络安全挑战，从而降低股价崩盘风险。

最后，企业股权性质与企业规模能够产生异质性影响。具体而言，与非国有企业相比，国有企业在网络安全治理方面展现出更强的风险防控能力，从而更有效地抑制了未来股价崩盘的风险。同时，相较于规模较小的企业，规模较大的企业在网络安全治理方面的表现更为突出，能够显著降低未来股价崩盘的风险。这一发现不仅揭示了企业特性对网络安全治理效果的影响，也为企业风险管理提供了重要的理论参考和实践指导。

3.6.2 对策建议

3.6.2.1 提高内部控制管理质量

在这个数字化浪潮汹涌、信息技术日新月异的时代，企业面临着前所未有的挑战与机遇。随着数字经济的蓬勃发展，企业信息化转型已成为不可逆转的趋势，然而，与之相伴的网络安全问题也日益凸显。在这一背景下，企业提高内部控制管理质量，加强网络安全治理，显得尤为重要。

随着信息技术的迅猛发展，网络安全已不再是单一的技术问题，更是涉及企业整体战略、管理决策等多方面的综合议题。因此，聘任具有深厚技术背景的高管是企业加强网络安全治理的关键一环。这些高管不仅具备丰富的技术知识和经验、能够准确地把握网络安全趋势，更能够站在企业战略的高度，全面审视和把握网络安全问题，为企业制定更为科学合理的网络安全策略，为企业网络安全治理水平的提升注入强大动力。

加大网络安全设备人才投入是企业加强网络安全治理的又一举措（吕欣 等，2020）。随着网络攻击手段的不断升级和演变，企业对网络安全设备的要求也越来越高。这些设备需要具备高效、准确、及时地发现和应对各种网络安全威胁的能力。因此，企业需要投入足够的人力物力，对网络安全设备进行持续的更新和维护。同时，企业还应加强对网络安全人才的培养和引进，建立一支高素质、专业化的网络安全团队来负责网络安全设备的日常运行的维护、安全监测和应急响应等工作，及时发现并应对各种网络安全威胁，保障企业网络的稳定运行和数据的安全，为企业网络安全提供坚实保障。

3.6.2.2　提高社会对网络安全的关注

在当今复杂多变的国际环境下，国际局势错综复杂，贸易保护主义和民粹主义势头日益升温，网络攻击逐渐变得全球化、常态化，网络安全治理的重要性愈发凸显，成为各类社会主体不容忽视的议题。网络安全不仅是技术层面的问题，更是涉及国家安全、社会稳定和企业发展的战略性问题（陈姻 等，2017）。

网络安全事件对企业的影响是全方位的。一旦企业遭受网络攻击，可能导致其股价崩盘，市值急剧缩水，给投资者带来巨大损失。同时，企业的声誉也会受到严重损害，影响其在市场中的形象和地位。更为严重的是，网络攻击可能导致企业的核心数据资产丢失，这些数据资产是企业经营和发展的关键，一旦丢失，将对企业造成无法估量的损失。此外，网络安全事件还可能引发法律纠纷，增加企业的法律成本。这些负面影响不仅会影响企业的短期业绩，更可能对其长期价值造成深远影响。

因此，投资者、分析师、审计师、债权人以及政府监管部门等各类社会主体都应该更加全面地了解企业网络安全风险与治理情况。对于投资者而言，了解企业的网络安全治理状况是评估其投资价值的重要依据之一。只有充分了解企业的网络安全风险与治理情况，投资者才能做出更加科学合理的投资决策，避免因为网络安全问题而遭受损失。对于分析师和审计师而言，要对企业的财务状况和经营状况进行全面的分析和审计，网络安全问题是其中不可或缺的一部分。只有充分了解企业的网络安全状况，才能更加准确地评估企业的财务状况和经营状况，为企业的发展提供有力的支持。对于债权人而言，网络安全问题可能影响企业的还款能力和信用状况。因此，债权人要关注企业的还款能力和信用状况，就需要了解企业的网络安全状况，以便更好地评估其风险。此外，政府监管部门也应该加强对企业网络安全治理的监管和指导，制定更加严格的网络安全法律法规，规范企业的网络安全行为，提高企业的网络安全意识。同时，还应该加强对企业网络安全治理的监督和检查，发现问题及时纠正，确保企业的网络安全状况得到有效保障。

3.6.2.3　加强网络安全治理监管

网络安全事件不仅可能导致企业核心数据泄露、运营中断，还可能对投资者信心造成重大打击，进而引发股价崩盘和市场动荡。因此，政府监管部门应当积极履行对企业网络安全治理的监管责任，确保金融市场的稳定运行。然而，就当前情况来看，中国金融市场监管部门在上市公司网络安全治理的监管方面仍存在一定不足。尽管在《企业内部控制应用指引第18号——信息系统》中提到了企业应采用防火墙等手段加强网络安全，但这一规定较为笼统，缺乏具体的执行标准和监管措施。相比之下，美国证券交易委员会（SEC）在网络安全治理方面采取了更为积极的措施。SEC先后两次发布了《网络安全风险披露报告指南》，明确要求在美股上市的规模以上上市公司必须及时向投资者汇报可能影响公司经营的网络安全风险和治理情况。这一做法不仅提高了上市公司的网络安全意识，也为投资者提供了更为充分的信息，有助于降低信息不对称程度，保护投资者利益。

对于金融市场而言，风险信息披露的重要性不言而喻。通过及时、准确地披露网络安全风险信息，上市公司可以向投资者传递其网络安全治理的状况和效果，帮助投资者了解公司的真实价值。同时，风险信息披露还可以降低投资者与上市公司之间的信息不对称程度，减少投资者的盲目性和不确定性，从而降低股价崩盘风险（陈姻 等，2017）。此外，及时披露企业的风险信息还能提高上市公司的透明度和公信力，增强市场信心，促进金融市场的稳定发展。因此，为了加强对上市公司网络安全治理的监管，金融监管部门应联合网络安全归口部门制定更为具体、全面的网络安全治理信息披露要求。这些要求应包括但不限于网络安全风险的识别、评估、应对和监控等方面，同时还应明确上市公司在网络安全治理中的责任和义务。通过制定这些要求，金融监管部门可以引导上市公司加强网络安全治理，提高网络安全意识和能力，保护投资者利益，促进金融市场的稳定发展。

参 考 文 献

Basu S, 1997. The conservatism principle and the asymmetric timeliness of earnings1[J]. Journal of Accounting and Economics, 24 (1): 3-37.

Chen J, Hong H, Stein J C, 2001. Trading Volume, Past Returns, and Conditional Skewness in Stock Prices[J]. Journal of Financial Economics, 61 (3): 345-381.

Callen J L, FangX H, 2013. Institutional investor stability and crash risk: Monitoring versus short-termism ? [J]. Journal of Banking & Finance, 37 (8): 3047-3063.

Coval J D, Moskowitz T J, 1999. Home bias at home: Local equity preference in domestic portfolios[J]. The Journal of Finance, 54 (6): 2045-2073.

Eisenbach T M, Kovner A, Lee M J, 2022. Cyber risk and the U. S. financial system: A pre-mortem analysis[J]. Journal of Financial Economics, 145 (3): 802-826.

Khan M, Watts R L, 2009. Estimation and empirical properties of a firm-year measure of accounting conservatism[J]. Journal of Accounting and Economics, 48 (2-3): 132-150.

Kim J B, Li Y, Zhang L, 2011. Corporate tax avoidance and stock price crash risk: Firm-level analysis[J]. Journal of Financial Economics, 100 (3): 639-662.

Li J, . Myers S C, 2006. R^2 around the world: New theory and new tests[J]. Journal of Financial Economics, 79 (2): 257-292.

Michael J C, Meckling H W, 1976. Theory of the firm: Managerial behavior, agency costs and ownership structure[J]. Journal of Financial Economics, 3(4): 305-360.

Vincent N E, Higgs J L, Pinsker R, 2017. IT Governance and the Maturity of IT Risk Management Practices[J]. Journal of Information Systems, 31(1): 59-77.

卞世博, 陈曌, 汪训孝, 2022. 高质量的互动可以提高股票市场定价效率吗?——基于"上证 e 互动"的研究[J]. 经济学(季刊), 22(03): 749-772.

陈姻, 刘梦媛, 2017. 加快信息安全建设推进"一带一路"战略发展[J]. 中国军转民(06): 62-65.

方滨兴, 2018. 定义网络空间安全[J]. 网络与信息安全学报, 4(01): 1-5.

郭小玲, 2023. 数字经济时代网络信息安全防护策略[J]. 网络安全和信息化, 37(02): 77-84.

黄金波, 陈伶茜, 丁杰, 2022. 企业社会责任、媒体报道与股价崩盘风险[J]. 中国管理科学, 30(03): 1-12.

李诗田, 宋献中, 2016. 投资者情绪、利益输送与定向增发融资偏好[J]. 南京审计大学学报, 13(04): 88-99.

李维安, 陈钢, 2015. 会计稳健性、信息不对称与并购绩效——来自沪深 A 股上市公司的经验证据[J]. 经济管理, 37(02): 96-106.

李治富, 2021. 社会责任信息披露、CEO 职业关注与股价崩盘风险[J]. 中国注册会计师(10): 65-69.

林润辉, 谢宗晓, 王兴起, 2016. 制度压力、信息安全合法化与组织绩效——基于中国企业的实证研究[J]. 管理世界(02): 112-127+188.

刘红霞, 索玲玲, 2011. 会计稳健性、投资效率与企业价值[J]. 审计与经济研究, 26(05): 53-63.

刘洁, 2014. 资本市场与会计信息探析: 作用、问题与对策[J]. 财经界(24): 166+168.

陆超, 戴静雯, 常嘉路, 2019. 公司治理与股价崩盘风险: 理论框架、研究脉络与未来展望[J]. 北华大学学报(社会科学版), 20(04): 87-97.

吕欣,李阳,2020.统筹发展和安全推进数字经济高质量发展[J].中国信息安全(05):71-73.

孟庆斌,杨俊华,鲁冰,2017.管理层讨论与分析披露的信息含量与股价崩盘风险——基于文本向量化方法的研究[J].中国工业经济(12):132-150.

权小锋,吴世农,尹洪英,2015.企业社会责任与股价崩盘风险:"价值利器"或"自利工具"?[J].经济研究,50(11):49-64.

尚兆燕,刘凯扬,2019.IT控制缺陷、财务报表重大错报风险及非标审计意见——来自中国上市公司的经验数据[J].审计研究(01):120-128.

宋献中,胡珺,李四海,2017.社会责任信息披露与股价崩盘风险——基于信息效应与声誉保险效应的路径分析[J].金融研究(04):161-175.

王辉,何冬昕,陈旭,等,2024.网络安全治理与股价崩盘风险——基于上市公司年报文本分析的证据[J].金融评论(01):1-27.

王秦,朱建明,2018.信息安全事件对公司价值的影响[J].技术经济,37(02):77-84.

温忠麟,叶宝娟,2014.中介效应分析:方法和模型发展[J].心理科学进展,22(05):731-745.

肖土盛,宋顺林,李路,2017.信息披露质量与股价崩盘风险:分析师预测的中介作用[J].财经研究,43(02):110-121.

谢获宝,郭汝婷,2023.政府控制链监管、信息生产与股价崩盘风险[J].经济管理,45(03):125-14.

谢雅璐,2015.制度变迁、股权再融资与股价崩盘风险[J].投资研究,34(11):22-41.

叶康涛,曹丰,王化成,2015.内部控制信息披露能够降低股价崩盘风险吗?[J].金融研究(02):192-206.

赵静,黄敬昌,刘峰,2018.高铁开通与股价崩盘风险[J].管理世界,34(01):157-168+192.

甄杰,谢宗晓,李康宏,2020.信息安全治理与企业绩效:一个被调节的中介作用模型[J].南开管理评论,23(01):158-168.

周登宪,2021. 管理者过度自信、会计稳健性与制造业投资效率——基于我国制造业上市企业异质性研究[J]. 金融发展研究(12): 52-59.

邹萍,2013. 股价崩盘风险、信息透明度与资本结构偏离度——基于沪深A股数据的实证分析[J]. 科学决策(06): 41-54.

媒体关注、ESG 表现与投资者信心

专题四

第1节
问题的提出

4.1.1 研究背景

2018年10月15日,股市开盘后作为医药行业白马股的某药业公司股价急剧下跌,此后社会上关于它财务舞弊的新闻纷至沓来,引来证券监督管理委员会(简称证监会)的关注。2019年5月,证监会公布调查结果,该药业在2016—2018年间利用虚增收入、关联方交易等诸多不正当手段进行财务舞弊。康美药业的行为严重危害资本市场安全,使投资者利益受损,导致其信心急剧下降,股价直线下跌,最终于2021年被申请破产重整。2019年底,新冠疫情的暴发在资本市场中引起了巨大恐慌,投资者的信心不断受损,股票市场受到重大冲击。上述现象均表明,即使在市场经济体制较为完善的当下,投资者信心的变化都对股市涨跌有着至关重要的作用。我国股票市场经过多年发展,板块分化愈加明显,以云南白药为首的医药板块,稳中有进、势头大好的背后,与投资者信心有着密不可分的联系。投资者信心作为上市公司和资本市场之间的媒介,其高低都在潜移默化中影响了股票的未来走势,同时也对投资决策产生了重要影响。金融是经济发展的活力源泉,而资本市场在资源配置、风险缓释、政策传导、预期管理等方面发挥着独特且重要的职能,这决定了其在金融运行中具有牵一发而动全身的重要作用。在经济发展降速提质的背景下,激发资本市场活力,提振投资者信心,显得格外重要。

在资本市场发展中，ESG建设有着举足轻重的地位，良好的ESG表现可以从传播有利信号、降低投资者风险、稳定投资者收益三个方面促进投资者信心的提升，激发市场活力（张长江 等，2021）。ESG发展理念（environment, social and goverance）自2006年诞生以来，在世界范围内取得了快速的发展。ESG发展理念高度契合我国"创新、协调、绿色、开放、共享"的高质量发展要求，近年来逐渐成为政府工作重点。自2002年起，我国政府就高度重视企业在环境、社会和治理层面的信息披露，《上市公司治理准则》经过多次修订，逐渐完善了企业ESG信息披露标准。2021年底发布的《中国上市公司ESG发展白皮书》概述了我国上市企业的ESG表现和信息披露情况，为ESG未来发展勾画了蓝图。Wind ESG数据显示，我国披露独立ESG报告的上市公司数量已从2019年的371家提升至2022年4月30日的1410家，足见我国ESG信息披露水平的提升。在诸多政策的推动下，我国关于企业环境、社会责任和公司治理信息披露的法规密集出台，促进ESG建设提速，加快ESG体系的发展和完善。

依托互联网和大数据的快速发展，媒体作为资本市场中的第三方机制，发挥着信息传递和舆论监督的重要职能（翟胜宝 等，2022），媒体对企业的报道行为在很大程度上影响着投资者决策（汝毅 等，2019）。一方面，媒体作为联系"政府—企业—投资者"的媒介，在政策传导的过程中对企业行为有着明显的约束效果。高频的媒体报道所带来的高曝光度会提高企业透明度，规避高管违规行为，降低代理成本，填补市场信息需求，从而提高企业绩效，反映在资本市场的股价上涨有利于提升投资者信心，吸引更多外部资金。另一方面，ESG建设作为经济高质量发展阶段政府对企业的新要求，充分的媒体关注会引导企业朝着宏观政策导向发展，使其或主动或被动地提升在环境、社会和治理层面的表现。

综上来看，投资者信心的强度对企业的生存发展起到不可忽视的作用，对于其影响因素的研究尤为重要。现阶段政府高度重视ESG建设，企业普遍把实施ESG行为、提升ESG表现作为战略性任务，良好的ESG表现彰显了企业的可持续发展能力，向市场释放积极信号，填补投资者信息需求并提振其信心。此外，媒体作为资本市场中的外部治理角色，其报道行为能够实时传达企业经营现状，因媒体报道而产生的舆论压力和声誉效应能够帮助企业改善自身行为，提升企业形象，进而影响投资者信心的强度。

4.1.2 研究意义

在以往的研究中，大多数学者都是从媒体关注、ESG 表现与投资者信心两两关系的角度出发进行研究的，鲜有文献将三者置于同一框架下研究，本书在此基础上，探索性地研究了 ESG 表现在媒体关注和投资者信心之间的中介作用，为提振投资者信心提供理论上的路径，丰富了相关理论研究。

本书从媒体关注和 ESG 表现的视角研究其对投资者信心的影响机制，对企业的经营发展、投资者的投资实践以及政府部门的政策完善具有重要的现实意义。首先本专题的研究能够帮助上市公司深入了解投资者信心的影响因素，帮助其提高信息披露质量，重视媒体报道，维持公司健康发展；其次本专题的研究能够引导投资者更好地运用从媒体、市场和企业等不同来源所获得的信息进行决策，降低潜在风险；最后对于监管层来说，本专题的研究能够为其进一步完善相关的监管政策提供理论指导。

第 2 节
文献回顾

4.2.1 媒体关注与投资者信心的研究

资本市场是现代金融的核心，而投资者是影响资本市场稳定的重要因素。根据行为金融学提出的投资者情绪理论，投资者情绪能够通过影响投资者行为最终影响市场交易结果。近年来，资本市场中被暴出的几例"黑天鹅"事件都大肆发酵，严重危害市场安全，给投资者造成了巨大的财产损失和沉重的心理打击。投资者情绪理论的重要现实意义吸引了大批国内外学者进行研究，目前已在投资者情绪的量化研究（马昭洁 等，2013；郁晨，2017）、投资者情绪对资产价格（黄世达 等，2015）、市场波动（关筱谨 等，2022；王道平 等，2022）、资本成本（张丹丹 等，2019）等经济后果的影响研究上取得了丰硕的成果，但是相对而言对于投资者信心尤其是其影响因素的研究比较匮乏。

投资者情绪和投资者信心相互联系又有所区别。雷光勇（2012）在文章中对两者的异同之处进行了辩证分析，相同之处在于两者都客观反映了投资者对未来发展的预期，这种预期直接影响了资本市场的走向。不同之处在于前者包括积极和消极两种心理状态，而后者仅源于投资者积极的情绪状态。他认为，投资者信心的强度对资本市场的稳定发展有着深远的意义，而中国资本市场法制不健全，缺乏对投资者利益的保护，巨大的风险敞口严重削弱了投资者的信心，亟须改善。国内学者曾从国际地缘政治风险（吕心阳 等，2021）、减税政策

(秦海林 等，2023)、雾霾（李宾 等，2021）、企业财务质量（金春来 等，2020）等角度考察了对投资者信心的影响，均取得了一定的成果。在互联网、大数据的驱动下，媒体的信息传播和监督职能被无限放大，成为资本市场中独立且重要的第三方力量，研究媒体关注对投资者信心的影响具有很强的现实意义。关筱谨等（2023）认为媒体作为资本市场中信息传播的重要载体，高频度的媒体新闻报道能够引导投资者的情绪变化，产生煽动效应并放大其效果，而后情绪自身的感染性导致积极或消极的信号在投资者之间反复传递，最终形成一个独特的情绪环境，影响投资者的投资决策。

在媒体关注与投资者信心的研究上，国外已经证明了媒体关注与经济回报的相关性。Siering（2018）为了解决"投资者自身是否真正关注媒体新闻和相关金融工具的环境"这一问题，对媒体关注度和投资者信心的相互作用进行了考察，发现在与投资者有关的媒体关注度较高时，媒体关注对收益有明显的正向影响。Barber 和 Odean（2008）从有效市场理论出发，研究发现，在不存在完全有效市场和完全理性投资者的前提下，高频度的媒体报道能通过缓解投资者的信息不对称问题和吸引投资者深度关注两个方面影响投资者情绪。Dyck 和 Zingales（2002）审视了投资者面临的风险并指出，除了用法律的强制手段保护投资者利益外，还可以利用媒体的双重功能来缓解信息不对称问题，降低其面临的商业风险，这种外部保护的作用能有效提振投资者信心。

综合来看，在投资者信心的研究话题上，国内外学者都已经考虑到了媒体关注的重要作用，并通过一系列实证研究证明了两者的相关关系。现阶段关于媒体关注对投资者信心的内在作用机制，逐渐成为新的研究重点。

4.2.2　媒体关注与 ESG 表现的研究

ESG 概念是一种重点针对企业环境、社会和治理行为的非财务性评价体系（郝毓婷 等，2022），区别于以往多财务指标的评价体系，它重点关注了企业的可持续发展能力，强调企业在注重经营的同时应该综合考虑环境、社会和治理三个方面的表现。回顾 ESG 的发展历程，ESG 发展理念于 2006 年在联合国首次提出，随后在联合国相关组织、国际知名投资机构和主要发达经济体等多个组织的共同努力下，该理念逐渐为大众所知，并形成了一个全新的研究领域，成为学术界的热门话题。

ESG 诞生以来，国内外一些专业机构陆续提出了具有自身特色的 ESG 评价体系，如国外的彭博社（Bloomberg）（Wong et al.，2021；Tamimi et al.，2017；Yu et al.，2021；Eliwa et al.，2021）、汤森路透（Thomson Reuters）（Eliwa et al.，2021；Zhang et al.，2020；Duque-Grisales et al.，2021）、路孚特（Refinitiv）（Martins et al.，2022）等，国内的商道融绿（曾秋根 等，2023）、华证（张长江 等，2021）等，再加上政府层面对于 ESG 信息披露制度的不断完善，ESG 建设取得了快速的发展。在此基础上，学者们纷纷将 ESG 研究的重点转向其经济后果，目前已经关注到了企业绩效（彭满如 等，2023）、绿色创新（薛龙 等，2023）、融资约束（陈玲芳 等，2022）、分析师盈余预测质量（孙光国 等，2023）等因素，但对于其影响因素的研究相对较少。柳学信等（2022）从党组织治理的角度研究了其对 ESG 表现的影响，陈晓珊和刘洪铎（2023）从投资者关注的角度研究了其对 ESG 表现的影响，针对 ESG 表现前因变量的研究仍在不断丰富中。基于信号传递理论，学者们将媒体关注引入到对于企业 ESG 表现影响因素的研究中。媒体关注作为一种重要的外部监督手段，高频度的媒体报道能够向公众传达更详细的 ESG 表现等非财务信息，为投资者提供决策支持。在这个过程中，媒体关注所发挥的外部治理作用对企业 ESG 表现有重要的影响。

在媒体关注与企业 ESG 表现的研究上，国外学者 Joe 等（2009）在研究中对媒体报道的内容进行了条件设定，只考虑了媒体对董事会低效率行为的报道，发现这种具有很强针对性的媒体报道能够迫使公司提高董事会效率，从而完善公司治理能力，提升 ESG 表现。张丹等（2023）认为在 ESG 信息披露实践中，高管出于对自身利益的保护可能会做出不理性的行为，对 ESG 报告进行"漂绿"，降低信息的可信度，这使媒体关注的作用进一步凸显。国内学者翟胜宝等（2022）认为过度依赖企业定期的 ESG 报告会严重限制企业 ESG 信息的快速流转，而媒体的信息传播功能在一定程度上拓宽了企业 ESG 信息披露的渠道，媒体关注得以成为对企业 ESG 信息的重要补充机制，提高企业透明度、降低投资者信息不对称风险的同时，媒体的监督职能也会抑制管理者行为，督促企业保持良好的 ESG 信息披露质量。付克友（2022）全面分析了财经媒体的整合者、评价者、服务者和传播者这四种角色定位，他建议以"媒体+智库"的方式搭建 ESG 平台，高效整合专家、机构和上市公司资源，同时解决专业机构 ESG 供给展示和上市公司 ESG 需求对接的问题。

基于现有研究成果，媒体关注无论是对于企业在环境、社会或治理单个层面的表现，还是对于企业综合的 ESG 表现，都具有显著的促进作用。ESG 建设的不断深入以及 ESG 内涵研究的不断丰富，为媒体关注与企业 ESG 表现的关系研究带来了新的视角，推动有关媒体关注与 ESG 表现相关研究的进一步完善。

4.2.3　ESG 表现与投资者信心的研究

当前国内外学者对 ESG 表现经济后果的研究大多集中在 ESG 表现对公司层面的影响上，着重探讨了 ESG 表现对企业价值（王琳璘 等，2022）、财务绩效（张长江 等，2021）、股权融资成本（郝毓婷 等，2022）、投资效率（高杰英 等，2021）与绿色创新（薛龙 等，2023）的影响效果，对投资者信心、客户关系稳定度等重要的利益相关者影响因素的探讨较为匮乏。

不过，仍有学者的研究在一定程度上揭示了 ESG 表现与投资者信心的关系。唐国平和李龙会（2011）以湖北省上市公司为研究样本，重点考察了资本市场对公司环境信息披露行为及质量产生的反应和相关经济后果，最终发现环境信息披露指数与投资者信心存在微弱的正相关关系。张丹妮和刘春林（2022）从企业承担社会责任的角度出发，引入"违规事件"这一特定情境，研究了此情境下企业社会责任报告评级对投资者市场反应的影响，经过实证分析得出结论，"违规事件"情境下该评级的高低与企业所受市场冲击的强度正相关。赖泳杏和范利民（2016）从公司治理效率的角度出发，结合投资者情绪理论和公司治理理论，分析了其与投资者信心的关系，通过相关模型实证检验了两者之间的正向关系。以上学者的研究分别从环境、社会和治理三个层面初步探讨了其对投资者信心的影响。国外学者 Elliott 等（2013）认为 ESG 表现经过多年普及，已经成为投资决策时重点考虑的因素，当投资者遇到契合其投资观念的企业时，会对该企业的未来有更强的信心。张长江等（2021）从 ESG 综合指标的角度全面分析了 ESG 表现对投资者信心的影响,指出良好的 ESG 表现可以从传递积极信号、降低投资风险、稳定投资收益这三个方面增强投资者信心,并进行了详细的理论分析。

总的来看,大多数学者都是从投资者信心的中介作用角度研究其他因素的关系,对于 ESG 表现与投资者信心关系的直接研究相对较少,有待进一步挖掘。

4.2.4 文献述评

通过对以往国内外文献的分析和总结,不难看出,行为金融学的不断发展引领了学术界对于投资者情绪或者是投资者信心的研究热潮,在其经济后果和影响因素层面都取得不错的成果。由于资本市场的弱式有效性,与企业相比,投资者掌握着较少且不重要的信息,长期的信息劣势削弱了投资者信心,使其对未来投资活动表现出悲观情绪,危害了社会的稳定和资本市场的健康发展。媒体对企业行为的报道,一方面可以拓宽投资者获取信息的渠道,降低其潜在风险,为投资者进行科学合理的决策创造条件;另一方面媒体关注发挥着监督的职能,给企业带来了很大的舆论压力,迫使企业正视自身的行为,引导企业顺应宏观政策导向,在环境保护和资源利用、社会责任履行、治理结构完善等方面积极作为,改善 ESG 信息披露质量,而良好的 ESG 表现表明企业有稳定的经营状态的高效率和管理模式,因此当投资者接收到企业良好的 ESG 表现信息时,会对企业的未来发展产生积极乐观的心理预期。

第 3 节
理论基础与研究假设

4.3.1 理论基础

4.3.1.1 信息不对称理论

信息不对称理论发展到现在，已经有半个多世纪的历史。自诞生以来，该理论始终立足于市场活动中交易主体双方或多方所存在的信息差异，这种差异导致信息优势方能够借此谋利，损害信息劣势方的利益，提高其面临的风险（路小红，2000）。这种信息不对称的情况往往会导致不完全竞争和不完全信息，掌握更多信息的一方可以通过隐藏或操纵信息强化信息优势，从而产生委托代理、道德风险和逆向选择等不良后果。该理论主要研究信息不对称的影响，并探讨在此情况下市场行为的可能结果和改进方法。作为现代经济学的一个分支，其影响覆盖了金融、保险和医疗等诸多领域，对于了解市场经济的运行和优化具有十分重要的现实意义。

4.3.1.2 利益相关者理论

利益相关者理论的诞生带来了企业管理模式的转化，区别于传统的股东至上主义，该理论将一个组织的活动视为与多方利益相关者（包括员工、客户、投资者、政府等）的关系交互作用，其发展是各利益相关者共同参与的结果，企业追求的应该是利益相关者整体的利益，而不仅仅是某些主体的利益（李淑英，

2010)。一个组织的成功不仅取决于它的内部运营和决策,还和它与外部利益相关者的沟通合作密切相关,这就要求组织在进行决策和制定战略时尽量兼顾所有利益相关者的需求,以建立更加稳健的合作关系。该理论凭借其普适性在商业、社会组织和政府等领域得到广泛应用,成为现代组织管理的一个重要理论基础。

4.4.1.3 信号传递理论

信号传递理论为解决信息不对称问题提供了可能,该理论认为,市场经济活动中交易各方存在信息差异是一个客观事实,在此前提下,企业通过主动披露那些政府未做强制性要求、有自身特色的重要信息,能够吸引更多投资者的关注,提升市场好感度,增强竞争力,帮助企业获得更多资源支持,缓解融资压力(李辰颖,2014)。该理论也存在一定的局限性,在市场经济活动中,上市公司为了在融资过程中获得更多资金以提升股价,往往会偏向传递有利信息,故意隐瞒或粉饰不利信息,从而给市场提供错误的信号。伴随着金融监管政策以及企业内部控制的完善,信息的真实性不断提高,信号传递理论也得以在实践活动中获得更广泛的应用。

4.3.2 研究假设

4.3.2.1 媒体关注与投资者信心

投资者信心代表着投资者对公司发展前景的一种积极性心理预期,是投资者对整体经济环境、市场发展趋势以及公司发展状况等诸多信息进行综合判断的结果。在信息高速发展的今天,由于我国金融监管体系尚不健全,上市公司的信息披露造假行为层出不穷,投资者的利益得不到充分的保护,大大削弱了投资热情,严重制约了资本市场的稳定发展。

2017 年党的十九大报告明确提出"高质量发展"要求,此后习近平总书记接连强调"高质量发展",为经济高质量发展保驾护航的措施陆续落实。激发资本市场活力,提振投资者信心,是实现经济高质量发展的重要基础。由于高额成本的存在,投资者依靠自己获取信息的难度较大,而媒体作为信息中介,为投资者了解公司发展状况搭建了桥梁,投资者通过报社、财经媒体等媒介获取相关公司的新闻报道，寻找目标信息。在此过程中，媒体关注度将直接作用于投资者个体，造成其情绪波动（邵新建 等，2015），进而影响投资者对于公司发展态势的判断。

首先，根据信息不对称理论，在资本市场中，活动双方所掌握的信息存在显著差异，由此产生了信息优势方和信息劣势方。而投资者往往作为信息劣势方参与经济活动，由于缺乏足够的信息，投资者很难进行客观理性的判断，从而对交易过程失去信心。根据信号传递理论，媒体作为信息传播者，在对某一主体进行多次报道后，较高的媒体关注度会吸引投资者的目光，在满足其信息需求的同时产生"放大效应"，进一步增强媒体观点输出的强度和深度并作用于投资者的情绪，最终影响投资决策。一般来说，对市场上普遍处于信息劣势地位的投资者而言，正面的媒体报道会提高投资者信心，负面的媒体报道会削弱投资者信心。

其次，媒体作为多数投资者心中获取权威信息的载体，因媒体关注而产生的宣传效应有助于企业树立更为良好的品牌形象，向市场释放自身财务状况良好的信号，增强自身的可持续发展能力。此外，根据金融担保理论，权威可靠的媒体关注可以产生与"信用担保"相同的效果，为企业的行为提供一层外部保障。无论是媒体关注所释放出的积极信号，还是媒体关注所提供的"信用担保"，最终都会作用于投资者的心理判断，增强投资者对企业的信心。

基于以上分析，提出如下假设：

假设 H1：频繁的媒体关注对投资者信心具有显著正向影响。

4.3.2.2 媒体关注与 ESG 表现

ESG 表现是基于企业在环境、社会和治理层面的相关指标而做出的综合评价，衡量了企业的可持续发展能力。伴随着金融监管制度的完善，ESG 信息披露逐渐成为强制性要求。在行业竞争愈加激烈、网络信息传播速度不断提升的驱动下，借助媒体报道传播 ESG 信息的需求会更加旺盛（沈艳 等，2021）。媒体关注对企业 ESG 信息披露质量的影响，主要体现在以下三个方面。

首先，媒体关注可以提升企业在环境信息披露方面的表现。"双碳"目标提出以来，政府针对环境保护的政策法规陆续出台，绿色发展理念深入人心。与政府网站相比，媒体在政策传播的过程中发挥着更为重要的作用，较高的媒体关注会增加企业的经营压力，约束其按照宏观政策导向规范自身行为。对此，企业会高度重视经济高质量发展的要求，提高资源利用效率，加强项目开发中对于环境的事前规划、事中保护和事后修复，一方面可以顺应宏观政策的要求以避免行政处罚，另一方面也可以塑造自身在环境保护上的良好形象，增强可持续发展能力。

其次，媒体关注可以提升企业在社会信息披露方面的表现。根据利益相关者理论，企业若想取得长足的发展，就必须凝聚起各利益相关方的力量，在规划目标和实施行动时要兼顾到各利益相关方的需求。媒体本身作为企业的利益相关者之一，其所掌握的信息可以快速有效地传播至其他利益相关者，给企业带来了巨大的压力。较高的媒体关注将企业暴露在各利益相关者面前，不合理的市场活动会迅速反映为利益相关者利益的损失，制约企业的生存和发展。从激励机制和声誉机制的视角来看，较高的媒体关注会激励企业维持良好声誉，提高各利益群体的好感度，进而促使企业主动承担社会责任（夏芸 等，2023）。即使是负面行为导致的媒体关注，企业也可以通过积极承担社会责任来改善其在各利益群体心中的形象，在一定程度上减轻所面临的舆论压力。

最后，媒体关注可以提升企业在治理信息披露方面的表现。媒体作为经济高质量发展背景下重要的法律补充机制，对完善公司治理水平有着重要的监督作用（李培功 等，2010）。内部控制建设虽然可以完善公司的治理结构，但由于内部人员的参与度极高，管理层出于自利动机往往会干预内部控制的建设，使其效果大打折扣。媒体关注的外部性决定了它与企业没有直接的利益关系，可以针对企业做出更为客观公正的评价。较高的媒体关注会提高企业的透明度，将公司治理中存在的问题暴露在社会公众的视野中，从而限制公司高管谋求私利损害公司利益的行为，缓解委托代理问题，进一步强化公司治理结构的稳健性。

综合来看，互联网的快速发展不仅加快了信息的传播速度，也加深了信息的影响深度。媒体通过发挥其信息传播职能和监督职能传递企业ESG信息，从而使得ESG各项表现拥有同等的"被曝光"机会，企业不道德不规范的社会行为会被媒体捕捉并广泛传播，来自媒体的相关报道会引起社会公众的高度关注，加剧企业面临的风险（翟胜宝 等，2022）。根据外部压力理论，媒体关注带来的重重压力会约束公司管理层更加关注企业在环境、社会和治理层面的信息披露规范，维持良好的 ESG 信息披露质量，提高 ESG 表现。

基于以上分析，提出如下假设。

假设 H2：频繁的媒体关注对企业 ESG 表现具有显著正向影响。

4.3.2.3　ESG 表现的中介作用

已有的研究表明，企业的财务状况、盈利能力、市场占有率等因素可以直接影响投资者对于企业未来发展的预期。进入经济高质量发展阶段，在 ESG 信息披露要求不断完善的背景下，企业因破坏环境或自身治理体系存在漏洞等问题受到的处罚依旧频繁发生，给投资者造成了惨重的经济损失，这导致投资者在进行决策时会更加注重企业在环境、社会和治理层面的表现。由此可见，ESG 表现已然成为影响投资者对企业未来发展预期的重要因素。ESG 建设的不断深入引导投资者在进行投资决策时会更加注重企业的 ESG 表现，良好的 ESG 表现可以从三个方面增强投资者对企业未来发展的信心。第一，良好的 ESG 表现向社会传递出优质的价值观和企业文化，放大企业在环境、社会和治理层面的贡献的边际效益，向投资者传递出企业健康发展的信号，增强其信心；第二，良好的 ESG 表现代表着企业积极贯彻绿色发展理念、履行社会责任、拥有科学完善的公司治理结构，ESG 表现所传递的非财务信息有助于投资者客观评估公司价值，有效避免非财务风险，降低遭受损失的可能性，增强其信心；第三，良好的 ESG 表现反映了企业具有强大的可持续发展能力，在市场波动时能够保证收益的稳定性，同时良好的 ESG 表现表明企业能够协调好各利益相关者的要求，具有良好的冲突处理能力，为公司发展创造和谐的内外部环境，进而为投资者带来稳定收益，增强其信心。

互联网的快速发展提高了社会公众对媒体的利用程度，作为资本市场中独立于企业和投资者的第三方，媒体发挥着信息收集、处理和传播以及市场监督的功能。一方面，媒体除了对企业主动披露的信息进行收集传播外，还要积极发挥自身的监督职能，对企业在生产经营过程中暴露出的诸如损害他人利益、制造虚假信息等不当行为进行调查，拓宽了投资者获取信息的渠道，缓解投资者"信息劣势"的状况，为投资者进行科学合理的决策提供更加全面的支持，极大地保护了投资者的利益，能够有效提振投资者信心，拉动投资。另一方面，在资本市场中，投资者不仅面临着信用违约、财务信息造假等财务风险，还面临着来自环境、社会以及公司治理等层面的非财务风险。企业在环境保护、社会责任履行和治理结构完善上的不当行为会增加投资者面临的非财务风险。而媒体作为市场中独立的监督角色，协同日益完善的金融监管制度，引导企业在生产经营过程中不断修正自身行为，积极参与环境保护、提高资源利用效率、履行社会责任、完善公司治理结构，提高企业的 ESG 表现。与此同时，媒体关注所传递出的企业在环境、社会和治理层面的信息会作用于投资者，有助于投资者全面考量自身所面临的风险，作出科学合理的决策，无形中保护了投资者的利益，进而提振投资者信心。

基于以上分析，可以合理推断出"媒体关注—ESG 表现—投资者信心"这一具体作用机制，为验证这种关系，提出如下假设。

假设 H3：在媒体关注正向影响投资者信心的过程中，ESG 表现发挥了一定的中介作用。

第 4 节
研究设计

4.4.1 样本选取与数据来源

考虑到 2018 年证监会修订明确上市公司 ESG 管理框架的《上市公司治理准则》后，ESG 信息披露得到进一步规范，本书收集整理了深交所和上交所上市公司 2018—2021 年的相关数据，得到初始研究样本并进行了如下处理：

（1）剔除金融类的企业。考虑到金融行业在资产状况、经营成果、现金流量等诸多方面与实体企业存在较大差异，参考多数学者的做法，将其剔除，以保证样本的可比性。

（2）剔除 ST、*ST 企业。ST 和 *ST 表明企业经历了连续的亏损，其财务状况和经营状况难以判断，面临着退市的风险，未来发展存在较强的不确定性，为了避免干扰回归结果，予以剔除。

（3）剔除财务数据存在异常和严重缺失的企业。完整可靠的数据是进行分析的基础，因此，对此类企业进行了剔除。

（4）考虑到本专题通过构建投资者信心指数的方法得到被解释变量，会涉及市盈率、市净率和主营业务收入增长率等指标，因此在进行标准化和主成分分析前剔除了市盈率和市净率小于 0 的公司。

（5）考虑到极端数据容易影响回归结果，为保证研究结果的科学性，对连续变量进行上下 1% 的缩尾处理。

经过以上处理，最终获得了 1136 家上市公司的 4544 个观测值。本研究所需的媒体关注数据和 ESG 数据分别来源于中国研究数据服务平台（CNRDS）和万得（Wind）数据库，其余数据均从国泰安（CSMAR）数据库获得。本研究通过 Excel 软件对数据进行基础处理并在 Stata 软件中完成实证分析。

4.4.2 变量定义

4.4.2.1 被解释变量

本专题使用的被解释变量是投资者信心（IC）。学术界针对投资者信心量化研究的成果主要有两类。第一类是直接运用单一指标衡量。行为金融理论认为，投资者的投资决策是其情绪、信心等心理因素在行为层面的反映，最终影响市场交易结果。资本市场的运行规律也从实践层面证明了这一观点，明确了"心理因素—决策行为—交易结果"的市场机制。由此可见，投资者信心与市场交易结果存在直接的因果关系。基于此，有学者直接用市盈率等单个指标来代替投资者信心。第二类是运用加工处理后的综合指标衡量。选取多个指标构建投资者信心指数，能够有效避免单一指标的局限性。本专题参考张长江等（2021）的做法，选取市盈率（PE）、市净率（PB）和主营业务收入增长率（GRO）三个指标作为投资者信心指数的基础变量，基于变量标准化和主成分分析结果构建投资者信心指数，具体结果如表 4.4.1 所示。

表 4.4.1 投资者信心的主成分分析结果

方差分解主成分提取					特征向量矩阵	
主成分	特征值 λ	贡献率	累积贡献率		A_1	A_2
主成分 1	1.114	0.371 3	0.371 3	PE	0.735	0.139
主成分 2	0.997	0.332 5	0.703 8	PB	0.740	0.079
主成分 3	0.889	0.296 2	1	GRO	-0.163	0.986

选取累计贡献率为 70.38% 的主成分 1 和主成分 2，计算得到特征向量矩阵，并推导出下列公式：

$$A_1 = 0.735 \times PE + 0.740 \times PB - 0.163 \times GRO \qquad (4.1)$$

$$A_2 = 0.139 \times PE + 0.079 \times PB + 0.986 \times GRO \tag{4.2}$$

其中 F1 和 F2 的累积方差贡献率为的加权平均数分别为 0.371 3 和 0.332 5，通过计算最终得到了投资者信心指数方程式如下：

$$IC = 0.319\,1 \times PE + 0.301\,0 \times PB + 0.267\,3 \times GRO \tag{4.3}$$

由式（4.3）可知，各变量的系数均为正，与预期相符。然后将标准化处理后的数据代入上述方程式中，得到投资者信心指数 IC。

4.4.2.2 解释变量

本研究使用的解释变量是媒体关注度（Media）。媒体普遍分为传统纸质媒体和网络媒体，部分学者在研究时对其进行了区分。考虑到在互联网时代，网络媒体传播信息的速度和影响深度都远大于传统纸质媒体，同时为了避免手工搜集可能出现的数据遗漏和选择偏差等问题，参考柳学信等（2022）的做法，利用 CNRDS 数据库进行相关数据的搜集，对网络媒体中出现一个企业的次数做加 1 处理，再取对数来衡量该企业的媒体关注度。

4.4.2.3 中介变量

本研究使用的中介变量是 ESG 表现（ESG）。ESG 表现是对企业在环境保护、社会责任履行和治理结构完善等方面所做努力的综合评价，衡量了企业的可持续发展能力。由于社会制度、经济结构及 ESG 建设推进状况等方面的差异，直接使用国外成熟的 ESG 评价体系不符合我国国情，存在较大的局限性。近年来我国的 ESG 建设不断发展，吸引了一批专业机构构建了具有中国特色的 ESG 评价体系，如商道融绿、华证、万得等，综合考虑数据的可获得性和可比性，采用万得数据库中的 ESG 评分数据进行回归分析。

4.4.2.4 控制变量

综合参考相关研究文献中控制变量的选择，选取了公司规模（Size）、资产负债率（LEV）、股权集中度（Top1）、董事会规模（Board）、独立董事占比（Ind）、产权性质（Property）这 6 个控制变量。此外，为避免经济周期和行业环境的影响，引入了两个虚拟变量（Industry 和 Year）来分别控制个体效应和时间效应。主要变量的详细定义见表 4.4.2。

表 4.4.2 变量定义表

变量类型	变量名称	变量符号	变量定义
被解释变量	投资者信心	IC	通过主成分分析方法构建
解释变量	媒体关注度	Media	Media = ln（1+ 网络媒体报道次数）
中介变量	ESG 表现	ESG	万得数据库中的 ESG 评分
控制变量	公司规模	Size	总资产的自然对数
	资产负债率	LEV	企业总负债 / 企业总资产
	股权集中度	Top1	第一大股东持股比例
	董事会规模	Board	董事会人数
	独立董事占比	Ind	独立董事人数 / 董事会总人数
	产权性质	Property	国有企业取值为 1，非国有企业为 0
	年份	Year	年度虚拟变量
	行业	Ind	行业虚拟变量

4.4.3 模型构建

为检验前文提出的三个假设，分别构建以下三个模型：

$$IC = \alpha_0 + \alpha_1 Media + \alpha_2 Size + \alpha_3 Lev + \alpha_4 Top1 + \alpha_5 Board + \alpha_6 Ind + \alpha_7 Property + \sum \alpha_8 Year + \sum \alpha_9 Industy + \varepsilon \quad (4.4)$$

$$ESG = \beta_0 + \beta_1 Media + \beta_2 Size + \beta_3 Lev + \beta_4 Top1 + \beta_5 Board + \beta_6 Ind + \beta_7 Property + \sum \beta_8 Year + \sum \beta_9 Industy + \varepsilon \quad (4.5)$$

$$IC = \mu_0 + \mu_1 Media + \mu_2 Size + \mu_3 Lev + \mu_4 Top1 + \mu_5 Board + \mu_6 Ind + \mu_7 Property + \sum \mu_8 Year + \sum \mu_9 Industy + \varepsilon \quad (4.6)$$

其中，模型（4.4）用于检验假设 H1，考察媒体关注度对投资者信心的影响。模型（4.5）用于检验假设 H2，考察媒体关注度对企业 ESG 表现的影响。在中介效应的检验上，本研究应用温忠麟等（2014）提出的思路，具体过程见图 4.4.1。

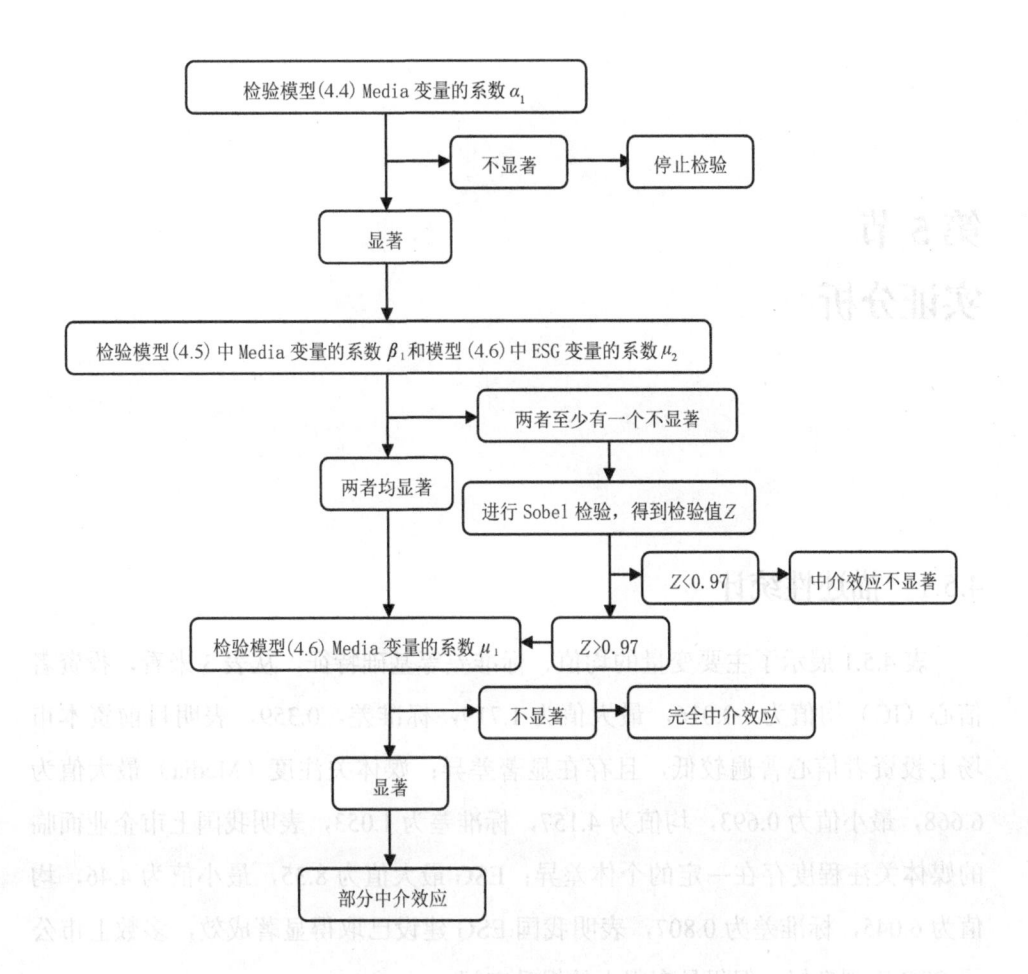

专题四 媒体关注、ESG 表现与投资者信心

图 4.4.1 中介效应检验过程

第5节
实证分析

4.5.1 描述性统计

表 4.5.1 展示了主要变量的均值、标准差等基础特征。从表 3 来看，投资者信心（IC）均值为 -0.016，最大值为 1.719，标准差 0.359，表明目前资本市场上投资者信心普遍较低，且存在显著差异；媒体关注度（Media）最大值为 6.668，最小值为 0.693，均值为 4.157，标准差为 1.053，表明我国上市企业面临的媒体关注程度存在一定的个体差异；ESG 最大值为 8.35，最小值为 4.46，均值为 6.045，标准差为 0.807，表明我国 ESG 建设已取得显著成效，多数上市公司 ESG 表现良好，但仍具有很大的提升空间。

从控制变量的情况看，公司规模（Size）的标准差为 1.320，且最大值最小值相差甚大，表明我国上市公司因企业性质、行业状况以及所处发展阶段的不同，在资产体量上也存在较大差异。资产负债率（LEV）的最大值和最小值分别为 0.835 和 0.097，相差 8 倍之多，表明样本企业资本结构差距悬殊。股权集中度（Top1）的均值为 0.365，标准差为 0.149，表明我国上市公司第一大股东持股比例普遍较高。董事会规模（Board）和独立董事占比（Ind）的均值分别为 8.681 和 0.378，表明我国上市公司董事会结构整体比较合理。产权性质（Property）均值为 0.405，表明样本的覆盖性较好，包含了大量的国有企业和非国有企业。

表 4.5.1　描述性统计

变量	样本量	均值	标准差	最小值	最大值
IC	4 544	−0.016	0.359	−0.366	1.719
Media	4 544	4.157	1.053	0.693	6.668
ESG	4 544	6.045	0.807	4.460	8.350
Size	4 544	23.078	1.320	20.686	27.109
LEV	4 544	0.435	0.175	0.097	0.835
Top1	4 544	0.365	0.149	0.099	0.761
Board	4 544	8.681	1.734	5.000	15.000
Ind	4 544	0.378	0.056	0.333	0.571
Property	4 544	0.405	0.491	0.000	1.000

4.5.2　相关性分析

表 4.5.2 展示了变量间的相关性分析结果。从表中可以看出，被解释变量投资者信心（IC）与解释变量媒体关注度（Media）和中介变量 ESG 表现（ESG）的相关系数为 0.174 和 0.071，媒体关注度（Media）和 ESG 表现（ESG）的相关系数为 0.114，在 1% 的水平上显著，系数的符号与研究假设的预期相符，研究假设得到初步证实。此外，控制变量公司规模（Size）、资产负债率（LEV）、股权集中度（Top1）、董事会规模（Board）、产权性质（Property）均与投资者信心（IC）在 1% 水平上存在显著的负相关关系，独立董事占比（Ind）与投资者信心（IC）在 1% 水平上存在显著的正相关关系。相关关系并非因果关系，仍需下文进一步验证。

根据表 4.5.2 可知，变量之间相关系数基本小于 0.5，初步判断不存在多重共线性问题。由表 4.5.3 的 VIF 结果检验可知，各变量的 VIF 值最大为 1.99，均远小于警惕数值 10，进一步说明变量之间不存在多重共线性问题，可以进行多元回归。

表 4.5.2　相关性分析

变量	IC	Media	ESG	Size	LEV	Top1	Board	Ind	Property
IC	1.000								
Media	0.174***	1.000							

续表

变量	IC	Media	ESG	Size	LEV	Top1	Board	Ind	Property
ESG	0.071***	0.114***	1.000						
Size	−0.245***	0.262***	0.126***	1.000					
LEV	−0.161***	0.112***	−0.051***	0.558***	1.000				
Top1	−0.072***	−0.066***	−0.028*	0.201***	0.061***	1.000			
Board	−0.115***	0.014	0.040***	0.250***	0.081***	0.043***	1.000		
Ind	0.048***	0.080***	0.026*	0.071***	0.041***	0.077***	−0.477***	1.000	
Property	−0.205***	−0.088***	0.043***	0.409***	0.244***	0.267***	0.268***	−0.004	1.000

注：***、**、* 分别表示在 1%、5%、10% 水平上显著。

表 4.5.3　VIF 检验结果

变量	VIF	1/VIF
Size	1.99	0.502 4
Board	1.52	0.659 5
LEV	1.51	0.663 4
Ind	1.38	0.724 1
Property	1.36	0.733 1
Media	1.15	0.869 1
Top1	1.11	0.898 3
ESG	1.05	0.952 8
平均 VIF		1.38

4.5.3　多元回归分析

如表 4.5.4 所示。列（1）显示了媒体关注度对投资者信心的回归结果，媒体关注度的回归系数为 0.069 8 且在 1% 的统计水平上显著，说明在控制了其他变量的情况下，媒体关注度对投资者信心具有显著的正向影响，假设 H1 得到证实。列（1）中控制变量公司规模（Size）、产权性质（Property）均与投资者信心（IC）在 1% 的显著水平上负相关，独立董事占比（Ind）与投资者信心（IC）显著正相关，这可能是由于资产规模大的企业其发展模式趋于稳定，发展势头趋于平稳甚至走向衰退，难有提升空间，不利于激发投资者信心；而独立董事占比高的公司往往具有更完善的治理结构，在管理过程中的决策效率高，能够增强投资者的信心。

列（2）显示了媒体关注度对 ESG 表现的回归结果。从回归结果可以看出，媒体关注度的回归系数 0.034 5 在 1% 的水平上显著，说明高频的媒体关注能够增强投资者信心，假设 H2 成立。列（2）中资产负债率（LEV）、股权集中度（Top1）均与 ESG 表现显著负相关，公司规模（Size）、产权性质（Property）均与 ESG 表现显著正相关，这可能是因为随着负债率的提高，公司面临的内外部风险增大，再加上股权集中度过高，不利于管理效率的提升，在一定程度上抑制了 ESG 体系建设。而资产规模越高的公司往往有着更为成熟的发展经验，有利于 ESG 表现的提高。

列（3）中 ESG 表现的系数为 0.012 6 且在 5% 的水平上显著，说明中介效应显著。同时，媒体关注度的回归系数值为 0.069 4 且在 1% 的水平上显著，相比于列（1）的 0.069 8 有所下降，说明投资者信心发挥了部分中介效应，假设 H3 得到验证。

表 4.5.4　多元回归结果

变量	（1）IC	（2）ESG	（3）IC
Media	0.069 8*** （13.82）	0.034 5*** （2.92）	0.069 4*** （13.73）
ESG			0.012 6** （1.99）
Size	−0.073 2*** （−13.93）	0.145 8*** （11.84）	−0.075 1*** （−14.07）
LEV	0.057 6 （1.63）	−0.466 6*** （−5.62）	0.063 5* （1.79）
Top1	0.131 3*** （3.78）	−0.136 9* （−1.68）	0.133 0*** （3.83）
Board	−0.000 8*** （−0.24）	0.363 5 （0.64）	−0.000 9 （−0.26）
Ind	0.255 7** （2.50）	0.363 5 （1.52）	0.251 2** （2.46）

续表

变 量	（1）	（2）	（3）
	IC	ESG	IC
Property	−0.039 2***	0.061 5**	−0.058 6***
	(−3.38)	(2.27)	(−4.76)
Constant	1.233 8***	2.160 7***	1.206 6***
	(9.85)	(7.36)	(9.57)
Industry	Yes	Yes	Yes
Year	Yes	Yes	Yes
N	4 544	4 544	4 544
Adj.R^2	0.191 2	0.120 4	0.191 8
F	42.31	24.91	40.92

注：***、**、* 分别表示在1%、5%、10%水平上显著。

4.5.4 异质性分析

目前，我国不同地区市场化发展仍不均衡，在不同的市场化程度下，企业面临的媒体关注、政府压力都存在显著差异。因此，不同市场化程度下ESG表现中介作用的效果也可能存在差异。根据王小鲁、樊纲编制的《中国分省市市场化指数报告（2018）》，选择排名前五的浙江省、广东省、上海市、天津市以及江苏省为高市场化程度地区，将注册地位于这5个地区的公司赋值为1，其他公司赋值为0，分样本进行回归分析，结果如表7所示。

表4.5.5中列（1）的结果显示，在不同的市场化程度下，媒体关注度（Media）均对投资者信心（IC）有显著的正向影响。列（2）的结果显示，在不同的市场化程度下，媒体关注度（Media）均对ESG表现（ESG）有显著的正向影响。列（3）中，在不同的市场化程度下，媒体关注度（Media）和ESG表现（ESG）的系数均显著，且在低市场化程度下，引入ESG表现（ESG）后媒体关注度（Media）的系数下降幅度更大，说明ESG表现在处于低市场化程度公司的媒体关注度与投资者信心的正向关系中发挥着更为重要的中介作用。

表 4.5.5　区分市场化程度后的分样本回归结果

变量	（1）IC 高市场化	（1）IC 低市场化	（2）ESG 高市场化	（2）ESG 低市场化	（3）IC 高市场化	（3）IC 低市场化
Media	0.057 4*** （8.17）	0.080 3*** （11.21）	0.053 2*** （3.10）	0.019 6*** （2.64）	0.057 2*** （8.18）	0.079 7*** （11.15）
ESG					0.003 8** （2.48）	0.029 5*** （3.23）
Size	−0.054 9*** （−7.54）	−0.091 6*** （−12.26）	0.095 2*** （5.35）	0.181 3*** （10.67）	−0.054 5*** （−7.43）	−0.096 9*** （−12.69）
LEV	0.178 2*** （3.68）	−0.043 0*** （−2.58）	−0.067 5** （−2.26）	−0.546 0*** （−4.70）	0.177 2*** （3.65）	−0.026 9* （−1.65）
Top1	0.183 9*** （3.98）	0.082 7* （1.79）	−0.106 5 （−0.94）	−0.220 2* （−1.85）	0.183 5*** （3.97）	0.089 2* （1.70）
Board	−0.000 3 （−0.06）	−0.000 6* （−1.92）	0.028 6** （2.15）	−0.000 2 （−0.02）	−0.000 2 （−0.04）	−0.000 6** （−1.89）
Ind	0.110 2 （0.76）	0.417 6*** （2.86）	0.868 6** （2.45）	0.093 0 （0.28）	0.113 5*** （0.78）	0.414 8** （2.85）
Property	−0.073 7*** （−4.39）	−0.012 5 （−0.76）	0.247 7*** （6.05）	−0.048 7** （2.16）	−0.072 8*** （−4.30）	−0.011 1 （−0.67）
Constant	0.946 4*** （5.47）	0.993 5*** （4.92）	3.045 5*** （7.22）	1.661 7*** （4.38）	0.958 1*** （5.48）	1.536 6*** （9.20）
Industry	Yes	Yes	Yes	Yes	Yes	Yes
Year	Yes	Yes	Yes	Yes	Yes	Yes
N	2 208	2 648	2 208	2 336	2 208	2 336
Adj.R^2	0.195 9	0.139 1	0.148 4	0.118 4	0.195 6	0.210 3
F	23.40	18.82	17.02	14.07	22.47	25.87

注：***、**、* 分别表示在 1%、5%、10% 水平上显著。

4.5.5　稳健性检验

为了保证以上研究结果的可靠性，本节通过替换变量的方法分别对媒体关注和投资者信心进行稳健性检验。

4.5.5.1 替换媒体关注度指标

根据媒体情绪理论，媒体报道作为媒体对企业行为的客观评价，有着正面、中性和负面三种价值取向。学者欧锦文等（2021）在研究中以有关慈善关注的媒体报道作为研究对象，翟胜宝等（2022）在研究媒体关注与 ESG 信息披露质量的关系时仅选取了包含 ESG 信息的媒体关注数据。考虑到中性或负面的媒体关注对投资者信心的提振作用较差，本节参考以上学者们的做法，使用正面的媒体报道（Media1）为替代变量，将其带入到上章设计的 3 个模型中［式（4.4）、(4.5)、(4.6)］，再次进行回归检验，结果如表 4.5.6 所示。列（1）中媒体关注（Media1）对投资者信心（IC）的系数为 0.114 8，列（3）中媒体关注（Media1）的系数为 0.114 4，均在 1% 的水平上显著为正，同时 ESG 表现（ESG）的系数为 0.011 1，在 10% 的水平上显著为正。结合前文提到的中介效应检验方法，在本部分稳健性检验中，ESG 表现的部分中介效应依然显著，与前文的回归分析结果是一致的，通过了稳健性检验。

表 4.5.6 媒体关注的稳健性检验统计结果

变量	（1） IC	（2） ESG	（3） IC
Media1	0.114 8*** （20.17）	0.038 9*** （2.85）	0.114 4*** （20.08）
ESG			0.011 1* （1.79）
Size	−0.111 6*** （−19.44）	0.136 2*** （9.91）	−0.113 1*** （−19.49）
LEV	0.106 2*** （3.06）	−0.452 6*** （−5.43）	0.111 3*** （3.19）
Top1	0.111 3*** （3.28）	−0.148 4* （−1.83）	0.112 9*** （3.33）
Board	−0.001 0 （−0.29）	0.005 4 （0.66）	−0.001 1 （−0.31）
Ind	0.188 6* （1.88）	0.356 3 （1.49）	0.184 6* （1.84）

续表

变量	（1）	（2）	（3）
	IC	ESG	IC
Property	−0.047 1*** （−4.20）	0.054 8** （2.04）	−0.047 8*** （−4.25）
Constant	1.888 2*** （14.64）	2.349 1*** （7.60）	1.862 1*** （14.35）
Industry	Yes	Yes	Yes
Year	Yes	Yes	Yes
N	4 544	4 544	4 544
Adj.R^2	0.226 7	0.120 3	0.227 1
F	52.22	24.90	50.43

注：***、**、* 分别表示在 1%、5%、10% 水平上显著。

4.5.5.2 替换投资者信心指标

本节借鉴雷光勇等（2011）的做法，采取市净率（PB）这一单一指标，替换之前经过主成分分析得到的投资者信心（IC）这一变量，代入上文设计的 3 个模型中，再次进行回归检验，结果如表 4.5.7 所示。列（1）中媒体关注（Media）对投资者信心（IC）的系数为 0.563 1，列（3）中媒体关注（Media）的系数为 0.559 0，均在 1% 的水平上显著为正，同时 ESG 表现（ESG）的系数为 0.118 9，也在 1% 的水平上显著为正。结合前文提到的中介效应检验方法，在本部分稳健性检验中，ESG 表现的部分中介效应依然显著，与前文的回归分析结果是一致的，通过了稳健性检验。

表 4.5.7　投资者信心的稳健性检验统计结果

变量	（1）	（2）	（3）
	PB	ESG	PE
Media	0.563 1*** （16.82）	0.034 5*** （2.92）	0.559 0*** （16.69）
ESG			0.118 9*** （2.83）

续表

变　量	（1） PB	（2） ESG	（3） PE
Size	−0.463 0*** （−13.28）	0.145 8*** （11.84）	−0.480 4*** （−13.58）
LEV	−0.253 2 （−1.08）	−0.466 6*** （−5.62）	−0.197 8 （−0.84）
Top1	1.404 7*** （6.10）	−0.136 9* （−1.68）	1.420 9*** （6.17）
Board	−0.023 0 （−1.01）	0.363 5 （0.64）	−0.023 7 （−1.04）
Ind	0.873 8 （1.29）	0.363 5 （1.52）	0.830 6 （1.23）
Property	−0.264 4*** （−3.44）	0.061 5** （2.27）	−0.271 7*** （−3.54）
Constant	9.739 3*** （11.73）	2.160 7*** （7.36）	9.482 4*** （11.36）
Industry	Yes	Yes	Yes
Year	Yes	Yes	Yes
N	4 544	4 544	4 544
Adj.R^2	0.224 9	0.120 4	0.226 1
F	51.70	24.91	50.16

注：***、**、* 分别表示在 1%、5%、10% 水平上显著。

第 6 节
结论与建议

4.6.1 研究结论

本专题选取 2018—2021 年我国上交所和深交所上市公司的数据为初始样本，研究了媒体关注、ESG 表现和投资者信心的之间的关系及影响机制。主要结论如下。

（1）媒体关注度与投资者信心之间显示出显著的正相关关系。媒体作为资本市场中独立的第三方力量，在传播信息的过程中发挥着至关重要的作用，能有效满足投资者用于决策的信息需求，降低投资者所面临的风险，提高投资决策的效率，提振投资者信心。

（2）媒体关注度与 ESG 表现之间显示出显著的正相关关系。在市场活动中，媒体同时连接着政府和企业，在政府高度重视 ESG 建设的背景下，媒体关注通过发挥其外部治理功能，约束企业按照宏观政策导向发展。同时，对于那些注重 ESG 表现的企业，媒体在积极宣传的同时会提升企业声誉，进一步鼓励管理层提升其 ESG 表现。

（3）媒体关注度与投资者信心之间存在显著的相关关系，而且通过后续分析发现，ESG 表现在其中发挥了部分中介作用。由此可见，媒体关注既可以通过其信息传播功能直接作用于投资者信心，也可以发挥其外部治理功能，助力企业 ESG 表现的提升，进一步增强投资者信心。

（4）在不同的市场化程度下，ESG 表现均在媒体关注度与投资者信心的正向关系中发挥了部分中介作用，并且 ESG 表现的中介作用在低市场化程度公司中更为显著。

4.6.2 建议

基于以上研究结论，提出如下建议。

（1）完善媒体队伍建设，夯实媒体行业责任。在经济高质量发展的背景下，媒体关注在公司建设中发挥着良好的外部治理作用，完善媒体队伍的建设显得至关重要。一方面，媒体作为法治建设中的重要一环，媒体从业人员要树立良好的法律意识和职业道德，坚守事实真相，切勿歪曲事实、跟风报道，对有悖职业道德、违反职业操守的不当行为进行严厉处罚，形成威慑效应。另一方面，对于主动进行 ESG 信息披露的企业，媒体应该积极宣传，提升其声誉。对于那些不注重 ESG 建设的企业，媒体也应当及时曝光，发挥外部治理作用，敦促企业改善其行为。

（2）改善投资环境，激发资本市场活力。资本市场对经济发展至关重要，我国资本市场起步较晚，目前仍存在企业信息披露管理不规范、金融监管不严格等问题，严重制约了投资者信心的提振。因此，相关部门应进一步完善信息披露制度，加大监管力度，对信息造假等违规行为严厉处罚，为投资者提供更有保障的投资环境，提振投资者信心，激发资本市场活力。

（3）推动 ESG 建设，引导企业健康发展。相关部门应合理利用媒体的外部治理功能，大力推进我国 ESG 体系建设，引导投资者主动关注企业的 ESG 表现，将其纳入自己的投资理念，同时也要进一步完善资本市场 ESG 投融资的环境，多管齐下推动 ESG 体系建设，促进媒体关注、ESG 表现和投资者信心的作用机制在资本市场上的有效发挥，完善资本市场运作体制。

参 考 文 献

Barber B M, Odean T, 2008. All That Glitters: The Effect of Attention and News on the Buying Behavior of Individual and Institutional Investors[J]. Review of Financial Studies, 21(2): 785-818.

Duque-Grisales E, Aguilera-Caracuel J, 2021. Enviromental, Social and Goverance (ESG) Scores and Financial Perforance of Multilatinas: Moderating Effects of Geographic Internation Diversification and Financial Slack[J]. Journal of Business Ethics (2): 315-334.

Dyck A, Zingales L, 2002. The Corporate Governance Role of the Media[J]. National Bureau of Economic Research, 83(1): 1-28.

Eliwa Y, Aboud A, Saleh A, 2021. ESG Practices and the Cost of Debt: Evidence from EU Countries[J]. Critical Rerspectives on Accounting (79): 1-20.

Elliott W B, Jackson K E, Peecher M E, et al, 2013. The Unintended Effect of Corporate Social Responsibility Performance on Investors' Estimates of Fundamental Value[J]. The Acounting Review, (01): 275-302.

Joe J R, Louis H, Robinson D, 2009. Managers' and Investors' Responses to Media Exposure of Board Ineffectiveness[J]. Journal of Financial and Quantitative Analysis, 44(3): 579-605.

Martins H C, 2022. Competition and ESG Practices in Emerging Markets: Evidence from a Difference-in-differences Model[Z]. Finance Research Letters.

Wong W C, Batten J A, Ahmad A H, et al, 2021. Does ESG Certfication Add Firm

Value？［J］. Finance Research Letters（39）：1-7.

Sering M，2018. Investigating the impact of media sentiment and investor attention on financial markets［C］. International Workshop on Enterprise Applications and Services in the Finance Industry. Springer，Berlin，Heidelberg：3-19.

Tamimi N，Sebastianelli R，2017. Transparency among S&p 500 Companies：An Analysis of ESG Disclosure Scores［J］. Management Decision（8）：1660-1680.

Yu E P，Luu B V，2021. International Variations in ESG Disclosure—Do Cross-listed Companies Care More？［J］. International Review of Financial Analysis（3）：1-14.

Zhang Q，Loh L，Wu W，2020. How Do Environmental，Social and Governance Initiatives Affect Innovative Performance for Corporate Sustainability？［J］. Sustainability（Switzerland）(8)：1-18.

陈玲芳，于海楠，2022. ESG 表现、融资约束与企业绩效［J］. 会计之友（22）：24-30.

陈晓珊，刘洪铎，2023. 投资者关注影响上市公司 ESG 表现吗——来自网络搜索量的经验证据［J］. 中南财经政法大学学报(02)：15-27.

付克友，2022. "财经媒体＋智库"推动 ESG 实践的运作模式探索［J］. 中国记者(07)：37-39.

高杰英，褚冬晓，廉永辉，等，2021. ESG 表现能改善企业投资效率吗？［J］. 证券市场导报(11)：24-34+72.

关筱谨，张骏，刘彦迪，2022. 媒体关注度、投资者情绪与股票市场波动［J］. 统计与决策，38（24）：143-148.

郝毓婷，张永红，2022. ESG 表现、股权融资成本与企业价值——来自科技型上市公司的经验证据［J］. 技术与创新管理，43（05）：560-569.

郝毓婷，张永红，2022. ESG 表现、股权融资成本与企业价值——来自科技型上市公司的经验证据［J］. 技术与创新管理，43（05）：560-569. DOI：10.14090/j.cnki.jscx. 2022. 0508.

黄世达，王镇，2015. 投资者情绪对资产价格的影响分析——基于中国股票市场的实证研究[J].价格理论与实践(11):109-111.

金春来,庄梦霞,2020.企业财务质量、投资者信心与股票收益[J].商业会计(18):44-47.

赖泳杏,范利民,2016.公司治理效率、投资者信心与股权资本成本[J].财会通讯(36):54-58+129.

雷光勇,王文,金鑫,2012.公司治理质量、投资者信心与股票收益[J].会计研究(02):79-86+97.

雷光勇,王文,金鑫,2011.盈余质量、投资者信心与投资增长[J].中国软科学(09):144-155.

李宾,彭牧泽,杨济华,等,2021.雾霾降低了企业投资者信心吗——基于Ohlson模型的检验[J].会计研究(10):97-107.

李辰颖,刘红霞,陈盈,2014.CEO声誉是否有助于企业吸收投资?——基于信号传递理论的实证研究[J].现代管理科学(07):28-30.

李培功,沈艺峰,2010.媒体的公司治理作用:中国的经验证据[J].经济研究,(4):14-27.

李淑英,2010.利益相关者理论视野中的企业社会责任[J].教学与研究(06):44-50.

柳学信,李胡扬,孔晓旭,2022.党组织治理对企业ESG表现的影响研究[J].财经论丛(01):100-112.

路小红,2000.信息不对称理论及实例[J].情报理论与实践(05):337-339.

吕心阳,张伟,2021.国际地缘政治风险对中国投资者信心的影响[J].统计与决策,37(15):140-144.

马昭洁,林剑乔,2013.投资者情绪的量化及在IPO抑价问题上的应用[J].统计与决策(24):77-80.

欧锦文,陈艺松,林洲钰,2021.慈善捐赠的媒体关注与企业创新[J].外国经济与管理,43(04):111-122.

彭满如,陈婕,殷俊明,2023.ESG表现、创新能力与企业绩效[J].会计之友(07):11-17.

秦海林，刘岩，2023．减税政策、投资者信心与资本市场稳定——基于增值税减税政策的准自然实验［J］．区域金融研究(01)：85-92．

汝毅，薛健，张乾，2019．媒体新闻报道的声誉溢出效应［J］．金融研究（08）：189-206．

邵新建，何明燕，江萍，等，2015．媒体公关、投资者情绪与证券发行定价［J］．金融研究(09)：190-206．

沈艳，王靖一，2021．媒体报道与未成熟金融市场信息透明度——中国网络借贷市场视角［J］．管理世界，37（02）：35-50+4+17-19．

孙光国，曹思宇，安家鹏，2023．企业ESG表现能提高分析师盈余预测质量吗——来自A股上市公司的经验证据［J］．财经论丛(05)：68-77．

唐国平，李龙会，2011．环境信息披露、投资者信心与公司价值——来自湖北省上市公司的经验证据［J］．中南财经政法大学学报(06)：70-77．

王道平，范小云，贾昱宁，等，2022．投资者情绪、过度交易与中国A股市场波动——基于证券投资者信心指数调查数据的分析［J］．管理科学学报，25（07）：85-105．

王琳璘，廉永辉，董捷，2022．ESG表现对企业价值的影响机制研究［J］．证券市场导报(05)：23-34．

温忠麟，叶宝娟，2014．中介效应分析：方法和模型发展［J］．心理科学进展，22（05）：731-745．

夏芸，张茂，林子昂，2023．政府补助能否促进企业的ESG表现？——融资约束的中介效应与媒体关注的调节作用［J/OL］．管理现代化（01）：54-63[2023-05-10]．

薛龙，张倩瑜，李雪峰，2023．企业ESG表现与绿色技术创新［J］．财会月刊，44（08）：135-142．

郁晨，2017．投资者情绪理论、度量及应用研究综述［J］．金融评论，9（03）：111-122+126．

曾秋根，杨倩，2023．上市公司ESG评级对股票收益率的影响研究［J］．当代经济，40（05）：94-100．

张丹丹,罗立,李安兰,2019.投资者情绪、高管持股状况与企业资本成本[J].财会通讯(06):53-56.

张丹,马国团,奉雅娴,2023.ESG报告"漂绿"行为的动因、甄别与治理[J].会计之友(10):103-108.

张丹妮,刘春林,2022.违规事件下企业社会责任水平对投资者市场反应的影响研究[J].管理学报,19(09):1288-1296.

张长江,张玥,陈雨晴,202.ESG表现、投资者信心与上市公司绩效[J].环境经济研究1,6(04):22-39.

翟胜宝,程妍婷,许浩然,等,2022.媒体关注与企业ESG信息披露质量[J].会计研究(08):59-71.

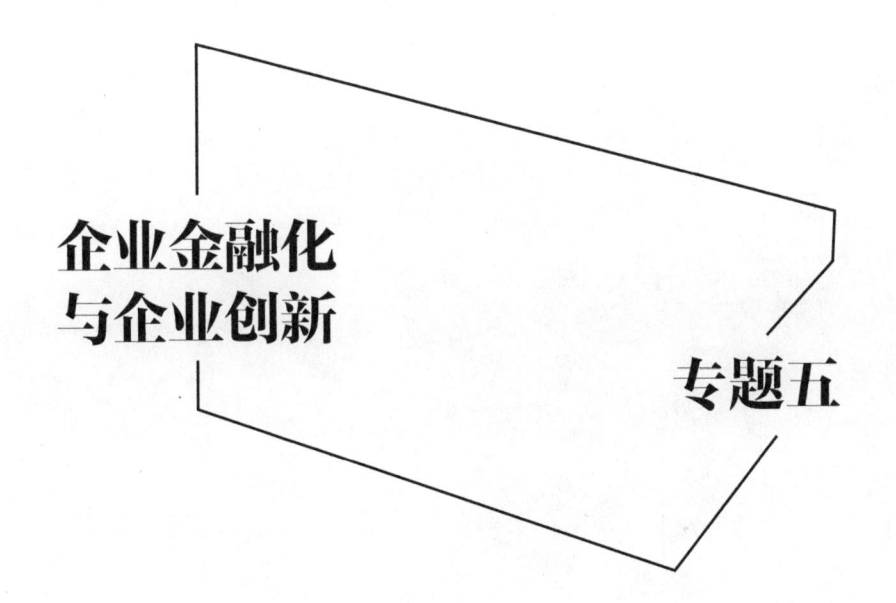

企业金融化与企业创新

专题五

第 1 节
问题的提出

5.1.1 研究背景

我国经济目前正处在转型阶段，重中之重就是制造业从逐利型向创新型的升级。这种升级的成败甚至将直接决定我国经济能不能成功地跨越中等收入陷阱，完成质的跃升。然而，在过去十几年间，我国金融业一直拥有非常高的资本收益率，主要原因在于其垄断地位和利好的利率管制等政策。同时，不断攀升的房价也促成了我国房地产行业的高速发展。随着房地的开发率达到饱和，房地产商不再需要大量投入进行房屋建造，而逐渐转变为炒买炒卖现有地产和房产的运作方式，导致房地资产的性质逐渐与金融资产同化。快速的经济发展导致市场需求逐渐饱和，利润空间缩窄，而成本却在持续上升，致使实体企业的利润开始下跌；同时金融市场由于大量初始资本的流入得到了飞速发展。在这种对比下，资本逐利的本质使得很大一部分企业资本流入收益高、回收快的金融和房地产行业。企业不断将经营重心偏移至金融活动而不再注重其主营业务的发展，从而造成实体企业的虚空，也就是学者们所说的"从实向虚""企业金融化"（王红建等，2017）。近几年我国实体企业金融化态势日益凸显，引起了政府和学者的重视。有研究显示，我国金融行业在 2020 年实现 8.4 万亿元的产值，相当于 GDP 的 8.28%，已经超过了美国和日本等拥有发达金融市场国家的同期水平（徐云等，2022）。

自党的十八大提出"创新驱动发展战略"以来，企业创新一直受到企业、国家和学者等多方重视。当前，我国正大力推进经济发展模式从资源驱动转变为以创新为主导。"以创新驱动发展"的方针，突出了创新已经成为加速经济转型、提高发展质量的必要因素。在政策和市场的双重推动作用下，研发创新逐渐成为企业追求的重点。资源理论认为，企业的核心竞争力取决于其独有的资源；而越来越多的研究证明，企业的创新能力才是企业得以持续发展的最核心武器。从盈利角度看，要想在众多的产品中脱颖而出，就必须以创新的方式给自己的商品带来独特的价值；在成本方面，为尽可能地降低成本，企业必须进行一系列的技术创新、生产管理模式创新才能最大程度利用现有资源，降低成本从而扩大利润空间。另外具有强劲的创新实力也是企业保持领先地位和持续发展的重要因素，只有不断地更新进步才能持续得到消费者的青睐。

而最近几年出现的企业金融化现象将会深刻影响企业创新的水平。我国目前正处在全球性经济危机后的深度调整时期，面对着经济下滑的巨大压力，许多企业经营效率下降，严重产能过剩，投资项目被搁浅；再加上疫情的暴发，全球范围内的经济都受到重创，许多实体企业岌岌可危。面对资金短缺的重压，创新研发作为一种回收周期长、风险大的投资，很容易受到冲击（鞠晓生 等，2013）。企业在此时往往会选择削减创新项目的投入，规避创新风险，转而增加金融资产的配置以缓解企业资金压力（张秋实 等，2021）。我国不断推动金融改革，想尽一切办法为金融服务实业开辟新的渠道；而实体企业金融化问题却越发突出，因此探明其对企业创新活动产生的影响的需求也越来越迫切。首先，探明企业金融化对企业创新会产生什么影响能在一定程度上明确企业金融化对实体经济的作用；其次，国内外关于企业金融化后果的研究结论并不统一，尤其是对企业创新的作用上存在较大分歧，正面效应和负面效应均有论文支持。本书可以为此问题提供更多的证据；除此之外，现有的调节效应研究基本集中于宏观环境因素和财务约束因素，较少涉及微观层面的因素（陈佩函，2021）。

5.1.2 研究意义

研究的理论意义有以下几点。第一，本专题的目标为研究企业金融化带来的微观影响，能够补充关于金融化微观表现形式的研究文献。第二，总结归纳了现有文献中提出的企业金融化影响企业研发创新的相关理论前提和机制，有利于集中发掘潜在的研究方向和问题。第三，学术界对企业金融化可能产生的后果持不同看法。部分学者支持企业金融资产会充当资金"蓄水池"，补充其流动性；当然也有一些学者不赞成企业金融化，认为其会对实业产生"挤出"效应，阻碍企业创新。本专题将金融资产分为短期和长期两类，分别确认两类资产对企业创新产生的影响，希望从一个全新的视角来分析企业金融化的后果。第四，从公司治理结构的角度分析了内部控制对企业金融化影响企业创新的调节效应，以期能够对现有研究成果进行补充和进一步验证。

  研究的实践意义有以下几点。首先，明确企业金融化如何影响企业创新可以让企业更好地了解影响创新水平的各种可能因素，从而根据企业的自身条件制定相应的对策，进一步采取应对措施，以提高核心竞争力。其次，基于内部控制质量视角，提出要充分考虑到公司的内部治理对创新的作用。财政部于 2010 年颁布了有关内部控制质量应用的指导文件，其中提到，合理运用风险管控方法可以在很大程度上帮助减少企业在创新活动中的风险，推动自主创新水平的发展。通过数据分析，进一步强调了内部控制的作用性。最后，企业投资金融市场需要避免资金在金融领域内空转套利，本专题通过分析不同类型的企业金融化对企业创新带来的影响，强调了过度金融化的危害，对相关企业起到一定的提示作用，同时可为相关部门制定和实施政策提供参考。

第2节
文献回顾

5.2.1 企业金融化的定义、度量及动因

5.2.1.1 企业金融化内涵及定义

对于金融化，最早得到广泛研究的是经济金融化，尤其是在美国次贷危机爆发之后。渐渐地，金融化的学术焦点宏观表现转向微观表现，即企业金融化。要真正理解整个经济体的金融化现象必然需要从最重要的组成主体——企业行为切入。现有研究阐述企业金融化的内涵主要从两方面出发：利润来源和参与行为。王红建等（2016）提出，企业金融化代表企业从商品市场与交易中逐渐退出，它们不再依赖出售商品来获取利润，而更加看重金融投资带来的报酬。从行为角度来看企业金融化，它更多地表现为一种资源分配方式，企业集中注意力于资本在金融市场（包括房地产行业）中的运作，而减少对实体经济的投入。从利润成果来看，企业金融化指的是企业大部分利润来自非生产活动，企业不再以扩大市场份额提升公司价值为目标，而是以纯粹的资本升值为目标（蔡明荣 等，2014）。

现有关于企业金融化的定义也是基于上述两方面：一是利润来源角度。被引用最多的是 Krippner 提出的定义：实体企业经营利润不再主要依赖生产制造，而是依赖金融市场运作。张成思等（2015）也提出相似的观点，即企业金融化是指企业通过金融投资获取利润的方式成为主流。二是企业行为角度。Orhangazi（2008）提出一种定性判断方式，他认为确定企业是否金融化的依据就是其金融

交易行为是否显著增加；国外学者 Demir 也将企业金融化视为一种行为，具表现为把企业的资产更多地投入到金融资产中。而 Sen 等（2015）则认为企业金融化表现为投融资模式的变化：相比于实体投资，企业更偏好金融投资，同时融资时相比于内部融资而言，更多地采取外源融资，且银行贷款减少，通过金融工具融资的比重增加。

5.2.1.2　企业金融化度量

由于定义的角度不一样，所以选择衡量企业金融化的指标时也有两套选择依据。目前学者常用的度量方法主要分为从资产方面切入和利润方面切入两种。不难理解，金融化程度越高，金融资产在企业的所有资产中占有的比重就越大；同时在全部利润中金融渠道获利占比也将会更大。目前国内大部分研究所采用的都是基于资产科目的度量方法，而根据研究问题和目的的不同，不同学者在对金融资产的范围界定上有细微区别。

$$\text{基于资产科目：企业金融化（资产）} = \frac{\text{企业金融投资}}{\text{总资产}} \times 100\% \tag{5.1}$$

$$\text{基于利润科目：企业金融化（利润）} = \frac{\text{金融投资收益}}{\text{经营利润}} \times 100\% \tag{5.2}$$

国内外学者关于分子的计算（金融资产和金融投资收益）存在争议。Demir（2004）在对某些发展中国家的企业金融化现象进行研究时，使用现金、短期投资等之和来计算企业持有的金融资产。谢家智等（2014）考虑到房地产的投资增值特性已逐渐趋向于金融资产特性，因此在计算金融资产时也纳入了投资性房地产。另外，影子银行业务（企业金融中介化）作为企业金融化的一种新兴形式，近几年发展迅速，但目前还没有统一的会计准则。我国学者宋军和陆旸（2015）意识到影子银行这一特殊业务的研究还鲜有人涉及，因此在其研究中，将净短期投资、衍生金融资产和净长期债务投资等纳入了测量体系。

关于金融投资收益的测量也因为对金融资产界定的不同而不同。Stockhammer（2004）在其早期研究中只将利润和分红界定为企业金融收益；国内学者刘珺等（2014）则用企业的总投资收益减去归属于合资企业的投资收益的结果，即净投资收益表示金融投资收益；宋军和陆旸（2015）认为企业金融投资收入应该包括利息收入、金融资产和投资性房地产公允价值变动、租金等。

有学者指出，用资产数据计算的企业金融化可以准确反映出企业投资金融资产的主观倾向，因为该值是基于企业资产数据得出的，未经市场处理；而从利润角度得出的是一种由企业的主观金融投资意愿经过市场等外部因素的处理最终形成的投资结构，是各种非投资意愿因素经过处理过之后以利润形式呈现的结果。在金融市场剧烈波动、宏观环境变化、投资者投资失误等情况下，收益结果就会受到很大的影响，从而无法反映出真实的投资倾向（戴赜等，2018）。

此外，有学者提出以企业的现金流代替账面利润计算，消除账面利润的可操作性带来的计算偏差。如 Krippner（2005）即提出用金融投资获利与生产经营获利之比来从利润角度测量企业金融化。在研究中他尝试用金融投资收益的现金流入表示金融渠道获利，用实业生产性投资的现金流入表示生产经营获利，取二者比值表示企业金融化的程度。这能够更好地反映企业的利润来源究竟更侧重于金融投资还是生产性主营业务。另外，不同于 Krippner 选取的存量数据，Orhangazi（2006）从现金流增量角度考虑，选择用金融产品收益增加值与净现金流增加值之比表示企业金融化程度。

5.2.1.3　企业金融化动因

目前针对企业金融化的动机研究得出的结论不完全相同。一些学者认为，实体经济利润危机是诱导企业将资金转投向金融领域最重要的原因。为摆脱利润困境，实体企业不得不将资金挪向利润率更高的金融领域。但是也有研究表明不处在低利润困境的企业由于金融领域利润率较高、良好的实体投资机会欠缺等原因，也会增加配置在金融领域的资金比重（宋军和陆旸，2015）。综合国内外学者的观点，关于企业金融化的动因大致可分为以下三类。

（1）资本储备动机（"蓄水池"理论）。该理论认为，企业投资金融领域是为了利用其快速变现的特性提高企业资金的流动性，防止经营中意外事件对现金流造成冲击或外部宏观经济局势变动带来的资金链断裂风险。出于此动机持有的金融资产对于企业来说就像保险，企业在资金富余时买入"保险"，紧缺时卖出，就能够及时调节企业资本量（胡奕明 等，2017）。企业可能很难通过售卖机器厂房等固定资产快速获得资金，但能够利用二级市场众多的交易对手快速脱手金融资产，及时解决企业资金困境；另一方面，对于融资受限的企业来说，为了抓住潜在的投资机会，它们也会倾向持有一定的可以快速变现的金融资产。

（2）资本套利动机（"替代"理论）。该理论指出，企业金融化是一种对实业投资的替代，其目标是以高收益的快速变现代替实业的长期投资，最快地获得利润最大化。这样就可以解释不论是否有流动性的需求或处于利润困境，只要金融投资的收益率更高，企业就会放弃产品市场，投入金融市场（Demir，2009）。近年来，金融市场蓬勃发展，而实体经济明显呈疲软态势。从套利动机出发可以很好地解释企业金融化。第一，实体投资利润率持续下降而金融行业收益率持续上升。张成思等（2005）学者在研究中提出，促成西方发达资本市场企业金融化的根本原因就是传统生产行业收益的持续下降。近年来实体经济不振，政府为促进消费拉动经济接连推行了几次宽松货币政策的实施，流入市场的货币量增加确实在一定程度上刺激了国民消费和实体投资，但过剩的流动性进入金融市场从而造成了资产泡沫，引起金融投资收益率一路攀升。第二是管理层的逐利短视行为。管理层为提升绩效，"美化"企业账面数据，会增加决策的短视行为，更倾向于持有易于短期内套现的金融资产。

（3）"实体中介"理论——影子银行。国外有学者率先在研究中提出了"实体中介"理论，用来解释不发达资本市场中的企业金融化原因。他们认为，一些企业由于产权性质、企业规模等原因，很容易可以从银行获得资金，但由于市场缺乏优良的投资机会，它们便利用自身的融资优势一手取得贷款，一手发放贷款，担任了金融中介的角色，所以称为"实体中介"，也叫"影子银行"。而此类业务源自银行的融资歧视。有研究发现，在相对不完善的资本市场中，融资歧视现象较多。由于银行需要规避风险，许多高风险企业无法从银行融资，"影子银行"便垄断了这类企业的融资途径，从而造成了影子银行极高的收益率。因此拥有闲余资金或者有能力向银行贷款的大型企业就纷纷开展"影子银行"业务，也由此衍生出除企业金融化的另一形式，即将企业资金用于发放贷款收取高额利息。

5.2.2 企业创新的影响因素及度量

5.2.2.1 企业创新的影响因素

党的十八大"以创新驱动发展"的方针，突出了创新已经成为加速经济转型、提高发展质量的必要因素。在政策和市场需求的双重推动作用下，研发创新逐渐成为企业追求的重点。目前明确的企业创新影响因素可分为宏观和微观两方面，在某些研究中也被称为外部因素和内部因素。

首先是宏观因素，企业是处于宏观环境中的创新体，现有研究文献发现金融环境、政策制度和市场都会影响企业的创新行为。吴昊旻等（2017）在对2007—2015年中国A股上市企业数据进行了分析之后，指出不论在何种层面，良好的金融环境均能够为企业提供借贷便利，减小企业的借款成本，减轻外部融资约束，从而为企业研发创新奠定更好的资金基础。另外有研究指出，金融中介创新也可以促进企业的技术创新，但这种促进作用存在拐点（潘敏 等，2019）；其次，一国政府的相关税收政策和科技创新鼓励政策会在非常大的程度上影响一个企业乃至一整个行业的创新热情。通过财政补助和税收优待，可以在很大程度上激励企业发展创新。我国也有学者也从实证角度论证了上述作用机制（于雅清 等，2019）。再次，完善健全的知识产权保护制度可以有效降低创新成果被随意复刻贱卖的风险，从而鼓励企业进一步加大研发创新力度（黄琳琳 等，2017）。最后是市场竞争因素。已经有研究表明，良性有效的市场竞争在很大程度上是促使产品不断创新升级的重要因素之一（康琰，2020）。新产品市场需求和市场容量的扩大都会对企业创新和研发投入产生正向影响（余翔 等，2009）。

另外是企业层面的微观因素。目前研究的重点大多集中于公司治理、资产规模和财务资源。首先，在公司治理方面，有研究表明较高的股权集中度（于骥，2008）或董事会持股比例（刘小元 等，2012）都能拉动企业增加研发投入。其次有学者提出，企业规模与创新研发投入呈U形关系（张振伟 等，2017）；另外，有学者通过对创业板上市公司的数据分析得出，企业财务状况越好，代表创新活动中可利用的资源越多，自然会推动企业的创新研发。也即企业净利润和总资产与企业创新存在正相关关系（周旻，2014）。

5.2.2.2 企业创新的度量方式

现有研究中涉及对有关企业创新的测量指标选择多来自三种视角：投入、产出和效率。从投入角度出发，一般选取企业的研发投入绝对数。但是，一些学者考虑到企业规模和利润水平的差异会影响研发投入绝对数的代表性，认为绝对指标存在缺陷，而改用相对指标，如用研发投入数值与营业收入数值之比来度量。从产出角度出发，现有研究常用披露资料中可查的专利申请数、授予数与引用数进行度量。而创新效率角度的测量方式较为少用，少数研究会基于自己独有的研究目的或考虑选择创新效率这种度量方式。其中得到广泛认可的一种形式是国外学者 Kafouros（2006）提出的研发弹性概念，具体计算公式为研发投入差额与营业收入差额之比。国内学者贺康等（2020）在其研究中从创新产出角度提出一种新的创新效率的计算方式，即用当期的专利申请数与上期的研发投入之比来表示。

5.2.3 企业金融化与企业创新

现有研究大多以金融化的动因为切入口，研究其对企业创新产生的影响。前文已总结过，企业金融化动机主要分为两大类：为补充企业现金流的"蓄水池"动机，和为用"高收益、快变现"代替"投资大、回收期长"的"替代"动机。Almeida 等（2004）人基于该理论提出，现金流周转出现问题时企业可以快速出售金融资产来补充资金缺口，缓解企业面临的融资困境。Soener（2015）和Kliman 等人（2015）认为企业金融化可以帮助企业获得除主营业务利润以外的增量收益，帮助补充流动资本，进而加强企业研发投入，促进企业创新。当然也有学者从投资替代理论出发，提出企业的资金流向金融资产不可避免地会导致实体投资下降，进而造成实体企业空心化运转（Orhangazi，2008）。Crotty（2022）在其研究中也提出企业金融化会阻碍企业实业发展，抑制企业创新。

目前国内文献大多认可企业金融化对企业创新表现出负面作用。何婧等（2012）、杜勇等（2017）、肖忠意等（2019）都提出企业金融化反向影响企业创新的结论。同时也有少部分学者认为，持有一定的金融资产使企业获得了更大的资金自由度，使得企业进行大规模高强度的研发工作成为可能（乔小凡，

2019），推动企业的创新进程。随着研究深入，出现了非线性模型。王红建等（2017）进行的实证研究结果显示，从总体上看，企业金融化会抑制企业创新；但是，这种抑制效应存在拐点，该文的研究数据得出的金融化拐点值为23%，超过拐点值后，该抑制效应转为促进效应，可以近似看作一种正U形关系。而另一部分学者的研究结论却正好相反，他们认为企业金融化与企业创新绩效之间呈倒U形关系（刘炳荣，2020；负欣屹 等，2022），一定范围内较低的金融化会正向促进企业创新绩效的增长，而增长到一定程度后，金融化程度的增加将使企业的创新绩效下降。

第3节
理论分析与研究假设

5.3.1 概念界定

企业金融化：根据现有定义并结合研究目的，本书将企业金融化定义为一种资源配置方式，通过企业配置金融资产的比重来反映。以该定义为基础，本书又进一步从金融资产异质性的角度将企业金融化细分为短期金融化和长期金融化，作为本研究的解释变量。

短期金融化：在本研究中，企业短期金融化主要是从所配置金融资产的持有期限角度出发进行界定的，将企业配置会计上认可的短期金融资产（如交易性金融资产、买入返售金融资产等）的行为定义为短期金融化行为；用短期金融资产占总资产的比重衡量短期金融化程度。

长期金融化：与短期金融化相对，本研究将企业配置会计上认可的长期金融资产（如长期股权投资、投资性房地产等）的行为定义为长期金融化行为；用长期金融资产占总资产的比重衡量长期金融化程度。

5.3.2 理论基础

5.3.2.1 委托代理理论

现代企业所有权和管理权的分离衍生出了许多问题。为解决这些公司管理危机，美国学者 Berle 和 Means 首先提出了"委托代理理论"。在现实市场由于专业知识、时间限制等因素，公司股东即所有者会雇佣职业的经理人担任公司管理者的角色，自然这些受托的经理人会得到相应的报酬以及实现管理所必需的权限。他们在研究中发现过半企业是由职业经理人控制的，经理人能够人为地操控向股东汇报的信息从而造成二者之间享有的信息不一致。再加上股东和经理人追求的目标本就不相同，前者看重企业本身的长期发展，而后者看重漂亮的账面利润为自己带来的薪酬和身价的增长，从而造成了公司治理领域的两大问题：逆向选择风险和道德风险。代理人一味追求个人利益，会造成短视的管理行为，甚至侵占公司资产，从而伤害到委托人的利益。因此，在现代企业经营中，委托人，也就是股东，通常会设计薪酬激励制度，或者直接分给经理人一部分股份，使得股东和职业经理人的利益相协调。

最后，根据上文总结，基于防范目的的金融资产分配能够有效地解决公司融资问题，进而推动公司的发展（Miller，1966；肖忠意 等，2019）。而出于替代动机进行的金融资产配置往往是委托代理问题的体现，是一种职业经理人为追求自身利益最大化而进行的短视投资行为。谢家智等（2014）强调此类动机导致的金融化会阻碍企业创新发展，削减企业价值。目前国内研究发现出于逐利目的的金融化占比较大（蔡明荣 等，2014），因此委托代理理论对理解我国企业的金融化行为有着重要意义。

5.3.2.2 融资约束理论

企业的筹资来源于三个方面：留存利润、债务融资和股本融资。就企业而言，利润盈余是企业的内源资金，而负债和增发股本是企业的外部资金。在实际不完美的市场环境下，外部投资者没有渠道全面了解公司项目的实际履行情况，他们与企业经理之间存在非常严重的信息不对等，从而导致管理者存在着投机心理，用一些"名存实亡"的项目引诱投资、利用投资者的资金从事风险较高的投资活动，甚至损害外部投资者的利益。外部投资者虽然可以有经验地推断其与经理人之间必然会出现利益冲突，但常常由于监督费用高昂或者并不打算长期持有的想法，很少采取行动去降低冲突的可能性。所以他们往往采用两种方法：增加资本供应利率（即企业获得资金的成本）和信用配给，使申请贷款的人只能获得一定数量的贷款，从而导致一些公司不得不面对融资困难的问题。

经典的 MM 理论认为，如果资本市场是完美的，那么企业的内外部资金之间就会存在着完全的替代性。但事实却不是这样。Greenwald 等（1984）首先提出了关于资本市场的非对称性问题，并在此基础上提出了一种新的融资优化方法。研究结果表明，随着信息不对称程度的提高，公司内外部融资成本的差距会明显增大。除此之外，Gertler（1992）还提出代理问题也是使得内外融资成本出现差异的因素之一。

前文中提到部分企业金融化是为了构建资金"蓄水池"，胡亦明等（2017）的研究结果表明出于此类动机的金融资产配置行为能够极大减弱企业受到的融资约束。同时，创新投资以周期长、风险大为显著特点，就算是资金储备充足的企业也很难单独承担创新研发的费用，而必须寻求外部资助，因此企业研发投入极容易为融资约束问题所困扰。为解决创新投资过度依赖外部融资的问题，很多公司都采取了配置金融资产的办法（王红建 等，2017）。所以要对企业金融化进行深入探究，必须考虑融资约束理论。

5.3.2.3 资源基础理论

资源基础理论由 Wernerfelt 提出。该理论认为企业拥有各种无法与其他企业分享且很难被复制的资源。无论有形无形，这些资源都可以转化为特定的能力。该理论将企业看作是由资源组合而成的，强调正是资源的多样性和异质性造就了企业独特的竞争能力。但该理论也存在一些不足：首先，其过分地把重点放在企业内部，而否定了企业外部因素也会产生很大影响，比如中观行业因素和宏观市场、政策因素；其次，其所强调的不可转移不可复制的企业资源难以界定，并且在现今这个资源共享的时代，只有极少数资源可以称为特有。

企业进行金融化的动机从资源理论的角度可以得到很好的解释。在财力、人力、物力等企业所拥有的资源中，资金是最稳定的、最容易掌控的。为了确保竞争优势，避免错失投资机会，企业往往会倾向于加大自身的资金储备，其中就包括配置短期可变现的金融资产。因此从资源基础理论出发，我们可以站在另一个角度理解企业金融化。

5.3.3 研究假设

本研究基于金融资产异质性，考虑持有期限和动机等因素，将企业持有的金融资产分类为短期金融资产和长期金融资产两类。前者涵盖范围：衍生金融资产、交易性金融资产、发放贷款及垫款和买入返售金融资产。后者涵盖范围：持有至到期投资、可供出售金融资产、投资性房地产和长期股权投资。

5.3.3.1 企业金融化对企业创新的影响

短期金融资产由于期限较短且交易对手众多，具有较强的流动性，也因此交易成本相对较低。根据上文"蓄水池"理论，企业常常为了利用金融资产快速变现的特性补充企业可灵活调配的资金，防止经营中意外事件对现金流造成冲击或外部宏观经济局势变动带来的资金链断裂风险，同时在一定程度上缓解融资困境。本书认为短期金融资产具有易于快速变现的特性，企业一般出于补充资金、获得短期收益的目的持有一定的短期金融资产，预防现金流出现风险，并且可以为企业项目投资、创新研发提供更稳固的资金来源。因此提出以下假设。

H1：企业短期金融化将对企业创新产生正向影响。

与短期金融资产相反，长期金融资产不易快速变现，回收周期较长。企业往往是出于经营战略或未来考虑配置长期金融资产，而不是为企业提供可掌控的资金来源。在资源有限的情况下，配置长期金融资产不仅不会为企业补充资金收入，反而有极大可能挤出企业用于实体投资、创新研发的投入。因此企业配置长期金融资产符合上文所述的"替代"理论，即以金融投资代替实体投资获取更大的收益。因此提出以下假设。

H2：企业长期金融化将对企业创新产生负向影响。

5.3.3.2 内部控制质量的调节作用

内部控制是现代公司治理的关键手段之一。财政部2010年颁布的有关内部控制质量应用的指导文件（《企业内部控制应用指引》）中提到，合理运用风险管控方法可以在很大程度上帮助减少企业在创新活动中的风险，推动自主创新水平的发展。目前已证实内部控制有效性会正向调节企业金融化与企业创新的关系。张秋实和张莉芳（2021）在其研究中提出，企业金融化与企业创新间近似呈现U

形关系，且有效的内部控制会使拐点提前，即在内部控制有效性存在的条件下，抑制向促进转变的拐点会提前，产生促进作用的范围区间扩大。因此提出以下假设。

H3a：当企业短期金融化水平与企业创新存在正向关系时，内部控制会加强这种积极影响。

H3b：当企业长期金融化水平与企业创新存在负向关系时，内部控制会减弱这种消极影响。

第4节
研究设计

5.4.1　样本选择和数据来源

本研究以 2016—2020 年沪深 A 股上市公司为研究样本（数据来源于国泰安 CSMAR 数据库），首先将 ST、*ST 企业样本和数据缺失严重的样本进行剔除，并参考现有企业金融化研究剔除金融保险行业的样本。特别说明，本研究并未剔除掉短期金融资产或长期金融资产持有量为 0 的样本数据，因为本研究认为这些 0 值并非观测值缺失，而是实际数据确实为 0。最终得到 17 332 个观测值。采用 STATA 16.0 软件进行数据处理，并对必要的变量进行了上下 1% 的缩尾处理。

5.4.2　变量设计

5.4.2.1　被解释变量

本专题的被解释变量是企业创新（Inn）。通过查阅现有文献发现，大部分研究为了全面反映企业创新的真实水平，都会选择从投入和产出两方面来测量。企业的研发投入（LnRD）可以很好地体现出企业进行创新的主观意愿，并且易于从披露数据中得到。但仅从投入角度无法体现企业创新转化的实际能力。因此同时利用企业专利数量（LnPA）从产出角度衡量企业的创新水平。本书借鉴上述做法，为消除研发投入绝对值较大带来的误差，对其取自然对数后引入模型。产出方面，参考现有文献的做法，以企业申请的专利（包括创新实用、外观设计以及发明专利）之和加上 1 再取自然对数来度量。

5.4.2.2 解释变量

本专题的研究重点在于企业配置不同性质的金融资产对企业创新造成的影响。虽然由前文可知还有一种测算企业金融化的方法是从金融收益占比的角度出发，但由于目前已有研究尚未明确金融投资收益的具体涵盖范畴，相关测算方法并不成熟且较少被采用，所以本研究选择采用金融资产占比作为解释变量的测算方式，而异质性通过分子中的金融资产涵盖的项目不同体现。参考李泉等人（2022）的研究，基于持有时间是否长于一个会计期间以及所采用的业务模式，将金融资产分类为短期金融资产和长期金融资产。本研究认为短期金融资产包括：衍生金融资产、交易性金融资产、发放贷款及垫款和买入返售金融资产；长期金融资产包括：持有至到期投资、可供出售金融资产、投资性房地产和长期股权投资。短期金融资产和长期金融资产分别以变量 Finshort 和变量 Finlong 表示。

5.4.2.3 调节变量

国内外学者已经从公司治理的视角出发，探讨了企业内部控制的有效性对企业金融化与企业创新之间影响的调节作用。研究结果证明有效的内部控制可以扩大企业金融化正向影响企业创新的作用区间，即可以理解为内部控制质量会对本研究的被解释变量和解释变量之间的关系有所调节。因此本研究以相同的思路，选取了内部控制质量（Adjust）指数作为调节变量，参考以往研究，以迪博内部控制指数除以 1000 加上 1 再取自然对数作为度量指标。

5.4.2.4 控制变量

由于被解释变量企业创新会受到除解释变量企业金融化之外的因素影响，所以需要对这些影响因素加以控制。在借鉴已有研究的基础上，对公司经营层面和治理层面的相关变量进行了分析，最终选定以下控制变量。公司经营层面：资产规模（Size）、资产负债率（LEV）、经营现金流量（Cfo）、总资产收益率（Roa）、企业发展能力（Growth）、产权性质（Soe）和企业年龄（Age）；公司治理层面：董事会规模（Board）、股权集中度（Share）和两职合一（Dual）。具体度量方法见表 5.4.1。

表 5.4.1　变量定义及度量方法

变量类型	变量名称	变量符号	度量方法
被解释变量	研发投入	LnRD	ln（研发投入）
	专利申请	LnPA	ln（企业当年申请的发明专利＋创新实用的专利＋外观设计专利＋1）
解释变量	短期金融化	Finshort	（衍生金融资产＋交易性金融资产＋发放贷款及垫款＋买入返售金融资产）/总资产
	长期金融化	Finlong	（持有至到期投资＋可供出售金融资产＋投资性房地产＋长期股权投资）/总资产
调节变量	内部控制质量	Adjust	ln（迪博内部控制指数/1 000+1）
控制变量	资产规模 资产负债率 经营现金流量 总资产收益率 企业发展能力 产权性质 企业年龄 董事会规模 股权集中度两职合一	Size LEV Cfo Roa Growth Soe Age Board Share DUAL	ln（总资产） 总负债/总资产 经营活动现金流净额/总资产 净利润/总资产 （本年营业收入－上年营业收入）/上年营业收入 若为国有控股企业，则取值为1，否则取值为0 ln（2021－企业成立年份） ln（当年董事会人数） 前十大股东持股比例之和 董事长与总经理是否由同一人担任，兼任时取1，否则为0

5.4.3　模型设计

5.4.3.1　基础回归模型

以公式（5.1）为依据构建回归模型对假设 H1、H2 进行检验，具体公式如下：

$$\text{Inn}_{i,t} = \beta_0 + \beta_1 \cdot \text{Fin}_{i,t} + \sum \alpha_t \cdot X_{i,t} + \sum \text{Year} + \tau_i + \mu_{i,t} \quad (5.1)$$

其中，$\text{Inn}_{i,t}$ 代表企业创新，通过研发投入（LnRD）和专利数量（LnPA）进行度量；$\text{Fin}_{i,t}$ 为企业当年金融化程度，在本研究中具体分为短期金融化（Finshort

和长期金融化（Finlong）两类；$X_{i,t}$为控制变量，包括企业规模（Size）、资产负债率（LEV）、经营现金流量（Cfo）、总资产收益率（Roa）、企业发展能力（Growth）、产权性质（Soe）、企业年龄（Age）、董事会规模（Board）、股权集中度（Share）和两职合一（Dual）；Year为年份虚拟变量；τ_t为不可观测的个体效应。

5.4.3.2 调节效应模型

在模型（5.1）的基础上建立模型（5.2）对内部控制质量的调节效应进行验证，具体如下：

$$\text{Inn}_{i,t} = \beta_0 + \beta_1 \cdot \text{Fin}_{i,t} + \beta_2 \cdot Z_{i,t} + \beta_3 \cdot \text{Fin}_{i,t} \cdot Z_{i,t} + \sum \alpha_t \cdot X_{i,t} + \sum \text{Year} + \tau_t + \mu_{i,t} \tag{5.2}$$

其中，$Z_{i,t}$为调节变量，通过内部控制质量指数（Adjust）来定义；在后续回归检验中，将通过自变量（Fin）与调节变量交互项的系数β_3是否显著来判断是否存在调节效应。

根据本专题的假设H3a和H3b，首先使用内部控制质量指数作为调节变量与企业短期金融化构造交互项。当企业短期金融化对企业创新有正向作用，即β_1为正且显著时，若交互项系数β_3为正，则表示内部控制质量的增强能加强这种积极影响。其次，用企业长期金融化与内部控制质量构造交互项，当企业长期金融化对企业创新产生负向作用，即β_1为负且显著时，若交互项系数β_3为正，则表示内部控制质量的增强能削弱这种负面作用。

第5节
实证分析

5.5.1 描述性统计分析

表5.5.1为主要变量的描述性统计。从表中可知，专利数量（LnPA）和研发投入（LnRD）的标准差均大于1，说明本研究所选取的样本企业在创新水平上差别较大。短期金融化（Finshort）最小值为0，最大值为0.51，平均值为0.03，表示平均企业短期金融资产占比为3.1%。而长期金融化（Finlong）最大值0.47虽略小于短期金融化的最大值，但其平均值达到0.06，显著高于短期金融化，说明总体上来说企业更倾向于投资长期金融资产。其他变量除产权性质（Soe）和两职合一（Dual）外，中位数与均值基本接近，说明大致呈正态分布。

表5.5.1 各项变量的描述性统计

变量	N	均值	标准差	最小值	中位值	最大值
LnRD	17 130	0.76	1.73	0	0	6.75
LnPA	15 020	17.96	1.46	13.70	17.93	21.89
Finshort	17 130	0.03	0.09	0	0	0.51
Finlong	17 130	0.06	0.09	0	0.02	0.47
Size	17 130	22.33	1.43	19.91	22.10	27.10
LEV	17 130	0.42	0.21	0.06	0.41	0.93
Roa	17 130	0.04	0.07	−0.36	0.04	0.21
Cfo	17 130	0.05	0.07	−0.16	0.05	0.25

续表

变 量	N	均 值	标准差	最小值	中位值	最大值
Growth	15 844	0.17	0.44	−0.63	0.10	2.80
Soe	17 130	0.31	0.46	0	0	1
Age	12 670	19.49	5.66	8.08	19.25	33.92
Dual	12 473	0.31	0.46	0	0	1
Board	12 668	2.12	0.20	1.61	2.20	2.71
Share	17 332	59.84	15.00	24.07	61.10	90.96

5.5.2 相关性检验分析

表 5.5.2 展示了各主要变量间的 Pearson 相关系数。从表中可知，企业短期金融化（Finshort）和企业研发投入（LnRD）、企业专利申请（LnPA）产出间相关系数为正；而企业长期金融化（Finlong）与企业研发投入、企业专利申请（LnPA）间相关系数为负，初步证实假设 H1 和 H2。但更具体的关系需要加入控制变量进行研究。另外可以看到主要变量之间的相关系数均未超过限制值，不会出现严重的多重共线性。

表 5.5.2　各变量的相关系数表

变量	LnPA	LnRD	Finshort	Finlong	Size	LEV	Roa	Cfo	Growth	Soe	Age	Dual	Board	Share
LnPA	1													
LnRD	0.17*	1												
Finshort	0.01*	0.01*	1											
Finlong	−0.07*	−0.05*	0.005	1										
Size	0.005	0.53*	0.19*	0.15*	1									
LEV	−0.05*	0.20*	0.03*	0.05*	0.56*	1								
Roa	0.05*	0.07*	0.04*	−0.08*	−0.04*	−0.35*	1							
Cfo	0.04*	0.10*	−0.008	−0.09*	−0.01	−0.20*	0.38*	1						
Growth	0.001	0.06*	−0.04*	−0.06*	0.03*	0.03*	0.22*	0.03*	1					
Soe	0.006	0.09*	−0.03*	0.12*	0.37*	0.26*	−0.07*	−0.04*	−0.06*	1				
Age	−0.07*	0.01	0.06*	0.16*	0.20*	0.19*	−0.08*	−0.04*	−0.07*	0.27*	1			
Dual	−0.01	−0.06*	0.01	−0.07*	−0.20*	−0.14*	0.06*	0.03*	0.04*	−0.29*	−0.15*	1		
Board	0.02*	0.11*	0.09*	0.04*	0.31*	0.17*	0.01	0.004	−0.02*	0.25*	0.11*	−0.18*	1	
Share	−0.01	−0.01	0.07*	−0.13*	0.10*	−0.09*	0.26*	0.15*	0.08*	−0.01	−0.13*	0.04*	0.03*	1

注：* 表示在 5% 的水平上显著。

5.5.3 回归结果分析

本专题采用的数据资料为非平衡面板数据。根据检验，本研究所使用的数据存在截面相性问题，故而进一步进行 F 检验，排除了混合面板回归模型选择了固定效应模型。接着又对实验数据进行 Hausman 检验，同样选择了固定效应模型（检验结果见附录）。另外参考大部分现有文献的做法以及本研究数据的特点，选择了双向固定效应模型，对时间效应和个体效应进行了控制，且由于个体效应中包含行业效应，因此没有再额外控制。

5.5.3.1 基本模型回归

首先探究企业短期金融化对企业创新的影响。本节对 2016—2020 年的相关数据按照公式（5.1）进行了双向固定效应回归，结果见表 5.5.3。其中，列（1）显示了短期金融化（Finshort）对企业研发投入（LnRD）影响的检验结果。可以看到企业短期金融化在 5% 的水平上显著促进企业研发投入，且其系数为 0.24。即企业短期金融化会对企业研发投入产生正向影响，若企业增加购入短期金融资产，该企业的研发投入也会随之上升；同时，列（2）显示了短期金融化对企业专利申请（LnPA）影响的检验结果。短期金融化在 1% 的水平上显著正向影响企业专利申请（LnPA），且系数较大为 0.90，相比于对企业研发投入的促进作用要更加强烈。上述结果验证了本专题的假设 H1。

本研究认为企业配置短期金融资产的目的更多出于改善企业资金流问题、补充企业资金而非追求资本市场的高收益率，即起到"蓄水池"的作用。因此当企业更多地购入短期金融资产时，资金越充足，企业研发活动对外部资金的依赖性就越小，则其研发投入和专利产出都会增加。另外，由于本研究选取的因变量度量方式代表创新投入和产出两个角度，因此出现了系数差异。本研究认为短期金融资产增加的同时不仅促进了研发投入的增长，同时也推动了一些其他影响创新产出的因素例如研发人员数量、研发设备配置、企业风险承受能力及开发能力等的增长，因此企业短期金融化对专利产出的正向影响要明显强于对研发投入的正向影响。

另外可以看到控制变量中，企业资产规模（Size）与企业研发投入存在着正相关关系,即企业拥有资源的增加会促进企业研发投入的增长;而企业资产负债率(LEV)、总资产收益率(Roa)等显著负向作用于企业研发投入和创新产出。

表 5.5.3 企业短期金融化与企业创新

变量	(1) LnRD	(2) LnPA
Finshort	0.24**	0.90***
	(2.11)	(3.61)
Size	0.73***	−0.06
	(16.53)	(−0.96)
LEV	−0.23**	−0.37*
	(−2.08)	(−1.74)
Roa	−0.23**	0.15
	(−1.93)	(0.65)
Cfo	0.20	0.11
	(1.59)	(0.48)
Growth	0.03	−0.04
	(1.53)	(−1.29)
Soe	−0.07	−0.13
	(−1.07)	(−1.40)
Age	−0.09***	−0.04***
	(11.56)	(−3.25)
Dual	−0.05**	−0.04
	(−2.10)	(−0.89)
Board	0.76	−0.08
	(0.99)	(−0.46)
Share	0.003*	−0.002
	(1.67)	(−0.71)
_cons	−0.01	3.34***
	(−0.01)	(2.66)
年份	Yes	Yes
N	10 262	11 639

注:***、**、* 分别表示在 1%、5%、10% 水平上显著。

接下来研究企业长期金融化对企业创新的影响。对 2016—2020 年的相关数据按照公式（5.1）进行了双向固定效应回归，结果见表 5.5.4。列（1）展示了长期金融化（Finlong）影响企业研发投入（LnRD）的检验结果。企业长期金融化在 1% 的水平上显著负向影响企业研发投入，系数为 −0.54。即企业长期金融化会对企业研发投入产生负向影响，若企业长期金融资产购入量增加，则其研发投入将会减少；同时，列（2）显示了长期金融化对企业专利产出影响的研究结果。长期金融化在 5% 的水平上显著负向影响企业专利申请（LnPA），系数为 −0.59，与其抑制研发投入的程度基本相同。本专题假设 H2 得到验证。

本研究认为企业购入长期金融资产主要是出于经营战略原因，以及利用金融市场的高利率获取资本增值，对实体投资的影响以"替代"效应为主。因此企业越多地配置长期金融资产就会越多地挤出实体投资，导致企业研发投入和专利产出减少。并且研究结果显示长期金融化对企业创新产出的抑制作用要强于创新投入。同上文分析，本研究认为长期金融化程度上升不仅使研发投入减少，还同时抑制了如研发人员数量、企业开发能力等因素，造成对创新产出的负向影响要比对研发投入的负向影响更强。

表 5.5.4　企业长期金融化与企业创新

变量	（1）LnRD	（1）LnPA
Finlong	−0.54***	−0.59**
	（−2.89）	（−2.23）
Size	0.72***	−0.06
	（16.42）	（−1.01）
LEV	−0.22**	−0.40*
	（−2.00）	（−1.85）
Roa	−0.23*	0.16
	（−1.93）	（0.69）
Cfo	0.19	0.10
	（1.51）	（0.43）

续表

变量	（1） lnrd	（2） lnpa
Growth	0.03	−0.04
	（1.28）	（−1.48）
Soe	−0.07	−0.13
	（−1.07）	（−1.45）
Age	0.08***	−0.03***
	（11.44）	（−2.85）
Dual	−0.05**	−0.05
	（−2.09）	（−0.91）
Board	0.08	−0.07
	（1.07）	（−0.45）
Share	0.003*	−0.003
	（1.63）	（−0.96）
_cons	0.17	3.42***
	（0.19）	（2.71）
年份	Yes	Yes
N	10 262	11 639

注：***、**、* 分别表示在 1%、5%、10% 水平上显著，括号内为 t 值。

5.5.3.2 调节效应分析

表 5.5.5 展示了内部控制质量（Adjust）调节作用的检验结果。检验结果表明内部控制质量的调节效应在企业长期金融化（Finlong）与企业创新之间的关系之间表现明显［列（2）、（4）］，而在企业短期金融化和企业创新间的关系中并不存在［列（1）、（3）］。下表数据显示，在对研发投入的影响模型中，长期金融化与内部控制质量的交互项系数（Finlong×Adjust）在 1% 的水平上显著为正，而长期金融化对企业研发投入（LnRD）的主效应显著为负，这说明内部控制质量在长期金融化对企业创新的抑制效应中起到正向调节作用，部分缓解了长期金融化对企业研发投入的抑制作用；另外从表 5.5.5 中可知，当被解释变量更

换为企业专利申请（LnPA）时，企业长期金融化与内部控制质量的交互项仍显著为正，而长期金融化对企业专利申请（LnPA）的主效应仍显著为负，说明企业内部控制质量也能够在一定程度上缓解企业长期金融化对企业专利产出的负面作用。以上结果验证了本专题假设 H3b。但假设 H3a 没有得到证实。

已有充足的研究证明，内部控制质量在企业金融化影响企业创新时可以起到调节作用。首先是有效的内部控制可以在很大程度上降低代理问题风险，从而减轻因代理问题而引发的研发投入不足、管理层短视问题，在一定程度上抑制企业金融化对企业创新产生的负面影响（李万福 等，2011）。代理理论指出管理者为了自身利益的最大化往往会偏向将有限的企业资源投入回本快、收益高的金融资产，从而挤出对创新研发的投入。而严格内部控制可以很好地约束管理者，发挥削弱挤出效应的作用。其次，严格的内部控制系统从根源上就会对企业金融化行为有一定的约束作用。有效的内部控制会有效评估投资风险，督促管理者合理配置企业资源，从根源上抑制企业金融化。最后，在《企业内部控制应用指引》中详细规定了有关保护企业创新成果的措施，企业研发风险得到有效的控制，企业研发投入可以得到最大化利用，因此削弱了企业金融化对企业创新的抑制效应。

另外比较结果数据可以发现，内部控制质量的正向调节作用在长期金融化与研发投入的关系中表现得更强烈，交互项系数（1.46）要远大于被解释变量为专利产出时（0.23）。本书认为这与企业内部信息传递和任务执行的损耗有关。企业内部控制可以直接影响、制约管理者的投资行为，即能够在很大程度上减少配置长期金融资产而直接导致的研发投入不足；但这种制约要影响到创新产出需要经过多层信息传递和执行，在此过程中这种制约效应会大打折扣，因此内部控制质量对长期金融化抑制专利产出的正向调节作用要大大降低。

表 5.5.5 内部控制质量、企业金融化与企业创新

变量	（1）LnRD	（2）LNnRD	（3）LnPA	（4）LnPA
Finshort	0.07		0.93	
	（0.15）		（0.94）	
Adjust	0.07		0.08	
	（1.39）		（0.56）	

续表

变量	（1） LnRD	（2） LNnRD	（3） LnPA	（4） LnPA
Finshort×Adjust	−0.65 （0.71）		−0.08 （−0.04）	
Finlong		−1.18*** （−4.41）		−0.69** （−3.05）
Adjust		−0.02 （−0.26）		0.08 （0.53）
Finlong×Adjust		1.46*** （2.68）		0.23*** （3.17）
Size	0.72*** （37.79）	0.72*** （26.47）	−0.06 （−1.20）	−0.07 （−1.28）
LEV	−0.22** （−3.13）	−0.21*** （−2.95）	−0.36* （−1.90）	−0.38* （−2.01）
Roa	−0.24** （−2.68）	−0.23*** （−2.61）	0.14 （0.56）	0.14 （0.59）
Cfo	0.19** （2.00）	0.18* （1.88）	0.11 （0.44）	0.10 （0.39）
Growth	0.03** （2.25）	0.02* （1.88）	−0.04 （−1.15）	−0.04 （−1.33）
Soe	−0.07* （−1.71）	−0.07* （−1.74）	−0.13 （−1.14）	−0.13 （−1.16）
Age	0.09*** （20.41）	0.08*** （20.06）	−0.04*** （−3.51）	−0.03** （−3.09）
Dual	−0.05*** （−2.79）	−0.05*** （−2.84）	−0.05 （−0.88）	−0.05 （−0.91）
Board	0.08 （1.32）	0.09 （1.50）	−0.07 （−0.47）	−0.07 （−0.46）
Share	0.003*** （3.23）	0.003*** （3.08）	−0.002 （−0.75）	−0.003 （−1.02）

续表

变 量	（1） LnRD	（2） LnnRD	（3） LnPA	（4） LnPA
_cons	0.03 （0.08）	0.29 （0.71）	3.40*** （3.20）	3.51*** （3.27）
年份	Yes	Yes	Yes	Yes
N	11 639	10 262	11 639	11 639

注：***、**、* 分别表示在1%、5%、10%水平上显著，括号内为 t 值。

5.5.4 稳健性检验

回归分析中，模型设置上存在的问题可能会造成内生性、异方差性等问题，从而出现"伪回归"的现象，因此需要进行稳健性检验。首先，本研究所选择的固定效应模型可以很好地解决由于忽略不会随着时间而变的变量引起的内生性问题。在此基础上，本节又另外采用了以下两种方法进行稳健性检验。

（1）替换被解释变量度量方法本研究被解释变量为企业创新，在此更换度量方式为企业当期无形资产的自然对数（Lninv）。

企业研发投入最终的转化成果将会计入无形资产，根据会计准则，其基本体现了企业研发支出中实际为创新活动产生的资本化支出。

表5.5.6展示了以企业无形资产净额替代企业研发投入和专利产出的检验结果，可以看到短期金融化（Finshort）与企业当期无形资产存在正相关关系；而长期金融化（Finlong）与企业当期无形资产存在负相关关系。与上文研究结论一致。

表5.5.6 企业金融化与企业无形资产

变 量	（1） Lninv	（2） Lninv
Finshort	0.25** （2.32）	
Finlong		−0.13** （−3.30）

续表

变　量	（1）	（2）
	Lninv	Lninv
Size	0.11**	0.8***
	（10.28）	（15.37）
LEV	−0.30***	−0.28***
	（−5.54）	（−4.08）
Roa	−0.07*	−0.07**
	（−1.76）	（−3.43）
Cfo	−0.05*	0.05
	（−1.83）	（1.56）
Growth	0.07	0.04
	（1.53）	（1.40）
Soe	−0.03	−0.03
	（−0.58）	（−0.40）
Age	0.04	0.02***
	（0.33）	（3.33）
Dual	0.05	−0.04**
	（0.03）	（−2.20）
Board	0.03*	0.03
	（2.16）	（0.46）
Share	0.002*	0.001*
	（2.05）	（1.76）
_cons	8.01	7.81
	（11.03）	（19.72）
年份	Yes	Yes
N	11 545	11 545

注：***、**、*分别表示在1%、5%、10%水平上显著，括号内为 t 值。

（2）替换调节变量度量方法。在之前的研究中采用内部控制指数（Adjust）作为内部控制质量的度量指标。在此将度量指标更换为内部控制是否存在重大缺陷（数据来源 CSMAR 数据库）。该变量为虚拟变量，若内部控制存在重大缺陷则取 1，否则取 0。检验结果如表 5.5.7 所示。

由表 5.5.7 数据可知，引入企业金融化和内部控制是否存在缺陷的交互项（Finlong×Adjust）后，该交互项在长期金融化和企业创新的关系中表现出显著的调节作用：当调节变量取 1 时，即内部控制存在重大缺陷，长期金融化对企业研发投入和专利产出的负作用显著增强，即可以理解为内部控制质量会影响企业长期金融化与企业创新间的关系；而企业短期金融化和调节变量的交互项（Finlong×Adjust）系数在表 5.5.7 中并不显著，也即内部控制质量不存在调节效应。与本专题之前的研究结论一致。

表 5.5.7 内部控制是否存在重大缺陷、企业金融化与企业创新

变量	（1）LnRD	（2）LNnRD	（3）LnPA	（4）LnPA
Finshort	0.26		0.66*	
	(1.05)		(1.89)	
Adjust	0.06		0.02	
	(1.39)		(0.48)	
Finshort×Adjust	−0.04		−0.06	
	(−0.20)		(−0.89)	
Finlong		−0.48***		−0.38**
		(−3.71)		(−3.16)
Adjust		0.02		0.04
		(1.00)		(1.75)
Finlong×Adjust		−0.20**		−0.24***
		(−3.24)		(−3.17)
Size	0.72***	0.72***	−0.04	−0.04
	(37.03)	(36.87)	(0.82)	(−0.84)
LEV	−0.21**	−0.20***	−0.40*	−0.42**
	(−2.98)	(−2.88)	(−2.07)	(−2.18)
Roa	−0.20**	−0.20**	0.16	0.17
	(−2.25)	(−2.26)	(0.66)	(0.69)

续表

变　量	（1） LnRD	（2） LNnRD	（3） LnPA	（4） LnPA
Cfo	0.16*	0.16*	0.04	0.03
	（1.83）	（1.64）	（0.17）	（0.13）
Growth	0.04***	0.03*	−0.04	−0.05
	（2.87）	（2.50）	（−1.22）	（−1.37）
Soe	−0.07*	−0.07	−0.16	−0.16
	（−1.76）	（−1.58）	（−1.38）	（−1.41）
Age	−0.02	0.02	−0.25***	−0.26**
	（−0.63）	（−0.69）	（−2.69）	（−2.69）
Dual	−0.08**	−0.05*	−0.05	−0.05
	（−2.47）	（−2.45）	（−0.90）	（−0.91）
Board	0.08	0.09	−0.09	−0.09
	（1.45）	（1.56）	（−0.77）	（−0.56）
Share	0.003**	0.002**	−0.002	−0.003
	（2.37）	（2.14）	（−0.77）	（−0.98）
_cons	1.91***	2.05***	6.87***	6.99***
	（2.56）	（2.76）	（3.39）	（3.44）
年份	Yes	Yes	Yes	Yes
N	9 961	9 961	11 282	11 282

注：***、**、* 分别表示在1%、5%、10%水平上显著，括号内为 t 值。

第 6 节
结论与建议

5.6.1 研究结论

（1）企业短期金融化对企业研发投入和企业专利产出都表现出显著的正向促进作用。企业短期金融资产包括交易性金融资产、衍生金融资产等，一般认为是为高效利用企业闲置资金、补充资金流所进行的金融投资。实际上起到资产"蓄水池"的作用，可以大大降低企业研发活动对外部融资的依赖性，提高研发人员成果转化、成果保障的信心，从而促进企业创新。但这种促进作用存在拐点，企业需要高度关注短期金融资产占比，以防短期金融化程度过高从而对企业创新产生反噬作用。

（2）企业长期金融化对企业研发投入和企业专利产出都产生了显著的负向影响。企业长期金融资产主要包括长期股权投资、投资性房地产等，一般认为是企业出于经营战略或投资收益的考虑进行的长期资金配置。主要目的是为了持有股权、房地产等资产以获取资本增值，一般收回的资金不会投入主营业务而会继续滞留在金融领域以获取进一步增值。这实际上发挥了"挤出"效应，在企业资源有限的条件下，过多的资本配置于这些长期金融资产必然会导致对实体投资的下降，对实业发展并无反哺作用，因此会对企业创新产生负面影响。

（3）企业内部控制质量能够削弱企业长期金融化对研发投入和专利产出的抑制作用。前文提到完善的内部控制系统能够有效地解决融资约束、管理层短视等问题，内部控制质量得分越高一般来说意味着企业对于自身资源的认知越清晰、把控能力越强。内部控制之所以可以正向调节企业金融化与创新之间关系，除了从根本上制约企业投资于长期金融资产的行为之外，另一个原因是高质量的内部控制也奠定了企业进行研发创新的良好制度基础，在此环境下，企业创新受到各方冲击的可能性都会相对减弱。

5.6.2 建议

创新是经济可持续发展的根本力量，而其中最关键的一环就是企业创新。如何促进企业有效利用研发投入推动主营业务更新升级，从而带动整个经济发展是我们一直在探究的问题。但最近几年由于经济形势的变化，出现了企业将大量资源投入金融领域的现象。目前的研究证明，企业金融化既有好处也有坏处。已有文献验证了这种利弊的转变取决于企业金融化的程度，而本研究通过数据验证发现，不同性质的金融资产也会给企业创新带来不同的影响。依照前文检验结果，本书提出的政策建议如下。

首先，为了可以有效地预防企业由于过度金融化而对企业资源的过度挤占，政府需要加快资本市场改革，同时强化对资本市场的监察机制。我国的金融市场发展开始较晚，与世界上其他国家相比，目前正处于活跃发展的上升状态；但同时由于发展起步晚，目前还不具备完善的监管机制和市场自我约束机制，还未形成一个相互制约的市场运转机制。在这种初级阶段资本不顾一切的逐利性是最明显的。如果国内的经济资源持续由于新兴金融市场巨大的获利能力而涌入金融领域，则会在很大程度上不利于我国经济增长。因此，需要加快对我国金融市场的改进并进一步加大监管力度，将金融投资的收益率调整到正常水平，避免资产泡沫，同时也从根本上抑制了实体资源过度流向金融市场。其次，为了从根源上鼓励资本投入实体市场，政府等市场监管者应从政策上确立实体经济的受保护地位，建立适当的保护机制帮助企业避免部分投资风险，同时促进收益率的提高。实体投资的特性是投入大且资金回收周期长，这对于追求利润最大化的企业确实远不及回报丰厚且迅速的金融资产有吸引力。加之我国正在经历经济的转型升级，提倡数字经济、金融市场要助力企业转型升级，要实现从简单的"量多"到

"质高"的转变。实体经济的波动性在这样的背景下日益增大。实体经济本身无可避免的系统性风险加上经济转型带来波动性都加剧了产业投资的波动性。因此各部门需要加强对实体企业系统性风险的控制和防范，有力地引导资本流向实体投资，使得实体经济得以稳步前进。

最后，对于微观企业，必须在进行资产配置的时候同时兼顾投资效率与"虚实"分配比重。本专题研究结果表明，企业的短期金融化对企业创新具有推动作用，也就是说，适度的短期金融投资是为了补充企业资本，将会对实体经济的增长提供帮助。企业不应以投资收益率、投资效率最大化为唯一的追求目标，但投资收益率是最为重要的因素之一。改善企业的投资收益率，适度投资于短期金融资产，本身其实就是防止企业陷入过度金融化的一种方式。但是，过度的投机性套利行为，大量配置长期金融资产，势必会挤占企业的实体资源，进而制约实体经济的发展。综上，企业在配置企业资源时不应"一刀切"，而应"虚实"结合，以发挥出金融资产对财务困境的缓解作用。公司需要不断追求一个合理的金融资产投资比例，明确实体业务的不可撼动性，坚持金融服务于实体的大方向。因此，要想提高实体业务回报率，企业就必须不断地进行技术创新以提高效率、降低成本，从而扩大利润边际。此外根据本专题的研究结论，企业要继续改进内部控制手段，完善内部控制体系，使之能够更好地监督和约束公司的经营活动，进而抑制企业金融化对主营实体业务带来的不利后果。

参考文献

Almeida H, Weisbach M S, Campello M, 2004. The cash flow sensitivity of cash[J]. The Journal of Finance, 59 (4): 1777-1804.

Berle A, Means G, 1932. The Modern Corporation and Private Property. [M]. New York: Macmillan.

Crotty J, 2002. The Effects of Increased Product Market Competiton and Changes in Financial Markets on the Performance of Nonfinancial Corporations in the Neoliberal Era[D]. Boston: University of Massachuseltts.

Davis L E, 2018. Financialization and the nonfinancial corporation: an investigation of firmlevel investment behavior in the U. S. 1971-2011[J]. Metroeconomica, 69 (273): 178-184.

Demir F. 2009. Financial liberalization, private investment and portfolio choice: Financialization of real sectors in emerging markets. [J]. Journal of Development Economics, 88 (2): 314-324.

Gertler M, 1992. Financial Capacity and Output Fluctuations in an Economy with Multi-Period Financial Relationships. [J]. The Review of Economic Studies (59): 455-472.

Greenwald B C, Stiglitz J E, Weiss A M, 1984. Informational Imperfections in the Capital Market and Macro-Economic Fluctuations. NBER Working Paper Series.

Kafouros M I, 2006. The Impact of the Internet on R&D Efficiency: Theory and Evidence. [J]. Technovation, 26 (7): 0-835.

Kliman A, Williams S, 2015. Why financialisation hasn't depressed US productive investment[J]. Cambridge Journal of Econmoics, 39 (1): 67-92.

Krippner G R, 2005. The Financialization of the American Economy. [J]. Socio-Economic Review, 3 (2): 173-208.

Miller M H, Orr D, 1966. A Model of the Demand for Money by Firms. [J]. The Quarterly Journal of Economics, 80 (3): 413-435.

Orhangazi Ö, 2008. Financialisation and capital accumulation in the non-financial corporate sector: A theoretical and empirical investigation on the US economy: 1973-2003. [J]. Cambridge Journal of Economics, 32 (6): 863-886.

Sen S, Dasgupta Z, 2015. Financialization and Corporate Investments: The Indian Case. [J]. Social Science Electronic Publishing, 64 (4): 844-853.

Soener M, 2015. Why do firms financialize? Meso-level evidence from the US apparel and footwear industry, 1991-2005. [J]. Socio-Economic Review, 13 (3): 549-73.

Stockhammer E, 2004. Financialisation and the slowdown of accumulation. [J]. Cambridge Journal of Economics, 28 (5): 719-741.

蔡明荣,任世驰,2014. 企业金融化:一项研究综述[J]. 财经科学,(7): 41-51.

陈佩函,2021. 实体企业金融化对企业创新的影响研究[D]. 浙江大学.

董欣越,2021. 非金融企业金融化对企业R&D投入的影响[D]. 四川大学.

戴赜,彭俞超,马思超,2018. 从微观视角理解经济"脱实向虚"——企业金融化相关研究述评[J]. 外国经济与管理,40 (11): 31-43.

杜勇,张欢,陈建英,2017. 金融化对实体企业未来主业发展的影响:促进还是抑制[J]. 中国工业经济. 12: 113-131.

顾雷雷,郭建鸾,王鸿宇,2020. 企业社会责任、融资约束与企业金融化[J]. 金融研究(02): 109-127.

何婧,徐龙炳,2012. 产业资本向金融资本渗透的路径和影响:基于资本市场"举牌"的研究[J]. 财经研究,2: 81-90.

贺康,王运陈,张立光,等,2020.税收优惠、创新产出与创新效率——基于研发费用加计扣除政策的实证检验[J].华东经济管理,34(01):37-48.

胡奕明,王雪婷,张瑾,2017.金融资产配置动机:"蓄水池"或"替代"?——来自中国上市公司的证据[J].经济研究,01:181-194.

黄琳琳,王加胜,2017.企业研发活动影响因素:述要及展望[J].新疆大学学报(哲学·人文社会科学版),45(01):29-37.

鞠晓生,卢荻,虞义华,2013.融资约束、营运资本管理与企业创新可持续性[J].经济研究,48(01):4-16.

康琰,2020.中小企业研发支出绩效及影响因素探究[J].农村经济与科技,31(04):136-137.

李泉,肖红梅,2022.实体企业金融化对公司绩效的影响研究[J].兰州学刊(02):74-87.

李万福,林斌,宋璐,2011.内部控制在公司投资中的角色:效率促进还是抑制?[J].管理世界(02):81-99+188.

李瑛玫,史琦,2019.内部控制能够促进企业创新绩效的提高吗?[J].科研管理,40(06).

刘炳荣,2020.企业金融化对我国制造业上市公司创新效率影响研究[D].石河子大学.

刘贯春,2017.金融资产配置与企业研发创新:"挤出"还是"挤入"[J].统计研究(07):51-63.

刘丽娜,马亚民,2018.实体企业金融化、过度负债与股价崩盘风险——基于上市公司投资视角的检验[J].云南财经大学学报,034(003):41-55.

刘小元,蒋荃,2012.创业企业董事会特征对企业研发投入影响的研究——来自创业板企业的证据[J].农村金融研究(09):42-48.

潘敏,袁歌骋,2019.金融中介创新对企业技术创新的影响[J].中国工业经济(06):117-135.

乔小凡,2019.企业金融化对其研发投入的影响研究:来自创业板的经验证据[D].南京:南京大学.

宋军，陆旸，2015．非货币金融资产和经营收益率的U形关系——来自我国上市非金融公司的金融化证据［J］．金融研究，(6)：111-127．

王红建，曹瑜强，杨庆，等，2017．实体企业金融化促进还是抑制了企业创新——基于中国制造业上市公司的经验研究［J］．南开管理评论，20 (01)：155-166．

王瑶，黄贤环，2020．内部控制与实体企业金融化：治理效应抑或助推效应［J］．财经科学(02)：26-38．

吴丹红，张敏，2020．企业金融化内涵、影响因素与经济后果［J］．特区经济 (05)：133-136．

吴非，向海凌，2020．企业金融化影响技术创新的期限结构异质性研究——理论模型推演与中国经验证据［J］．当代经济管理，42 (02)：84-91．

吴昊旻，靳亭亭，2017．金融生态环境与企业创新效率［J］．金融论坛，22(12)：57-67．

肖忠意，林琳，2019．企业金融化、生命周期与持续性创新：基于行业分类的实证研究［J］．财经研究，45 (8)：43-57．

谢家智，王文涛，江源，2014．制造业金融化、政府控制与技术创新［J］．经济学动态(11)：78-88．

徐策．关注金融业与实体经济利润反差问题［J］．宏观经济管理，2012 (07)：24-25．

徐云，凌筱婷，戴德明，2022．实体企业进行金融资产配置会促进研发投入吗［J］．山西财经大学学报，44 (02)：63-75．

于骥，2008．治理结构与企业技术创新的耦合性研究［J］．求是学刊 (03)：62-66．

余翔，陈仲常，2009．技术创新与城乡劳动力资源再配置［J］．软科学，23 (05)：77-80+86．

于雅清，温迎新，2019．企业创新的影响因素——基于研发投入中介效应研究［J］．物流工程与管理，41 (04)：148-149+156．

贠欣屹，杨永吉，2022．探究异质性企业金融化与创新绩效的关系［J］．商场现代化(01):106-108.

张成思,张步昙,2015.再论金融与实体经济:经济金融化视角[J].经济学动态,(6):56-66.

张成思,张步昙,2016.中国实业投资率下降之谜:经济金融化视角[J].经济研究.12:32-46.

张秋实,张莉芳,2021.战略性新兴产业企业金融化与企业创新:内部控制有效性的调节作用[J].科学学与科学技术管理,42(12):19-34.

张振伟,刘云,2017.软件与信息企业研发投入影响因素研究[J].科研管理,38(09):52-59.

周旻,2014.创业板上市公司创新投入的影响因素研究[J].淮阴工学院学报,23(06):38-42.